INSEGURANÇA TOTAL

CAROL BRIGHTMAN

INSEGURANÇA TOTAL

Tradução de
BRUNO CASOTTI

EDITORA RECORD
RIO DE JANEIRO • SÃO PAULO
2006

CIP-Brasil. Catalogação-na-fonte
Sindicato Nacional dos Editores de Livros, RJ.

Brightman, Carol
B864i   Insegurança total: o mito da onipotência americana / Carol Brightman; tradução Bruno Casotti. – Rio de Janeiro: Record, 2006.

Tradução de: Total insecurity
ISBN 85-01-07286-9

1. Bush, George W. (George Walker), 1946-. 2. Segurança nacional – Estados Unidos – Processo decisório. 3. Guerra contra o terrorismo, 2001-. 4. Iraque, Guerra do, 2003-. 5. Imperialismo. 6. Segurança Internacional. 7. Atos unilaterais (Direito internacional público). 8. Estados Unidos – Política e governo – 2001-. I. Título.

06-1848
CDD – 973.931
CDU – 94(73)

Título original em inglês:
TOTAL INSECURITY

Copyright © Carol Brightman, 2004

Todos os direitos reservados. Proibida a reprodução, armazenamento ou transmissão de partes deste livro através de quaisquer meios, sem prévia autorização por escrito. Proibida a venda desta edição em Portugal e resto da Europa.

Direitos exclusivos de publicação em língua portuguesa para o Brasil adquiridos pela
EDITORA RECORD LTDA.
Rua Argentina 171 – Rio de Janeiro, RJ – 20921-380 – Tel.: 2585-2000
que se reserva a propriedade literária desta tradução

Impresso no Brasil

ISBN 85-01-07286-9

PEDIDOS PELO REEMBOLSO POSTAL
Caixa Postal 23.052
Rio de Janeiro, RJ – 20922-970

"É fácil descer até o Inferno; noite e dia, os portões da Morte escura permanecem abertos; mas subir de volta, refazer os passos de alguém até a atmosfera superior — aí está a dificuldade, a questão."

VIRGÍLIO, *Eneida*.

Em memória de C. Gordon Brightman, Jr.

SUMÁRIO

Prefácio   11
Agradecimentos   17

1. Começar de novo não é fácil   21
2. Como era   55
3. Fazendo a segurança do reino   71
4. Fazendo ondas   107
5. Guerra crescente   133
6. Retorno ao Vietnã   157
7. A economia política da morte I   207
8. A economia política da morte II   225
9. A economia política da morte III   243
10. O *consiglieri* está de volta   271

Epílogo   281
Notas   297
Índice   311

PREFÁCIO

"Quase todos os homens podem suportar adversidades, mas se você quer testar o caráter de um homem, dê-lhe poder."

ABRAHAM LINCOLN

Esta é uma história sobre como os Estados Unidos perderam o rumo. Uma nação poderosa, embora nada sábia, suas forças militares ficaram sozinhas no mundo. Ninguém tentou desafiá-la — certamente não seus colegas na Europa, ou na Rússia e na China, que tiveram mais a ganhar com cooperação econômica e competição do que com combate. Além disso, os EUA haviam se tornado a superpolícia do mundo, e a segurança mundial era em geral entregue a suas forças armadas e sua venda de armas. Apenas o Vietnã se levantou contra os EUA, e isto foi há muito tempo, vinte e cinco anos antes do fim da Guerra Fria. O Vietnã era um país pobre, um anão comparado aos EUA, mas se defendera dos mais poderosos invasores durante séculos, mais recentemente os franceses, e soube como fazê-lo. Depois de uma guerra de dez anos, e mais de 58 mil americanos mortos, os EUA foram derrotados. Foram expulsos de Saigon, literalmente, ao longo de uma semana em abril de 1975, e nunca olharam para trás. Ou tentaram olhar e não aprenderam a primeira lição — que é nunca fazer uma guerra contra um povo.

"A história avança disfarçada", escreveu Régis Debray em 1967; "aparece no palco usando uma máscara da cena anterior e tendemos a perder o significado da peça... A culpa, é claro, não é da história", disse ele, referindo-se à Revolução Cubana, "mas está em nossa visão, carregada de lembranças e imagens aprendidas no passado. Vemos o passado superimposto sobre o presente, mesmo quando o presente é uma revolução."[1] A resistência no Iraque não é como a de Cuba ou do Vietnã, embora cada país tenha a seu modo vencido os EUA, e o Iraque está a caminho de vencer Washington. Temos ouvido bastante sobre o paralelo entre o Iraque e o Vietnã: sobre a ilusão de que "seremos saudados como libertadores", nas palavras do vice-presidente Dick Cheney, tanto quanto sobre a crença de que os esforços dos EUA para construir uma nação venceriam os vietnamitas; ou sobre a opinião de que a democracia no Iraque vai se espalhar por todo o Oriente Médio, tornando-o uma fortaleza contra o terrorismo ou um amigo de Israel, como a idéia de que uma vitória no Vietnã transformaria o sudeste da Ásia numa fortaleza contra a China; ou de que os EUA estão num atoleiro porque não podem vencer e não podem sair. Os acontecimentos de abril e maio de 2004 — a perda de Fallujah e o levante dos xiitas — lembram a Ofensiva Tet de fevereiro de 1968, uma brilhante campanha militar que custou ao inimigo muitas vidas, mas humilhou uma América ignorante e autoconfiante e começou a destruir o apoio político à guerra em casa.

Já vimos isso antes muitas vezes. Mas o conflito com o Iraque está sempre relacionado ao petróleo, e sempre foi, mesmo durante a guerra de Saddam Hussein contra o Irã de 1980 a 1988, apoiada pelos EUA em 1984, em parte para punir os clérigos iranianos por derrubarem o xá. Em 1990, quando Saddam recebeu um ok de April Glaspie, embaixador americano no Iraque, para invadir o Kuwait ("não temos qualquer opinião sobre o conflito árabe-árabe, como a divergência de vocês sobre a fronteira com o Kuwait... o secretário [de Estado James] Baker me orientou a enfatizar esta instrução",[2] teve início a primeira guerra dos EUA contra o Iraque. Após uma longa luta contra o Irã, a economia do Iraque estava depauperada; o Kuwait impedira a Opep de aumentar o preço do petróleo; o Iraque, um país quase isolado por terra, cobiçava o acesso do Kuwait ao Golfo Pérsico, e assim por diante. Saddam invadiu. E os EUA estavam esperando por ele. Como o primeiro presidente Bush reuniu as forças americanas sem que Saddam Hussein notasse — uma vez que demorou mais de seis meses para que seu filho mobilizasse as forças de invasão no Kuwait e no Golfo em 2002 e 2003 — é um mistério que não foi esclarecido. Em todo caso, a Guerra do Golfo I estava terminada quase antes de começar; e impondo as sanções, com o programa Petróleo por Comida, em particular, os EUA ganharam algum controle sobre a distribuição do petróleo iraquiano — o primeiro passo, poder-se-ia dizer, para obter acesso direto àquele petróleo. Com o início dos bombardeios dos EUA e dos britânicos nas zonas de exclusão aérea em 1992, a Guerra do Golfo II, de certo modo, havia começado.

Os americanos sabiam pouco sobre o Vietnã até os fuzileiros navais atacarem a praia de Danang na primavera de 1965. Sabem menos sobre o Oriente Médio e o Iraque, mesmo agora. Faz parte da cultura americana seus cidadãos permanecerem desinformados sobre o mundo, e especificamente sobre nações com cujos líderes estão em guerra. Como mostra a ocupação do Iraque, esta ignorância agora se estende à sua própria liderança. Os interesses dos EUA, conforme definidos pelo governo de George W. Bush, são institucionais: são definidos pelo bem-estar das indústrias de petróleo e defesa, e de seus parceiros em Wall Street, em aliança com o aliado-chefe dos EUA no Oriente Médio, Israel.

Infelizmente não há qualquer Dean Acheson ou Clark Clifford para dizer ao presidente Bush que a aposta é grande e o custo alto demais para justificar a permanência no Iraque — que os atos de violência disseminados que deram início à resistência se tornaram ataques organizados em toda a nação, acompanhados pelo que, mesmo antes da exposição das torturas em Abu Ghraib, tornara-se uma rejeição popular maciça aos Estados Unidos. Brent Scowcroft, ex-assessor de segurança nacional, ou Zbigniew Brzezinski, que já foi secretário de Estado, não têm influência alguma sobre Bush, e de qualquer modo o multilateralismo deles não os supre de uma crítica que chegue às fundações da política de guerra do presidente. Os líderes do Partido Democrata de hoje estão quase tão envolvidos nas premissas da Estratégia de Segurança Nacional dos EUA — no "excepcionalismo" americano e na política de ataque preventivo — quanto os republicanos. Na verdade, o criticismo que explodiu no país contra a ocupação do Iraque é liderado por republicanos, como o senador Pat Roberts (republicano do Kansas), presidente conservador da Comissão de Inteligência do Senado, que diz: "Precisamos conter os crescentes instintos messiânicos nos EUA, uma espécie de engenharia social global em que os Estados Unidos acham que têm tanto o direito quanto a obrigação de promover a democracia, à força se necessário... A liberdade não pode ser instalada como grama artificial. A lei e a ordem precisam vir primeiro." Isto leva a outro problema, que é o foco do governo de transição a ser escolhido pelo enviado da ONU Ladkar Brahimi — algo que os EUA podem planejar — mais do que "lei e ordem", o que não podem. "Estamos num estado desesperador lá", diz Phebe Marr, um especialista em Iraque que já trabalhou na Universidade de Defesa Nacional; "não temos qualquer segurança no país", e portanto "a grande agenda", democracia, "tem de ser descartada" — como se a democracia alguma vez tivesse tido importância, ou como se o povo iraquiano se importasse. Eles querem estabilidade.

Quando o secretário de Defesa, Donald Rumsfeld, e seu vice, Paul Wolfowitz, testemunham diante de uma comissão do Senado, tendem a ser atacados por militares de alta patente, não apenas o general reformado Anthony Zinni, mas o major-general do Exército Charles H. Swannack, comandante da 82ª Divisão Aerotransportada no Iraque, e o coronel do Exército Paul Hughes, que dirigiu o plano estratégico no Iraque em 2003. Ambos desafiaram Rumsfeld e o chefe do Estado-Maior Conjunto, general Richard B. Meyers, a demonstrar que a guerra já não foi estrategicamente perdida. "Acredito que estamos absolutamente à beira do fracasso", disse à Comissão de Relações Exteriores do Senado o general da Marinha reformado Joseph P. Hoar, ex-comandante, como Zinni, das forças americanas no Oriente Médio. "Estamos olhando para o abismo. Não podemos começar a fazer o retorno a tempo."[3] Essas vozes apenas começam a expressar a raiva que aumenta dentro do Exército, cujo moral no país caiu depois das revelações de que soldados americanos estavam torturando prisioneiros iraquianos.

Há muito tempo o Instituto de Estudos Estratégicos da Escola de Guerra do Exército declarou que a guerra no Iraque era "desnecessária" e considerou a guerra contra o terror "fora de foco". A Casa Branca nunca teve uma estratégia de saída, acusou o Instituto, e usou a guerra para "estabelecer uma grande presença militar na região" sem um objetivo claro.[4] Foi um comandante da Marinha, agindo com a assessoria do Conselho de Governo Iraquiano, que entregou Fallujah e Samarra à Guarda Revolucionária Iraquiana e aos insurgentes sunitas, e assim assegurou uma insignificante calma no tumultuado triângulo central enquanto as forças americanas perseguiam o exército xiita de Moqtada al-Sadr. Suspeita-se que no Iraque os militares têm um plano — que não funcionará porque é baseado na separação de sunitas e xiitas — e a Casa Branca tem outro.

Quando perguntaram a Paul Bremer, ex-sócio de Henry Kissinger, no programa *Meet the Press*, da NBC, em 11 de abril de 2004, a quem os EUA entregariam o Iraque em 30 de junho, ele deu a resposta apropriada: "É uma boa pergunta." Washington sabia que Brahimi não seria mais capaz de impor um governo iraquiano interino no caos do Iraque do que o então administrador do Exército iraquiano já estabelecido em Samarra seria de ter seu líder de volta. "Não podemos negar que Saddam é nosso presidente", disse o assistente do prefeito nesta velha fortaleza do Partido Ba'ath (seu salário pago pelos EUA). "Nós o queremos de volta."[5] Na verdade, Saddam Hussein tem tanta chance de voltar a Bagdá quanto tem o governo Bush de escolher o próximo governo. Um pensamento incrível: a guerra volta ao ponto inicial, depois de gastar todas as tropas, material, assessores militares, propriedades comerciais, empreiteiros, espiões e mentiras — e Saddam, ou alguém como ele, volta ao poder. Mas isto não vai acontecer, pelo menos não no curto prazo em que essa guerra fora do comum está se exaurindo. A longo prazo, quem sabe?

"Uma democracia iraquiana está surgindo", disse Bush em maio, no primeiro de seis discursos planejados para restaurar a confiança dos americanos no modo como conduzia a guerra. O discurso não era sobre o Iraque nem sobre o Oriente Médio; era sobre o 2 de novembro, dia das eleições americanas, e sobre os esforços do presidente para interromper sua inexorável queda nas pesquisas de opinião pública. O movimento americano antiguerra também é atingido pelas eleições presidenciais, condenando a entrada de Ralph Nader na disputa, desejando que John Kerry dissesse algo, qualquer coisa, assinando petições e protestos e trocando informações na Internet. Não se comunica com soldados americanos no Iraque.

Enquanto isso, se a entrega da soberania no fim de junho for adiada, a resistência conseguirá a legitimidade de um movimento de libertação nacional, mas com apoio de seus amigos complicados em todo o Oriente Médio. Para impedir que isto aconteça, os EUA terão que desistir da idéia de manter bases estratégicas no Iraque. Precisam se render à crença de que investidores corporativos terão um papel importante na economia do Iraque, e de que isto vai influenciar preços de petróleo, como uma alavanca para um novo governo iraquiano. Uma coisa será absolutamente necessária: é preciso estabelecer um prazo final para a retirada militar e política dos EUA, e começar a retirada agora.

Maio de 2004

AGRADECIMENTOS

Este livro surgiu de uma troca de *e-mails* com Tariq Ali na primavera de 2002. Eu estava resenhando um livro sobre o Vietnã para o *Los Angeles Times* e reclamei do esforço do autor para buscar um "fechamento" (palavra nos lábios de todos) — no sentido de negar o passado, o conflito. Havia um pouco de prosa sobre os terríveis anos 1960; evidente em grande parte do livro. E Tariq, diretor editorial da Verso, disse: "Por que você não escreve sobre isso? Por que você não faz uma forte defesa da tradição de dissensão nos EUA?" Eu estava trabalhando num romance meu, o primeiro, inspirado nas experiências de meus ancestrais Brightman no Alasca do século XIX, mas tinha um olho na guerra que se aproximava. A atmosfera política estava mudando rapidamente. O 11 de Setembro acontecera; Bush entrara e saíra do Afeganistão e estava quase pronto para invadir o Iraque, embora não soubéssemos quando. Logo o Vietnã voltaria às notícias, como se a guerra nunca tivesse realmente acabado, e de alguma maneira não acabou.

Não foi difícil Tariq me convencer. "Você escreve, eu publico", disse ele. Então o livro mudou o foco para o novo Sistema de Segurança Nacional, que pôs fim à contenção e ao impedimento do uso de força e à rede de tratados de não-proliferação de armas, e avançou nas idéias do excepcionalismo americano e da guerra preventiva. O livro sobre dissensão deu lugar a outro, sobre o mito da onipotência americana e a insegurança global que resultou do corte de relações dos EUA com o Ocidente, e da perda das bases seguras de um dólar forte.

Paul Seminon, autor de *American Monster* e um de meus leitores confiáveis, foi o primeiro a focalizar a mudança, e escreveu que achava que deveria haver mais ênfase na "psicologia de insegurança que motiva o governo Bush e os fundamentalistas". Eles sabem que são "extremistas", disse ele, e "sua confiança no poder militar, e não na diplomacia e no poder econômico, reflete seu sentido de fraqueza". O historiador Dan Rosen voltou minha atenção para os *websites* militares, e primeiramente me mostrou histórias que revelaram como funcionava a crise do petrodólar no Oriente Médio. Ele leu quase todos os capítulos, e foi uma fonte de apoio constante. Marilyn Young, professora de história na Universidade de Nova York e autora de *The Vietnam Wars, 1945-1990*, deu-me uma leitura crítica e ajudou com muitas sugestões para o Capítulo Seis, "Retorno ao Vietnã". William Tabb, professor de economia do Queens College e autor de *Unequal Partners: A Primer on Globalization*, que leu "A Economia Política da Guerra", I, II e III, e o Capítulo Três, "Protegendo o Reino", também deu sugestões úteis.

Sou agradecida a Frances Fitzgerald, que escreveu *Way Out in the Blue*, por discussões sobre o Iraque, e a Danny Schecter, cujo *blog*, o News Dissector, manteve-me em dia com canais de informação sobre a mídia. No Maine, sou grata a Jim Algrant, cujo Serviço de Notícias Mundiais do Maine é um compêndio de primeira linha com *clippings online*, e a Henry Mayers, cujo Casco Bay Observer me manteve atualizada com os jornais dos EUA; e com Truthout, AlterNet, Information Clearing House, Revista de Opinião do *Wall Street Journal* e outros *sites* na Internet, consegui escrever este livro sem ir ao Iraque, uma mistura de bênçãos. Obrigado também a Janii Laberge, que soube quando sair do caminho mas estava lá quando importava.

Na Verso HQ, em Londres, sou grata a Tim Clark, Gavin Everall, Jane Hindle, Andrea Stimpson e Andrea Woodman por assegurarem uma produção tranqüila; e, no escritório de Nova York, a Niels Hooper e Amy Scholder — cuja sugestão foi escrever primeiro o último capítulo, "Começar de novo não é fácil", e depois trazer para a frente do livro o chamado para despertar para um novo tipo de dissensão.

Enquanto eu escrevia *Insegurança total*, fiz vários trabalhos para o OpEd, que foram postos entre os capítulos — juntamente com uma entrevista coletiva da Casa Branca, uma carta do Texas e um fragmento de uma revista do Vietnã de 1967 — um pouco como o jornal cinematográfico entre as histórias em *USA Trilogy*, de John Dos Passos.

1

COMEÇAR DE NOVO
NÃO É FÁCIL

> Mostre sempre
> O que ainda permanece,
> O que já chegou.
> O novo contra o velho
> Também se enfurece dentro do coração.
>
> Conselho de BERTOLT BRECHT a atores

Os barões do petróleo decidiram participar do grande jogo do império sozinhos; uma tarefa importante, que estudiosos em casa e no exterior em geral defenderam até o Afeganistão e o Iraque tirarem a goma do uniforme das forças armadas dos EUA. Enquanto isso, a base de bem-estar econômico sobre a qual as garantias dos EUA de segurança global no fim das contas repousa está ruindo. O colapso de empresas de telecomunicação gigantes custou aos EUA mais de um trilhão de dólares em 2002, um quinto do PIB. Este é o maior significado das práticas de contabilidade criminosas descobertas em Enron, WorldCom, Global Crossing, Merck, Rite Aid, Bristol Myers, Squibb e Halliburton — que atualmente está sendo investigada por fraude e acusações de suborno em seis frentes. Esses escândalos corporativos têm minado o dólar e alarmado aliados dos EUA, mas não se comparam aos fracassos dos militares americanos em sua capacidade de balançar as fundações da ordem pós-Guerra Fria.

É um paradoxo perigoso a mistura de poder sem vigilância, corrupção e, no alto, a vulnerabilidade. Quando a isto se junta, como aconteceu, o fracasso no Afeganistão, estragos no Iraque e uma sonolenta desconsideração com a escalada do conflito israelense-palestino, o ódio que inspirou os ataques ao World Trade Center pode apenas aumentar. E com ele cresce o medo que o governo Bush enfrenta para saber o que fazer no Iraque antes que uma revolta civil comece — ou antes de Bush perder a eleição. O que nos leva a outro paradoxo: se há um momento em que as condições parecem perfeitas para o renascimento da dissensão em larga escala — por um desejo de se levantar contra esse Cavalo de Tróia chamado Guerra contra Terrorismo e esvaziar seu conteúdo no chão — este momento é agora. Mas os americanos, atualmente tomados pelo drama da campanha presidencial — estão perdendo a oportunidade que está diante deles, que é cortar a corda que amarra a república ao triângulo de ferro: à dominação de um complexo militar-industrial-congressional que quase nada tem produzido além de derrota.

Mas como? Como cortar relações com a antiga confiança nos EUA? "A posição dos EUA no mundo é de uma supremacia sem paralelo que coexiste com um forte senso de vulnerabilidade única", escreve o colunista conservador Philip Stephens no *Financial Times*. "Isto nunca será confortável para ninguém."[1] Mas nosso desafio é deixar exposta essa vulnerabilidade: contestar os aliados *e os críticos* que grosseiramente exageram o poder do império americano. Eles incluem neoconservadores como Paul Wolfowitz e Douglas Feith, que acreditam que só a hegemonia americana pode proteger o mundo, e se estendem a tradicionais realistas republicanos e democratas como Brent Scowcroft e Zbigniew Brzezinski, que acham que o governo Bush está esbanjando poder e desnecessariamente antagonizando seus aliados. E incluem também importantes críticos como George Soros, que distingue em Washington uma "ideologia de supremacia" que lembra a era nazista, e que tem dedicado de si e de seus recursos para derrotar George Bush; e até mesmo Arundhati Roy, a mais eloqüente das escritoras e oradoras antiimperialistas, que adverte que "pela primeira vez na história, um único império com um arsenal de armas que poderia destruir o mundo numa tarde tem uma hegemonia econômica e militar completa e unipolar".[2] Tais formulações provavelmente não são feitas para serem tomadas literalmente, mas para estimular e provocar; e o fazem, embora contribuam para um profundo sentimento de desamparo que atinge nossa resistência.

Estamos na dependência de vozes cujo ponto forte é sua capacidade de expor os horrores do Estado. Ninguém faz isso mais brilhantemente do que Noam Chomsky, que sempre mostra como o sistema de poder trabalha, ensinando-nos, corrigindo erros de compreensão, mas raramente focalizando a fraqueza do sistema, ou as circunstâncias que logo poderiam advir. As falhas fatais permanecem desconhecidas, sem serem examinadas. Estamos agora no meio de um rompimento, e iremos muito mais longe nos próximos meses, não importa quem vença as eleições presidenciais — embora possamos ter passado por outro ataque terrorista. As passeatas no primeiro aniversário da guerra foram impressionantes, especialmente em Roma, onde um milhão de manifestantes encheram as ruas. Mas a ação decisiva foi o atentado terrorista em Madri, e os efeitos em espiral, que incluíram não apenas a eleição de um governo socialista e a promessa de chamar de volta as tropas espanholas no Iraque, mas o efeito na União Européia.

A França e a Alemanha agora têm um novo aliado na "Velha Europa", um bom prenúncio para a conclusão da constituição em Bruxelas e a concretização de uma declaração de política externa mais forte, que seja independente dos EUA. A UE, cuja moeda é o euro, e cujo domínio se tornou imenso com a chegada de dez novos Estados-membros vindos da "Europa emergente", é importante agora de uma maneira como não era antes do Iraque. Um convincente argumento para manter os preços e pagamentos de petróleo em dólar tem sido há muito tempo o de que os EUA continuam sendo o maior importador de petróleo, apesar de serem eles próprios um importante produtor de petróleo cru. Mas observando as estatísticas de exportação de petróleo cru, nota-se que mesmo em 2002 a euro-zona importava mais petróleo e seus derivados do Oriente Médio do que os EUA.[3] O contínuo crescimento dos EUA, durante um período de déficits americanos crescentes e dólar hesitante, oferece ao mundo a oportunidade de estabelecer o euro como uma segunda moeda de reserva internacional. A Opep vai sem dúvida esperar a decisão do Reino Unido de adotar o euro, que deverá ser tomada antes de a década acabar, e então é quase certo que fará o dólar cair.

Enquanto isso, Richard Clarke, o ex-alto funcionário da Casa Branca para contraterrorismo que disse que o presidente Bush ignorou os sinais de advertência sobre um possível ataque terrorista em 2001, e que sua decisão de invadir o Iraque fortaleceu grupos terroristas internacionais, feriu o presidente e o sistema de segurança que ele controla, irrevogavelmente. O assassinato do xeque Ahmed Yassin, do Hamas, em 22 de março, na Cidade de Gaza, com foguetes de um helicóptero israelense — um assassinato com assinatura, à maneira "caçada humana" de Donald Rumsfeld, pelo Predador — foi condenado por quase todos os governos, exceto o dos EUA. E inesperadamente isto contribuiu também para a desintegração.

Como o mundo observou, um Golias israelense matou um frágil e velho Davi, e o fez antes da suposta retirada de Sharon de Gaza. A idéia de Sharon é "decapitar" a liderança do Hamas, para torná-lo incapaz de cometer novos atentados suicidas, "arrumar a casa" antes de partir. Mas ele foi longe demais; e uma nova página perigosa foi virada, não apenas no conflito israelense-palestino, mas na iniciativa dos EUA de criar "um Oriente Médio Maior". Uma derrota dessa dimensão na propaganda de guerra pode custar a Israel muito mais do que o que quer que Yassin pessoalmente tenha acrescentado à sangria que o Hamas continuará a fazer. Em primeiro lugar, isto poderá pôr o Hamas acima da OLP; que — o que quer que seja além disso também — é uma força secular e nacionalista. Com o Hamas, que é pan-islâmico, na tradição da Irmandade Muçulmana da qual surgiu, o movimento palestino ficará mais firmemente ligado ao radicalismo religioso islâmico em todo o Oriente Médio.

Quanto à iniciativa de Washington para o Oriente Médio, a grande visão já havia caído em tempos difíceis quando o *al-Hayat*, diário com sede em Londres, apresentou uma cópia vazada das propostas a serem reveladas na reunião do G-8 em junho de 2004, e o presidente do Egito, Hosni Mubarak, disse aos EUA que a região não aceitaria reformas "impostas de fora a países árabes e islâmicos". A estabilidade exigiu primeiramente a atenção de Washington em "crises", ou seja, o conflito israelense-palestino e o Iraque.[4] Nada de muito novo aí, mas depois do assassinato de Yassin, países árabes redobraram os esforços para levar adiante suas próprias reformas (não muito diferentes daquelas da América) para se defender de movimentos de oposição islâmicos. Eleições recentes na Jordânia, Marrocos e Kuwait mostraram que partidos islâmicos agora formam a maior oposição ao governo, enquanto o Centro de Pesquisas Pew encontra maiorias esmagadoras na Jordânia e Marrocos — e 34% na Turquia — que aprovam ataques suicidas contra americanos e outros ocidentais no Iraque. Defensores de direitos humanos em países árabes dizem que novas leis antiterrorismo estão sendo usadas para suprimir a liberdade de expressão. Uma acusação familiar; temos ouvido isso em casa. Richard Perle expressou isso na TV nacional quando chamou Seymour Hersh de "terrorista" pelo que escreveu sobre ele na *New Yorker*. É o privilégio da guerra contra o terrorismo, "limpar a oposição", como disse Naomi Klein.

Enquanto isso, os EUA se alinham com Tunísia e Argélia, os regimes mais insípidos do Oriente Médio, em sua campanha contra o terrorismo. Mas o grande sinal de que o assassinato do xeque Yassin trouxe problemas foram as quedas nas Bolsas de Valores, que agora temem ataques terroristas em qualquer lugar, bem como a tensão que isto causará em empresas de seguro gigantes — sem falar no turismo, "um elemento vital na estratégia de globalização", como sou lembrada. Escrevendo na Espanha no verão passado, Paul Seminon (conhecido como Raio Violeta nos anos 60 e 70) chama a guerra contra o terrorismo de "Guerra contra o Turismo". Ele começou a imaginar se não estamos no começo da Terceira Guerra Mundial, "só que agora em vez de grandes Estados industriais lutando uns contra os outros, é uma descida para conflitos anárquicos que põem gangues militarizadas em diferentes países umas contra as outras e contra os EUA". Isto é, na verdade, onde Israel tem chegado com o Partido Likud; o Hamas reage, é decapitado, o que provoca mais violência do Hamas ou de outros grupos. O embaixador da ONU John Negroponte alinha os suspeitos de sempre — Austrália e Eritréia — para vetar uma resolução do Conselho de Segurança condenando o assassinato. E os assassinatos à margem da lei continuam.

Longe de controlar o planeta, os EUA lutam com unhas e dentes para manter os pés no Iraque. Em 20 de março de 2003, mísseis de cruzeiro atingiram o palácio presidencial, o mesmo lugar onde Paul Bremer, recém-saído de seu emprego com Henry Kissinger, veio a trabalhar como governador do que o jornalista Robert Fisk chama de "Raj anglo-americana".* As "ilusões", diz Fisk, "são mais terríveis agora do que eram na época." E isto é verdade, embora ele não brigue com a ilusão maior, que é a de que a administração americana tomaria a indústria de petróleo iraquiana baseada em dólar para torná-la um modelo para o resto da região, onde alguns governos (o Irã, por exemplo) estão deslocando suas vendas de petróleo na direção do euro. O sonho se tornou um pesadelo, com comerciantes avaliando a capaci-

---

*Referência à colonização britânica na Índia. (*N. do T.*)

dade de as exportações de petróleo do Iraque caírem devido à contínua sabotagem em oleodutos do norte e perguntas sobre quando o porto do sul Khor al-Amaya voltará a funcionar com capacidade plena. O secretário de Energia dos EUA, Spencer Abraham, continua a pôr as importações de petróleo do Oriente Médio na rota de reservas de emergência, "devido a preocupações com segurança", apesar de frenéticos pedidos de políticos e lobistas para que o ponham na rota deles através do mercado, para evitar um aumento de preços.[5] Estamos na primavera, quando os preços geralmente cedem — antes de explodirem no verão, a temporada das viagens — e o preço da gasolina está muito alto nos EUA. Imaginem como ficará em agosto. Mas o secretário Abraham deixou claro que "não vamos implorar petróleo" da Opep — como ele poderia, diante dos planos originais dos EUA de minar o cartel? — que reduziu ainda mais a produção em 1º de abril de 2004.

No Iraque, Fisk acompanha as "narrativas" de campo de batalha, que mudaram enquanto a resistência à ocupação se intensificava — a começar por como os insurgentes vieram de algumas poucas cidades sunitas "previamente leais a Hussein". Quando a resistência se moveu para norte e sul, para Nassariyah, Karbala, Mosul e Kirkuk (e houve mais de 60 ataques uma noite), disseram que a al-Qaeda estava enviando combatentes do Irã e da Arábia Saudita. "Combatentes estrangeiros" eram supostamente a ameaça, quando a maioria dos combatentes estrangeiros vestia uniformes americanos.[6] Dos cerca de dez mil homens presos pelos EUA por ataques a tropas da coalizão, menos de 150 eram árabes não-iraquianos.[7]

O que nos leva a outra narrativa suspeita, o perigo de guerra civil. Eu mesma acreditei, é tão fácil considerar isso quando se lê sobre o Iraque de longe. Os devastadores ataques de insurgentes a curdos em Arbil, em fevereiro, e a xiitas, em 2 de março, pareciam ter o objetivo de forçar essas comunidades a depender de suas próprias milícias e inteligência, e a desistir do projeto federal. Se os xiitas são forçados por repetidas provocações a depender de sua própria segurança, isto não resultaria numa dinâmica que indica o colapso do Iraque? Os curdos lutariam pelas três províncias que formam o Curdistão; os xiitas tomariam o sul; e os curdos, xiitas e sunitas correriam para a grande Bagdá. Mas Fisk pergunta por que não se ouviu qualquer iraquiano exigindo um conflito com seus companheiros cidadãos. "Quem na verdade quer essa 'guerra civil?'" Ele lança isso e me deixa imaginando. São os americanos que querem esse conflito? É esta a jogada deles?

Naomi Klein escreve de Bagdá que logo depois do atentado contra o Hotel Monte Líbano, em 17 de março, os rumores começaram a circular: "foram os EUA, foi a CIA, foram os britânicos". Incrível. "Se essas teorias conspiratórias têm força", ela imagina, "talvez seja porque as forças ocupantes têm tão insolentemente tirado vantagem dos ataques para fazer precisamente o que acusam os terroristas estrangeiros de fazer: interferir na perspectiva de uma democracia genuína no Iraque."[8] Temos que lembrar que soldados americanos têm sido retirados em grande quantidade do centro de Bagdá, Fallujah, Baqubah, Mosul, Basra. Alvos da ocupação não estão sendo atingidos tão freqüentemente pelos guerrilheiros — embora uma nova fase tenha começado em 31 de março, quando quatro americanos foram mortos e mutilados no centro de Fallujah e cinco soldados foram mortos em Ramadi. Agora que os alvos em Bagdá incluem civis iraquianos, trabalhadores de assistência estrangeiros e jornalistas, a Casa Branca está tentando fazer os iraquianos parecerem irremediavelmente divididos por ódio religioso e étnico. Eles são incapazes de governar a si próprios, e portanto está sendo instalado um governo interino totalmente controlado pelos EUA. O Conselho Governante (ou "conselho governado", como este órgão desacreditado é chamado) será simplesmente ampliado; e a nova constituição, apressada após os ataques de março aos xiitas no festival de Ashura, estabelece que "as leis, regulamentos, ordens e diretrizes determinadas pela Autoridade Provisória da Coalizão... devem continuar vigorando", inclusive a impopular Ordem 39 de Bremer, que permite a empresas estrangeiras ter 100% dos bens iraquianos (com exceção dos recursos naturais) e levar 100% de seus lucros para fora do país, pavimentando o caminho para as privatizações. Mas com uma semana de cerco americano a Fallujah, o Conselho Governante de 25 membros começou a se desintegrar, com múltiplas renúncias.

Em janeiro, 100 mil iraquianos marcharam em Bagdá e Basra para rejeitar o plano americano de nomear um governo interino por um sistema de consultas regionais e para exigir, em vez disso, eleições diretas. Bremer foi obrigado a descartar o plano, e Klein diz que por um momento parecia que as palavras vazias de Bush sobre levar democracia ao Iraque poderiam se tornar uma realidade. Agora, depois de três meses de terror e afirmações firmes de "especialistas" de que o Iraque está à beira de uma guerra civil, ela relata que isto foi antes de Fallujah, o que levou na verdade à imposição de um destacamento militar, com cerca de 30 mil soldados americanos sendo mantidos no Iraque por mais três a seis meses. Enquanto isso, um regime substituto para o Conselho Governante foi sendo rapidamente negociado com uma ONU pouco à vontade.

Klein conclui que a ocupação vai "simplesmente ser substituída por um grupo de políticos iraquianos escolhidos a dedo sem qualquer mandato democrático ou poder soberano"[9] — o que é uma descrição bastante justa do governo transitório do enviado da ONU Lakdar Brahimi. Trata-se de uma fraca alternativa à "transformação" do Iraque que Washington esperava produzir a partir da invasão muitos meses antes. Mas a transformação era outra ilusão. Apenas a aliança israelense-americana está mais forte do que nunca. O *Financial Times* disse em editorial que é do interesse de todos nós "perguntar se o rabo estava mexendo o cachorro nessa relação". E é claro que estava. Porque no apoio de Washington ao Israel de Sharon — cujos contornos podem ser encontrados no documento preparado para o Partido Likud de Netanyahu em 1995 por Richard Perle e Douglas

Feith, intitulado "Uma Clara Interrupção: Uma Nova Estratégia para o Reino" — vê-se uma relação perfeitamente funcional. O inflado leviatã americano, enfurecendo-se com seu armamento mal adequado a uma guerra assimétrica, mas ainda munido de autoridade diplomática, dá ao Estado militar de Israel o poder de ser seu "número dois" na cruzada contra os árabes.

Há realmente uma psicologia de insegurança apoiando a estratégia geopolítica americana no Oriente Médio; e sua dependência maior do poder militar do que da alavanca econômica ou da diplomacia reflete isso. Sem o 11 de Setembro, e sem a insistência do presidente Bush em que aquele era um ataque vindo do céu, não teria havido qualquer campanha no Afeganistão ou guerra no Iraque. Por isso o testemunho de Richard Clarke diante da comissão do 11 de Setembro foi importante, por atingir o coração do problema — que é o uso dos ataques terroristas como *raison d'être* para duas guerras que têm pouco a ver com o terror. A verdade é que Bush não levou a al-Qaeda a sério antes nem depois do dia fatal; antes um pouco menos a sério do que Clinton, e depois — à exceção da pesada Segurança Interna e do perigoso Ato Patriótico — não muito a sério realmente.

A estratégia de segurança nacional dos EUA pode ser vista como uma saída marxista do Último e Mais Mortal Estágio do Imperialismo. *Item*: "O presidente não tem intenção alguma de permitir que qualquer poder estrangeiro alcance a imensa liderança que os EUA conquistaram desde a queda da União Soviética." *Item*: "As forças (americanas) serão fortes o suficiente para dissuadir potenciais adversários de buscar construção militar na esperança de superar, ou igualar o poder dos Estados Unidos." *Item*: "Não vamos hesitar em agir sozinhos, se necessário, para exercer nosso direito de autodefesa agindo preventivamente." Finalmente: "O que está em jogo hoje não é o controle de uma parte particular do planeta... pondo em desvantagem e ainda tolerando as ações independentes de alguns rivais, mas o controle de todos eles..." Esta última, de *Socialismo ou Barbárie*, do economista marxista Istvan Meszaros, encaixa-se perfeitamente, embora falte o inglês franco preferido dos "meninos de Lubbock". Quanto aos três itens, os dois primeiros têm a intenção de justificar os enormes gastos militares, enquanto o terceiro foi parcialmente revisto.

Em *Sobre a violência*, escrito em 1969, Hannah Arendt desenvolve uma teoria que sustenta o pensamento em uma conexão com a estimativa dos EUA para seu *status* pós-Guerra Fria. "Cada redução de poder é um convite aberto à violência", diz ela, "porque aqueles que mantêm o poder e o sentem escorregando de suas mãos, sejam eles o governo ou... os governados, sempre encontraram dificuldade de resistir à tentação de substituir isso pela violência."[10] Numa ampla generalização, é alguém que dificilmente parece aplicar a doutrina militar americana de "dominação total", e sua estratégia auxiliar de guerra preventiva, que os neoconservadores do Pentágono vêm trabalhando para instalar desde a queda da União Soviética. Mas o fato é que Washington percebe o mundo unipolar como carregado de perigos desconhecidos durante a Guerra Fria.

Na relação inversa entre poder e força, encontra-se o estreito de Gibraltar Americano. "A violência aparece onde o poder está ameaçado, mas deixada em seu próprio curso, acaba por fazer o poder desaparecer... A violência pode destruir o poder", Arendt continua; "e é absolutamente incapaz de criá-lo."[11] Nem no Afeganistão nem no Iraque a injeção de grande quantidade de força militar nos trouxe para mais perto do poder de que precisamos para remodelar seus destinos.

Uma expansão e reintegração de quarenta anos do capital dos EUA foi paralisada, em parte por falta de competição dentro e fora das 500 mais da *Fortune*.* A concentração de poder econômico num punhado de monstros que supervisionam energia, defesa, telecomunicações

---

*Lista das 500 maiores empresas feita pela revista americana *Fortune*. (*N. do T.*)

e tecnologias de informação aumentou estupidamente, e alimenta o que o presidente do Federal Reserve, Alan Greenspan, num momento incomum de candura, chamou de "crescimento fora do comum de oportunidades de avareza". Também ajudou a moldar um Congresso submisso, que, quando confrontado com emergências verdadeiras, é incapaz de ter uma ação independente. Entramos num período de perigo, real e imaginado, que é alimentado pela separação entre o controle do governo e os negócios que começou com Jimmy Carter, aumentou com Ronald Reagan, continuou com Bill Clinton e virou uma confusão com Bush, Jr. Foi com Carter, e não com Reagan, que o braço controlador do governo começou a se retrair. De maneira semelhante, foi Carter quem declarou que o Oriente Médio era de "interesse vital" para os Estados Unidos, e é claro que é; mas o Oriente Médio é bem menos seguro hoje do que era antes de os EUA invadirem o Iraque.

Foi no fim dos anos 1970 que a longa e lenta queda livre do liberalismo começou; e seguiu-se o surgimento do neoliberalismo, armado de um conservadorismo com raízes nos movimentos de esquerda sectários dos anos 1930 e 1940. Se o governo Bush foi bem-sucedido ao retirar regulamentos e legislações de interesse público um após o outro, foi por um motivo não muito diferente da facilidade com que tem sido capaz de movimentar suas forças militares pelos continentes sem perturbar o *status quo* de outra superpotência. Não enfrentou qualquer séria resistência de qualquer outro centro de gravidade política que o forçasse a dividir poder, nem no Partido Republicano, nem no Partido Democrata. E fora do sistema partidário, houve pouca resistência organizada à redução do controle ambiental, ao desmantelamento de instituições de serviço social e à velocidade com que prisões têm sido feitas.

Em casa, a principal realização da guerra contra o terrorismo tem sido a militarização parcial da burocracia federal. O secretário de Segurança Interna, Tom Ridge, ao discursar numa audiência de confirmação em janeiro de 2003 sobre a necessidade de mobilizar vinte e duas agências federais para o objetivo de proteger os americanos de um ataque terrorista, destacou a natureza "cheia de ódio e sem remorsos" de um "inimigo que assume várias formas, tem muitos lugares para se esconder e freqüentemente é *invisível*" (ênfase acrescentada). A invisibilidade do terrorismo, em particular, dá a funcionários da segurança licença para monitorar os assuntos privados e públicos da população. Armados de uma legislação que torna isto possível, provida pelo Ato Patriótico, investigadores estão livres para fazer escutas sem aprovação judicial; para deportar residentes permanentes legais, visitantes e imigrantes em situação irregular sem o processo devido; para rastrear *e-mails*, apreender discos rígidos de computadores de bibliotecas, tirar impressões digitais de professores e traçar o perfil de viajantes do sexo masculino com idade acima de 16 anos vindos de Oriente Médio, Afeganistão, Bangladesh, Eritréia, Indonésia e Coréia do Norte, registrando-os e tirando suas impressões digitais na chegada aos Estados Unidos.

Sob um programa de vigilância secreto iniciado em dezembro de 2002, incontáveis americanos-árabes têm sido eletronicamente monitorados por possíveis ligações com organizações terroristas, enquanto milhares de cidadãos e imigrantes iranianos têm sido detidos para interrogatório na Califórnia. Em 25 de janeiro de 2003, os EUA iniciaram a detenção de 50 mil americanos-iraquianos para interrogatório. E destacando-se acima de tudo isso, como um pesadelo, está Guantánamo, onde 600 "combatentes ilegais" de quarenta e quatro países são mantidos sem acusação, muitos dos quais entregues por caçadores afegãos recompensados. Cada prisioneiro tem sido interrogado dezenas de vezes por agências americanas de inteligência e antiterrorismo, e quem sabe quantos foram despidos, encapuzados e sofreram abusos. Mas nem um único homem foi posto diante de um tribunal militar — muito provavelmente porque os procedimentos legais revelariam que a maioria dos chamados prisioneiros do Talibã e da al-Qaeda era apenas de importância pequena ou mediana. Poucos foram levados para prisões em seus países, e o resto poderá ficar preso indefinidamente.

Como isto é uma guerra, sem qualquer fim à vista, tais ações podem continuar sem aprovação do Congresso. Um subproduto das decisões da Segurança Interna é contrariar a autoridade de fortes associações de serviços civis, enquanto se suprimem direitos e liberdades civis que são a base da democracia americana. Se a Segurança Interna for bem-sucedida, e não há dúvida de que está sendo, o novo aparato vai atropelar o que o senador republicano Robert Bennett, discursando na audiência de Ridge, chamou alegremente de "a inércia da velha maneira de fazer as coisas". Com isso, o senador de Utah quer dizer deixar de lado o trabalho de defensores de direitos trabalhistas e civis, o "povo do *habeas corpus*", cujos interesses devem ser varridos.

Críticos se preocupam com a maneira como os poderes policiais sem vigilância transformarão as instituições políticas americanas. Eles indicam um colapso na separação de poderes que acontece quando o Congresso, o Judiciário e o Executivo estão amarrados ao mesmo cavalo político. Ou quando tradições de liberdade de expressão e de imprensa livre são invocadas não por jornalistas, mas por diretores-executivos da mídia, como Walter Isaacson, da CNN, que defendeu o plano do Pentágono de "inserir" repórteres nas tropas americanas no Iraque, para que o público pudesse ter um "registro completo e independente" da guerra. A tais advertências falta um ponto importante, o de que a transformação já aconteceu. A exaustão das instituições políticas que abriu a porta para o desconcertante senhor Bush e seu grupo não foi iniciada por Bush, ou por seu pai, mas estava sendo fabricada há mais de trinta anos.

Esta é uma transformação em múltiplas camadas da vida política e da cultura dos EUA que teve início em meados dos anos 1970, quando observadores notaram o crescimento de um movimento conservador enraizado. Não um retrocesso para o radicalismo social e político dos anos 1960 e início dos 1970, mas com alguma relação com ele. Por exemplo, ele se formou em torno de mulheres que manifestaram nas ruas oposição à ERA (Emenda de Direitos Iguais) e defendiam o direito ao aborto. Não tinha nada a ver com o surgimento dos neoconservadores, que aconteceu no governo de Reagan, com homens como Wolfowitz, Perle, Feith e Adam Schulsky, alguns dos quais, como Wolfowitz e Schulsky — membro do antigo Escritório de Planos Especiais do Pentágono — eram alunos do cientista político Leo Strauss, da Universidade de Chicago, nos anos 1960. Strauss era conhecido de Hannah Arendt em Berlim no início dos anos 1930, e havia feito um esforço para cortejá-la, zangando-se quando foi rejeitado por suas opiniões políticas conservadoras. Os sentimentos ruins pioraram quando ela apareceu em Chicago nos anos 1960; porque ele foi perseguido pela maneira como ela julgara sua avaliação do Nacional Socialismo. Arendt observara a ironia do fato de que um partido político que defendia opiniões que Strauss apreciava não pudesse ter lugar para um judeu como ele.[12]

Alguns dos neoconservadores ainda eram liberais, exceto quando o assunto era Israel. Como Norman Podhoretz, que era editor de *Commentary*, eles nutriram um "pequeno segredo sujo", que era sua fascinação por "fazer aquilo"; embora aquilo fosse a instituição política que buscavam, e não poder de Estado. Perle havia se conectado ao senador Henry "Scoop" Jackson, um falcão democrata de Washington, e rapidamente se ligou ao estrategista de armas nucleares Albert Wohlstatter (casando-se com sua filha). Parece que ele sabia onde estava indo desde o início, mas os outros demoraram mais, até que um a um, ao longo dos anos, eles se puseram dentro do Pentágono.

Mas os Estados Unidos, "não mais, nem remotamente, a última e melhor esperança do mundo", nas palavras de Gore Vidal, não se tornaram "meramente um Estado imperial cujos cidadãos são mantidos na linha por equipes da Swat".[13] Ainda não. Havia novas pessoas demais que eram estimuladas pelo Iraque, trazidas para o jogo pela Internet, pela MoveOn e por Howard Dean. Breve como a duração de sua candidatura democrata, a eliminação de Dean nas mãos da mídia foi uma lição sobre como a política partidária funciona, uma lição que será difícil esquecer. Foi Dean quem incendiou o processo democrático, mobilizando centenas de milhares de cidadãos que estavam chocados com a guerra mas afastados do processo político. Como resultado dessa mobilização, é provável que o recurso da repressão interna por um governo contaminado que perdeu sua capacidade de conceder benefícios não dure muito tempo, e que as equipes da Swat não fiquem em evidência por agora. O legado dos EUA de resistência ao poder arbitrário e à opressão pode encontrar sua voz mais uma vez.

Mas não vamos nos enganar. Os obstáculos a um ativismo ressurgente nos EUA são os mais terríveis, por ser difícil vê-lo. A própria idéia de resistência por qualquer período prolongado tem sido removida do solo americano. Algo divertido aconteceu com nossa crença em mudança política ao longo das últimas três ou quatro décadas. Para a maioria dos americanos, "política" ainda é um jogo do qual participam políticos que são movidos por interesses especiais de comunicar algo com sucesso ao público. Políticos são "corruptos", exceto em ano de eleição, quando o candidato da vez não é. Sob o freqüentemente bem merecido cinismo persiste um ceticismo mais profundo naqueles que trabalham "fora do sistema" ou tentam mudar as coisas por meio de ações diretas. No banco da memória da nação, ativistas políticos dos anos 1960 — que lutavam dentro e fora do sistema por direitos civis e pelo fim da guerra no Vietnã — são arquivados a salvo no *h* de *hippies* (como em "minha mãe era hippie"). Todo mundo sabe que apenas justiceiros e pessoas estranhas vivem fora do sistema.

Por trás do enfraquecimento da tradição americana de oposição está o enfraquecimento da idéia de mudança. E com isso, para muitos, foi embora a esperança, até mesmo o interesse, *e a crença*, no futuro. Mudanças que não sejam pessoais ou ajustes legislativos perderam sua função social e foram substituídas no imaginário popular à força ou acidentalmente. Mudanças acontecem de modo inesperado, como os ataques ao World Trade Center ou o colapso do Enron. Tais ações se seguem a intrincadas cadeias de acontecimentos que são ignorados ou inacessíveis aos cães de guarda da segurança. Dessa forma, aparecem pela mão de Deus (ou do diabo) e permanecem, num sentido prático, inexplicáveis e incontroláveis. Assim foi até o fim do primeiro mandato de George W. Bush.

É difícil subestimar a eficiência com que os Estados Unidos se livraram do legado do radicalismo dos anos 1960. A condenação daquela década começou quase imediatamente, e nunca terminou, tendo se tornado ao longo de décadas um subsistema da demonização do liberalismo, que só agora está vindo à tona. Jovens ativistas ajudaram o processo voltando ao mundo da rotina com uma velocidade que historiadores confundiram com falta de seriedade. E poucos tentaram contar a história. O jogo final teve início em 1970, quando, em abril, Nixon bombardeou o Camboja. Poucos dias depois, com 30% das universidades do país em greve, a Guarda Nacional atirou em estudantes que protestavam em Kent State, Ohio, matando quatro deles, enquanto soldados de cavalaria do estado matavam cinco estudantes negros em Jackson State, no Mississippi. O ano foi um ciclone de violência e morte. Em março, dois ativistas de direitos civis negros foram mortos por um carro-bomba em Maryland. Três Weathermen* explodiram a si próprios quando fabricavam bombas em Greenwich Village. Alguns dias depois, granadas explodiram em duas sedes de corporações em Nova York, sem causar mortes. Um movimento de re-

---

*Membros da Weather Underground Organization, organização terrorista americana formada por dissidentes do movimento Estudantes por Uma Sociedade Democrata, SDS. (*N. do T.*)

sistência armada se formava na barriga da baleia, uma fantasia tirada de Carlos Marighella e John Brown, mas real.

Se você estivesse fora por alguns meses (como eu estava quando fui para Cuba cortar cana-de-açúcar com a Brigada Venceremos), o país que você encontrava na volta não era o mesmo de antes. Aeroportos e estações de trem eram patrulhados pela Guarda Nacional e por policiais com *walkie-talkies*. Grupos que tinham jornais alternativos, *community gardens** ou centros de assistência social estavam ocupados treinando autodefesa. Exceto pela barulhenta marcha em Washington no ano seguinte ("se o governo não pára a guerra, vamos parar o governo"), as manifestações haviam acabado, juntamente com as campanhas eleitorais pela paz e o apogeu da genuína imprensa da contracultura. Jornais importantes começaram a chamar os radicais de "revolucionários" sem o adjetivo "supostos". O senador James Eastland, do Mississippi, proclamou que o corte de cana-de-açúcar em Cuba era uma fachada para o treinamento de guerrilheiros e nos chamou de "mísseis humanos que têm sido fabricados na ilha comunista e lançados nos EUA". Nós rimos, mas parecia que o país estava de prontidão, e qualquer coisa era possível. "Totalmente organizado e completamente desorientado, o movimento revolucionário existe", escreveu o ex-jornalista Andy Kopkind, "não porque a esquerda é forte, mas porque o centro é fraco."[14]

Ele estava certo nas duas considerações. Apesar da crescente perseguição dos movimentos negro e antiguerra pelo Cointelpro** e da "vietnamização" da guerra, funcionários dentro e fora do governo estavam com sua autoridade comprometida. Ondas de rebeliões atingiram escolas de ensino médio e grupos profissionais, exigindo reformas na administração e no currículo. Mas o "movimento revolucionário", que havia surgido em projetos de organização no Sul, nas

---

*Pequenos terrenos que organizações emprestam a cidadãos. (*N. do T.*)
**Programa de Contra-Inteligência do FBI para investigar e desmantelar organizações de oposição no país. (*N. do T.*)

cidades do interior e nos *campi*, assim como em debates sobre a "política de resistência" e a "nova classe trabalhadora", estava se desintegrando. Para alguns líderes, não havia alternativa a não ser ir mais fundo na violência, que era o que restara do sonho revolucionário.

Em 1971, a tolerância do país ao caos chegou a seu limite; e os dois lados recuaram. Henry Kissinger viajou secretamente para a China para arranjar um encontro entre Nixon e Mao. Poucos anos depois, alguns de nós sombriamente citaram a teoria de mudança de Kissinger: "Se você age criativamente deve ser capaz de usar a crise para mover o mundo na direção de soluções estruturais necessárias." Hoje, ele poderia estar se referindo ao 11 de Setembro. Apesar dos ataques maciços a Camboja, Laos e Vietnã do Norte, a guerra estava se enfraquecendo; os destacamentos militares haviam terminado e as tropas voltavam para casa. As forças americanas haviam sido levadas para o ar, usando força máxima para atingir alvos questionáveis — assim como no Afeganistão — para escapar de baixas e do olhar observador da imprensa.

Sobre a era do Vietnã, um correspondente americano cuja experiência inclui Berkeley em 1965, Saigon durante a guerra e Hanói em anos recentes, apresenta a opinião predominante.

> Aquela era desafiou os padrões da Segunda Guerra Mundial — o parâmetro com o qual havíamos julgado o heroísmo e o direito de lutar — e virou a sociedade de cabeça para baixo, num levante social e político de drogas, amor livre, escândalos políticos e assassinatos, conflito inter-racial, protestos e o grito: "Inferno, não! Nós não vamos!"[15]

O que falta é mudança de maré no pensamento político e na ação política que separou os anos 1960 (ponha ou tire alguns anos) dos 1950. É difícil descrever a onda crescente: 1956, quando Rosa Parks se recusou a ir para a parte de trás do ônibus em Montgomery,

Alabama? 1959, o ano da Revolução Cubana? 1960, quando milhares de estudantes visitaram Cuba, estudantes negros fizeram os primeiros protestos e a juventude de Bay Area se manifestou contra a Huac* 1962 viu a chegada da Declaração de Port Huron** lançando estudantes para a visão de uma Sociedade Democrática de "democracia participativa". 1963 foi o ano em que a SNCC (Comissão Coordenadora Sem Violência dos Estudantes)*** ampliou os projetos de registro de eleitores no Sul, e em que Martin Luther King liderou a Marcha dos Direitos Civis em Washington. Em 1964 vieram o Verão do Mississippi, os distúrbios no Harlem e o Movimento pela Liberdade de Expressão, que fechou a Universidade da Califórnia em Berkeley. Em 1965, a Comissão Dia no Vietnã fez bloqueios a trens de soldados em Oakland e campanhas contra a guerra tiveram início, seguidas da marcha (anual) ao Pentágono.

Aquele foi o período heróico do movimento, sua Idade do Bronze, em que jovens ativistas se atiraram contra um sistema que se defendera com toda a sua força. A palavra Movimento, pronunciada com letra maiúscula, ainda tinha significados variados. O período era dominado pela questão da reforma política, sendo a integração a principal reivindicação; e a Nova Esquerda serviu, na verdade, como a tropa de choque do liberalismo (um ponto levantado pelo presidente da SDS Carl Oglesby) cuja humilhação veio em 1968, na Convenção de Chicago, pelas mãos de Mayor Daley, e de um triunfante Nixon. Por trás das exigências de direitos civis e contra a guerra, crescia, porém, uma consciência da má distribuição de riqueza e poder nos EUA, e um sentimento, intensificado depois de 1965, de que aquilo não seria corrigido só com a abolição de Jim Crow ou trazendo as tropas de volta do Vietnã. Para a SDS, o reconhecimento levou a uma expe-

---

*Comissão de investigação de atividades não-americanas da Câmara dos Representantes. (*N. do T.*)
**Manifesto da SDS. (*N. do T.*)
***Uma das primeiras instituições do movimento americano pelos direitos civis. (*N. do T.*)

rimentação do marxismo-leninismo em todas as suas variações que culminou numa autoproclamada vanguarda na experiência do conflito armado. Diante disso, o movimento estudantil se lançou do própaz para o antiguerra, para o pró-NLF*, para o antiimperialista (os dois últimos às vezes invertidos), para a revolução pró-Terceiro Mundo, para o anticapitalismo, para o pró-socialismo (onde alguns colegas mais idosos começaram) e, então, com mais viradas do que esta sinopse sugere, para a antipaz (i.e. nenhuma "co-existência") e a antidemocracia ("tolice burguesa"). Não é de se estranhar que o antiimperialista movimento pela libertação das mulheres tenha surgido, como o dragão de Ho Chi Minh, fora da prisão das facções; e quando a luta nas ruas começou, em 1969-70, foram as mulheres que lideraram. Eu me lembro porque em 1971, em Berkeley, eu era uma delas.

Para a ampliação do movimento, a ação direta levou à formação de comunidades de opositores, não muito diferentes da oposição de setores "inconformados" do cristianismo na Inglaterra do século XVII. Como eles, criaram novas instituições — Universidades Livres, coletividades de soldados, revistas, grupos de teatro, cooperativas de saúde — algumas das quais continuam. Quando as comunidades se dissolveram, também se dissolveu a visão coletiva de uma sociedade defeituosa e de uma perversa política de guerra, ainda aberta a reformas. Talvez essa sociedade já não existisse, ou já não fosse suscetível à influência de cidadãos organizados independentemente dos interesses oficiais. Porque a América corporativa mudou também. Empresas familiares antigas, como a do meu pai, Jahn & Ollier, Engraving Co., foram sendo compradas por conglomerados como Beatrice Foods, que faziam seus portfólios. Conglomerados americanos estavam indo para o exterior, primeiramente a Inglaterra, onde rapidamente compraram firmas mais velhas na capital. A ascensão deles e a nossa deca-

---
*Frente Nacional para a Libertação do Vietnã do Sul. (*N. do T.*)

dência estavam relacionadas; havíamos concluído uma parte de nossa tarefa — nossos pais (falando de maneira figurada) estavam no caminho, e havíamos ajudado a limpar o convés. Havíamos roubado seus arquivos, publicado seus segredos, ocupado seus escritórios, e agido sem eles. (Columbia 1968.) Éramos um movimento jovem, com o vigor de nossos anos e uma visão que não tinha idade.

O movimento político que se seguiu foi chamado de "política de identidade", e foi bem-sucedido na política de vitimização. O jogo do governo mudou também, deixando de tentar provar no Vietnã que os EUA poderiam liderar a luta pós-guerra do Mundo Livre contra o comunismo para tentar governar o mundo. O "centro" é tanto mais forte quanto mais fraco do que era trinta anos atrás; mais forte porque tanta força militar está concentrada nas mãos de uma nação, e mais fraco pelo mesmo motivo — porque a força americana agora está equacionada com a dominação militar, que tem sido testada e tem encontrado demanda. Os custos militares e políticos para defender os interesses dos EUA aumentaram dia após dia. Os pobres se tornam mais pobres e mais numerosos; os fanáticos, mais fanáticos; nossos amigos, menos amigáveis; enquanto em casa as pessoas que pareciam mergulhadas a salvo em letargia sonolenta, como se estivessem drogadas, estão acordando.

Os anos 1960 entraram de novo na cultura americana nos anos 1980, por meio de filmes como *O reencontro*, precursor de *Friends* e *Sex and the City*. O "movimento" se tornou uma turma de solteiros aloprados se divertindo. A música estava errada, mas isso foi consertado mais tarde na década com a promoção do rock'n'roll clássico e o renascimento do Grateful Dead (que nunca havia parado de fazer turnês) na MTV, mais do que em outros lugares. O Dead atraiu uma nova geração de crianças, que encontraram e disseminaram as velhas drogas e os modelos coloridos de Woodstock. Havia uma promessa de escapar da chatice da escola e de empregos para toda a vida, e um sentimento leve de camaradagem, mas isto se apagou depois de uma onda de tiroteios de adolescentes nos anos 1990 mostrar que era perigoso simplesmente ser jovem.

O verdadeiro mercado para uma década de 1960 desinfetada foi a geração do *baby boom*, cuja passagem pela história se tornou uma nostálgica relíquia. Foi a venda no varejo de sexo, drogas e rock'n'roll, juntamente com o "idealismo dos anos 1960" que desviou estudantes como minha filha Sarabinh, que olhou ao redor o admirável mundo novo da América corporativa e imaginou o que seus pais haviam feito. Nos anos 1980, a palavra *revolução* estava reposicionada em segurança à direita, como na "Revolução Reagan" e na "Revolução Newt Gingrich", ou ligada a produtos, carros, moda. Um liberalismo assustado ressurgiu, depois de uma temporada com os adeptos da teoria do *trickle-down** da Escola de Chicago, como o neoliberalismo, o credo obstinado para a economia global. Os anos 1980 tiveram um sentimento "retrô", como os anos Dulles, analisou Andy Kopkind: "Rebelião, utopias e paixão estão *out*; conformismo, realismo e crueldade estão *in*."[16]

Uma reestruturação do discurso na literatura e na política levou críticos a se posicionar em relação a solilóquios de "verdade" e "identidade", quando não policiavam hierarquias de gênero ou "estabilizavam o cânone". Para uma pessoa voltada para a história, como eu, foi como se não houvesse mais um mundo real lá fora, com pessoas de verdade nele, mas um deserto habitado por vozes jorrando "textos". *Luftmenschen*, como Hannah Arendt os chamaria: *pessoas aéreas*. Não havia qualquer discurso popular para buscar ou formar distúrbios no Oriente Médio nos anos 1970 e 1980, ou na invasão do Kuwait pelo Iraque nos anos 1990, em que os EUA e os soldados aliados derrotaram o Exército iraquiano numa batalha de cem horas (origem do

---

*Teoria econômica em que benefícios financeiros obtidos em acordos com grandes empresários e investidores são transmitidos a pequenos empresários e consumidores. (*N. do T.*)

cenário de oportunidade para esmagar o Iraque), mas deixaram Saddam vivo, e se afastaram quando os curdos e xiitas se revoltaram. Nem havia um discurso popular para compreender a importância do petróleo e da "Peak Oil"* e sobre como o comércio mundial de petróleo baseado no dólar dá aos EUA carta branca para imprimir dólares sem causar inflação; ou para seguir os fluxos do capital que emana dos novos consórcios de bancos e negócios. Pouco se dizia sobre a contínua derrubada das barreiras legais e nacionais para o livre fluxo de dinheiro no mundo; ou sobre o significado de enxugamentos, reestruturações e terceirizações, até que fosse tarde demais; ou sobre a crescente guerra de forças entre o dólar e o euro.

Novos discursos foram fabricados, o que inclui os artigos das doações do governo e de corporações: "*contabilidade agressiva*", usar empresas *offshore* para cozinhar os registros e evadir impostos; "*transparência*", suprir bancos e corretoras com dados precisos sobre lucros e perdas, exceto nos EUA. E palavras de usos diversos como *Independente*, como em "ele está agindo como um *Independente*", i.e., um candidato pró-negócios procurando votos democratas; ou "auditores *independentes*", como Arthur Andersen; ou "diretores *independentes*", significando diretores de fora interagindo com a equipe da empresa. Um Dicionário do Diabo atualizado incluiria os verbos mutantes: *impactar, contextualizar, weaponizar* (usar como arma), como em "O FBI está investigando se esporos de antraz usados nos ataques do outono passado poderiam ter sido criados secretamente dentro de um laboratório do Exército e levados para serem *weaponizados*". Acontecimentos problemáticos são "*questões*", como quando um avião de Chicago para Dallas não pode decolar devido a "*questões mecânicas*"; ou pessoas não dizem que lamentam, mas que têm "*questões de desculpas*". Mas a palavra de um milhão de dólares, aquela talhada em

---
*Teoria segundo a qual a produção de petróleo no mundo atingirá um pique e depois diminuirá rapidamente. (*N. do T.*)

clínicas de saúde mental para desinfetar o conflito e neutralizar a memória coletiva, é *fechamento*.

Fechamento: a condição de ser fechado invoca perfeitamente a cultura de submissão em que os americanos haviam entrado antes da guerra no Iraque acordá-los. "Um pouco de fechamento" é uma gíria da mídia para alguém que faz uma pausa por sofrer ou por raiva. O Vietnã tem a fórmula. "O problema foi que o Vietnã deixou os americanos sem nada para celebrar... E se não há nada para celebrar", escreve um correspondente do *Los Angeles Times*, "você continua de luto. Você volta ao Memorial dos Veteranos do Vietnã várias vezes. Mas tudo que ajudou a curar, como o muro, também fez com que os ferimentos se inflamassem e nos negou um fechamento."[17] Hoje é o 11/9, e as notícias de que a Casa Branca tinha pistas tanto da CIA quanto do FBI de que a al-Qaeda estava planejando seqüestrar aviões, e nada fez, ficam batendo na psique nacional. Cada vez mais pessoas suspeitam de uma conspiração. Em maio de 2002, parentes de vítimas dos atentados contra o Pentágono e o World Trade Center se reuniram para protestar contra a negligência em relação às pistas, e para pedir uma investigação independente. "Acredito que todo o governo desapontou o povo", diz alguém; outros concordam; mas a reportagem termina com uma mulher que insiste, "É hora de deixar de lado a raiva... é hora de começar o processo de luto propriamente, para que possamos nos fechar."

A pressa para o fechamento, e seu oposto, a fascinação nacional por narrativas de abusos pessoais — sexuais, principalmente; nunca econômicos — sugerem que algo foi distorcido. Um sentido de falta de poder penetra a terra da seda e do dinheiro, e se manifesta entre os mais ricos como um terror de ficar velho e doente. Como em Shakespeare: "E então, de hora em hora amadurecemos e amadurecemos, / E então, de hora em hora apodrecemos e apodrecemos. / E assim acaba uma história." E por baixo do medo da perda, uma variação do medo de mudar, está uma ferida sobre a qual o discurso terapêutico diz pouco.

Esta é a lenta redução da essência da democracia, que é a capacidade de autogovernar. Até 2003, os americanos em geral já não se comportavam como se tivessem a autoridade para se responsabilizar por nada além de seus objetivos pessoais. Não mostravam as atitudes e o comportamento de cidadãos soberanos, mas de consumidores leais a marcas ou cidadãos corporativos leais a uma empresa. Em sua submissão geral à autoridade, cidadãos haviam perdido grande parte do terreno pelo qual a Revolução Americana foi feita. A Lei dos Direitos se atrofiara por desuso, deixando para trás uma abundância de retórica. Os direitos civis são sempre contestados e é preciso lutar por eles, algo que sabíamos nos anos 1960 e que precisamos reaprender. Advogados corporativos sempre souberam disso — desde que as corporações foram declaradas "pessoas" em 1886, e a Suprema Corte lhes deu proteções legais da Décima Quarta Emenda (originalmente destinadas a escravos libertados). Nos últimos anos, os negócios ganharam a proteção da Quarta Emenda em relação a "buscas e ataques" que efetivamente limitam a saúde da lei e a segurança no trabalho. Regulamentos ambientais foram bloqueados em áreas onde invadem os "direitos de propriedade" corporativos. Como as leis que permitiram à Enron escolher candidatos e financiá-los, moldar a política de energia, esconder dívidas em entidades fantasmas chamadas de parcerias, comprar e vender "derivativos" pessoais, esconder lucros em bancos no exterior livres de impostos, todos eles são "legais". Mas algumas vezes podem matar a galinha dos ovos de ouro, como a Halliburton está aprendendo.

Tais assuntos são mais importantes agora do que antes porque as corporações estão mais poderosas e têm usurpado muitas das funções do governo, sem mencionar política, imprensa, entretenimento, educação, religião, medicina e direito. A expansão do controle corporativo, entretanto, não tem sido acompanhada de uma visão mais ampla e mais flexível do potencial humano. Pelo contrário, quanto mais concentrados os mecanismos de comando do capitalismo global, mais longe eles estão das condições locais — e mais vulneráveis estão a desafios vindos de fora de suas esferas de influência.

Esta é uma lição que ativistas antiglobalização aprenderam e viraram de cabeça para baixo para aplicar a si próprios, e que tem se espalhado no movimento antiimperalista contemporâneo. Antiglobalistas encontraram força na descentralização, em redes de comunicação horizontais fluidas, em fronteiras ampliadas e em linguagens com ajuda da Internet — e deslocando-se em ambientes inesperados com parceiros inesperados. Depois da liberação de alguém detido pela polícia num comício em Estrasburgo, França (sede da Corte Européia de Direitos Humanos), no verão de 2002, manifestantes se dividiram entre as táticas conflitantes do bloco negro — conhecido por suas táticas de confronto — e o bloco rosa-prateado, um grupo de samba. Cada vez que o primeiro embarcava numa operação de grafitagem ("subversiva"), os dançarinos surgiam nervosamente à frente, até que os dois assumiram um compromisso em que os tambores de samba tocariam nas palavras de ordem *Sem fronteira, sem nação!* do bloco negro, e os membros do bloco negro bateriam palmas e dançariam no ritmo da banda.

Nos anos 1960, houve um racha semelhante entre os Merry Pranksters de Ken Kesey e os radicais antiguerra, em Bay Area, e que nunca foi resolvido. Os yippies se juntaram para injetar humor e diversão no movimento estudantil, mas as enormes mobilizações da era do Vietnã organizadas verticalmente descartaram elementos do jogo. Deram à mídia um ambiente que promovia líderes, que podiam ser retirados e celebrados, até que respondessem mais positivamente àqueles que lidavam com a mídia do que a sua própria gente.

Hoje nos Estados Unidos ainda há rachas em movimentos antiimperialistas, ambientais e de solidariedade aos palestinos. Alguns têm o cheiro dos antigos rompimentos entre comunidades e organizadores de guerras, enquanto outros se voltam para as confusões mais sensíveis das críticas a Israel e ao anti-semitismo. É a mesma coisa, troveja

Ariel Sharon, enquanto no extremo oposto nenhuma conexão é admitida. Há algo de antigo nisto também, com certos contigentes nas fileiras da solidariedade aos palestinos agitando suas faixas, evocando o horror dos aliados dos vietcongues com suas bandeiras vermelhas e azuis em passeatas pacíficas: *Não, não; não eles!* Mas a resposta foi Sim. Eles estão aqui porque estão lá. Era tudo por causa deles.

A oposição floresce cada vez que chega o momento de romper um poder hegemônico que sobreviveu além de seu tempo. Foi assim nos anos 1960, quando o poder estava concentrado no Vietnã, e é assim agora. Uma mudança fenomenal já aconteceu em apenas dois anos. Começou com o que alguns chamam (equivocadamente) de *coup d'état*, que foi o surgimento de uma poderosa nova constelação de forças: falcões como Cheney e Rumsfeld, com ligações com as fundações neoconservadoras; fundamentalistas cristãos como George W. Bush, que está ligado a mais ou menos 18% do eleitorado, principalmente no Sul; e os neocons. Por trás de todos eles se estende o abraço terno dos grandes gastadores corporativos: os financiadores do governo americano.

A Coalizão Cristã é uma defensora apaixonada das políticas expansionistas do Grande Israel ("E eu farei de ti uma grande nação. E abençoarei aqueles que te abençoam e amaldiçoarei aqueles que te amaldiçoam"). Eles acreditam que o Segundo Advento só acontecerá quando Israel tiver a posse de todas as terras que lhe foram dadas por Deus. Então os judeus serão convertidos — este é o "Êxtase", celebrado nos romances *best-sellers* de Tom LeHaye e Jerry Jenkins, e silenciosamente desconsiderado nos Estados Unidos e em Israel pelos líderes judeus que recebem bem o apoio cristão. Eles estão nisso quase desde o início da história americana; mas a "combinação letal de dinheiro e poder numa grande escala que pode controlar eleições e política nacional", como o crítico Edward Said descreve, não foi vista antes, e certamente não na Europa.[18] Isto levanta a desgastada questão do dinheiro, mas dinheiro numa escala tal — Bush está gastando US$ 200 milhões para derrotar John Kerry, duas vezes mais do que em 2000 — que confunde a cabeça. Exceto pelo fato de que isto não acontece; a MoveOn* iniciou uma campanha nacional de propaganda na TV, atingindo o Comitê Nacional Republicano, que tentou bloquear os anúncios enchendo as estações de notícias de cartas de advogados ameaçando processar a MoveOn por violar leis de financiamento de campanha.

Como resultado, a campanha de 2004 começou como uma batalha de anúncios na TV; e os republicanos foram pegos de surpresa pela resposta negativa a anúncios que ligaram o presidente ao 11/9. Os tempos mudaram desde que perderam a base os argumentos sobre armas de destruição em massa no Iraque. Agora, não apenas democratas dizem que Bush desviou as investigações do 11/9. Bush erradamente classificou a si próprio de "presidente em guerra", e está atribuindo a si uma "firme liderança", apesar de 771 soldados americanos terem sido mortos no Iraque** e de mais de 3.600 terem sido feridos numa guerra sem lógica. De acordo com o assessor do Pentágono Anthony Cordesman, as baixas podem chegar a pelo menos mil. "Mil ou mais mortos no Iraque dificilmente fazem um Vietnã", diz Cordesman. "Mas isto precisa ser justificado e explicado, e explicado honestamente";[19] e ninguém o faz. Enquanto isso, a economia certamente escureceu as perspectivas de reeleição de Bush, e empregos são a questão número um nas pesquisas de opinião.

Sessenta por cento dos americanos acham que os EUA estão no "caminho errado"; 21% dos prováveis eleitores temem perder seus empregos nos próximos 12 meses e a proporção é *maior* entre pessoas que ganham mais de US$ 75 mil por ano. O apoio ao livre comércio caiu de 57%, cinco anos atrás, para 28%, e Bush tem defendido o

---

*Organização política liberal com base nos EUA que atua online (*N. do T.*)
**Até 19 de maio de 2004. Em outubro de 2005, chegaram a 2.000. (*N. do T.*)

livre comércio em Ohio, onde o índice de desemprego (3,9% em 2000) aumentou para 6,2%. Todos os estados que são campos de batalha — New Hampshire, Wisconsin, Minnesota, Michigan, Washington, Novo México — registraram aumento de desemprego; e o único estado que teve crescimento de empregos é o Alasca, onde Bush teve 31% de votos na eleição anterior.[20] Na paisagem política, a perda de empregos é como um holofote gigante, independentemente da tendência da Casa Branca. Dos 290 mil empregos no setor privado criados desde abril de 2003, a maioria (215 mil) foi temporária. Não é de se estranhar que democratas estejam fazendo a pergunta que Ronald Reagan fez: "você está mais rico hoje do que estava quatro anos atrás?", e a resposta claramente é não.

A Bolsa de Valores, que subiu cerca de 1.000 pontos nos últimos seis meses, foi uma exceção nesse quadro, até que caiu temporariamente com o assassinato do xeque Yassin. Se Bush está certo ao calcular que dois terços dos americanos têm investimentos em ações, e que eles o tratarão de modo mais favorável agora do que o fizeram nas eleições do meio do mandato, quando a Bolsa estava em queda, o quadro se torna menos negativo para o presidente. Mas a incapacidade de gerar empregos — Bush viu 2,3 milhões de empregos desaparecerem durante seu mandato — é um lembrete indesejado da derrota na reeleição do presidente republicano que o antecedeu, George H. W. Bush.

O mantra do discurso de John Kerry de que o governo Bush "tem exercido a política externa mais arrogante, inapta, imprudente e ideológica da história moderna de nosso país" permanece sendo o que pode derrotar o presidente, uma vez que isto continuará a ser sustentado pelos acontecimentos. Se a política de Bush no Iraque não redesenhou o mapa político do Oriente Médio, certamente o fez na Europa, onde o ataque terrorista em Madri foi seguido da derrota de José Maria Aznar, aliado de Bush no Iraque. O primeiro-ministro socialista eleito declarou que "a guerra tem sido um desastre, a ocupação continua a ser um grande desastre... Não se pode bombardear um povo 'por via das dúvidas'". A inesperada reeleição do chanceler alemão antiguerra Gerhard Schroeder em setembro de 2002 foi a primeira eleição européia decidida pela impopularidade da guerra: a Espanha é a segunda, e a análise *post-mortem* tem sido cuidadosamente examinada em Washington, Londres e Tóquio.[21]

Perguntado numa recente audiência no Congresso por que os custos do Iraque não estavam incluídos no orçamento do governo Bush, o controlador do Pentágono Dov Zakheim respondeu: "Porque simplesmente não podemos prevê-los." Havia uma verdade incômoda na resposta. "A Casa Branca brinca de esconde-esconde com os custos da guerra", como disse o senador Robert Byrd. O Pentágono se recusou a estimar o custo antes da guerra, argumentando que não sabia quanto tempo duraria, e poucos dias depois o secretário de Defesa pediu US$ 25 bilhões. E hoje a hesitação é sobre se o governo interino "prometido" para 30 de junho permitirá que as forças dos EUA permaneçam,[22] ou se haverá mesmo um novo governo iraquiano.

Não é surpresa alguma que o Conselho de Relações Exteriores, citando pesquisas de opinião que mostram que o apoio americano à guerra está diminuindo, tenha exortado os líderes de ambos os partidos a se comprometerem publicamente com um programa multibilionário durante os próximos anos, e a calcular "a magnitude de recursos que serão necessários".[23] Isto porque a presença americana no Iraque — apesar do fato de ter sido planejada para validar o unilateralismo americano e a doutrina de atacar primeiro, nenhum dos quais funcionou — é considerada essencial para a supremacia americana global. O controle do Oriente Médio requer bases dos EUA no Iraque, não apenas para impedir o Iraque de desenvolver armas nucleares, ou a Síria de apoiar o Hamas, mas para permitir uma exigência de distribuição de petróleo iraquiano, e para assegurar que nenhum outro país do Oriente Médio troque o dólar pelo euro como moeda para comercializar petróleo, como o Iraque fez em 2000.

A estabilidade da "reciclagem de petrodólares" foi estabelecida em 1974, quando Nixon negociou garantias de que a Arábia Saudita calculasse o preço do petróleo apenas em dólar, e investisse produtos excedentes do petróleo em títulos do Tesouro dos EUA, enquanto em troca os EUA protegeriam o regime saudita (uma proteção que em grande parte tem sido removida). O acordo promoveu uma subvenção saudável à economia dos EUA baseada no mercado flexível da América, no fluxo livre de bens comercializados e excedentes de comércio, na alta produtividade no trabalho, na supervisão do governo (a SEC*), no fluxo de dinheiro e lucro total e, é claro, na superioridade do poder militar.[24] Ao longo das duas últimas décadas vimos uma grande diluição dos fundamentos desses "portos seguros", tais como um aumento na dívida nacional para US$ 6,021 trilhões contra um produto interno bruto (PIB) de US$ 9 trilhões,[25] e redução da produtividade no trabalho. Todas as indicaçoes são de que a guerra no Iraque é, entre outras coisas, um modo de "fazer uma advertência fatal à Opep: não pense em abandonar o sistema de petrodólar em favor de outro baseado no euro".[26] A segurança do dólar é, depois da segurança nacional, uma questão que está além dos limites partidários. Já não há dúvida alguma de que corre sério perigo.

Kerry, que apoiou a resolução de guerra do Senado em outubro de 2002, mas não apoiou a primeira Guerra do Golfo, motivada por petróleo, não sinalizou qualquer mudança radical na política externa. Encontrou-se com grupos judeus em Nova York em março, e fez uma forte defesa de Israel. Prometeu continuar com a guerra contra o terrorismo; de fato, um item-chave de sua plataforma vem de Rand Beers, que se juntou a Kerry em 2003, depois de deixar seu emprego com Bush, porque estava preocupado de que a ação militar contra o Iraque desviasse recursos da luta contra o terrorismo. Beers reuniu

---

*Comissão de Segurança e Intercâmbio dos EUA, cuja responsabilidade é supervisionar os regulamentos da indústria de segurança. (*N. do T.*)

uma equipe leal de ex-assessores de Clinton. Mas isto não significa que Kerry faria uma retirada do Iraque. Se fosse a favor de tal idéia, maiorias republicanas no Congresso trabalhariam rapidamente em cima disso.[27]

Muitos dos símbolos nos quais americanos e europeus vêem o unilateralismo de George W. Bush — a rejeição ao Protocolo de Kioto, a recusa a ratificar o Tribunal Criminal Internacional — são simples reafirmações de decisões que já haviam sido tomadas, ou que seriam tomadas, no Senado por maiorias maciças. Por todas as suas promessas de compromisso global, Kerry enfrenta uma série de prioridades, relacionadas principalmente ao comércio livre e à perda de empregos para a terceirização, o que faz suas promessas de salvar empregos soarem vazias.

Enquanto os acontecimentos no Afeganistão e no Iraque têm servido como um corretivo para a teoria amplamente divulgada do governo Bush, formulações sobre a política externa dos EUA por democratas e republicanos na verdade convergiram nos últimos meses. Mesmo o mais feroz dos assessores de Bush já não espera que ele persiga o Irã, a Síria ou a Arábia Saudita enquanto o Iraque tiver quase a metade do exército dos EUA. De fato, a insurgência iraquiana forçou a Casa Branca a repensar o papel da ONU, e a convidar a Rússia, a Alemanha e até a França a participar da partilha do petróleo iraquiano. Bush se tornou mais multilateralista e Kerry, que já se declarou a favor do uso da força apenas como último recurso, está aprendendo a viver com uma guerra.

2

COMO ERA

Meu primeiro ato político consciente aconteceu numa sala de TV da Universidade de Vassar, no outono de 1960. Estavam acontecendo os debates Nixon-Kennedy, e dezenas de universitários de camisola e robe haviam se comprimido na estreita sala do segundo andar do Prédio Principal para assistir. O ar estava azul de tanta fumaça, e me lembro de ficar surpresa com a eletricidade na sala. Os debates eram uma falsidade, pensei. Um golpe de publicidade. Qual o motivo de todo aquele entusiasmo?

Foi a noite em que o Nixon moreno e de olhar impreciso anunciou, em resposta a uma pergunta sobre política agrícola, que iria "matar os fazendeiros". Em nosso dormitório, o deslize quase não foi notado. "Você ouviu isso?", eu disse, chocada. "Ele falou o que pensa!" Os republicanos no grupo, com certeza a maioria, já estavam se inclinando para o belo irlandês; a gafe de Nixon causara isto.

A estrela de John F. Kennedy havia subido naquela noite. Eu me vi estranhamente agitada. Deveria me sentir vingada. Afinal de contas, Kennedy era um democrata e eu também. Ele era católico, e até meu último retiro em Marymount, dois anos antes, eu também era. Mas de uma hora para outra eu o estava condenando. "Ele é um impostor. Não confio nele", declarei. E ninguém conseguiria me convencer do contrário.

Não estou certa sobre o que me irritou. Gosto de pensar que senti o cheiro dos perigos que estavam por trás do ativismo de Kennedy. Toda aquela conversa sobre defender a liberdade nos cantos mais distantes do planeta deve ter despertado minhas suspeitas. Um tio querido que serviu no Pacífico sob o comando de MacArthur e o viu desembarcando nas Filipinas proclamando "Voltei" duas vezes, para as câmeras, havia me vacinado contra "heróis de guerra", que era como Kennedy era vendido. Ou outro, um tio mais novo, destacado para Londres nos meses finais da guerra, onde participou de um círculo de leitura socialista (algo que soube bem mais tarde), pode ter me colocado contra o "patriotismo mais elevado" da Nova Fronteira.*

Mas provavelmente foi algo mais simples do que isso. Rejeitei o crescente delírio na sala, que havia atingido o tom submisso que às vezes se ouve nas memórias dos Guerreiros da Guerra Fria de minha geração. Anthony Lake, por exemplo, que lembra, numa memória de 1975, ter ficado "por um momento ao lado do carro aberto do senador Kennedy quando ele forçava caminho no meio da multidão na véspera das eleições, em Boston. Seu sorriso confiante e a adulação quase histérica das pessoas (da qual participei) produziram um incrível senso de poder — e o sentimento de que aquilo poderia usado para servir a grandes propósitos. Quando o carro se afastou", escreveu ele, "eu desesperadamente queria segui-lo". A partir deste encontro, Lake traça sua decisão de entrar para o Serviço Diplomático e ir para o Vietnã, sobre o qual ele nada sabia. Em parte era ambição; porém, mais que isso, "representava uma chance de servir, fazer parte de um excitante esforço nacional".[1]

Mais ou menos a mesma histeria atingira as meninas da Vassar, cuja chance de servir mais provavelmente viria na forma de casamen-

---

*Expressão usada por Kennedy e que se tornou a marca de seu programa de governo. (N. do T.)

to com um oficial do Serviço Diplomático do que no Curso Básico de Oficiais do Serviço Diplomático, que incluía, Lake lembra, uma sessão sobre "Táticas de Contra-Insurgência: Unidade da Paz". Lembrando-me daquela tarde em Main e do isolamento que senti — que não teve qualquer conseqüência verdadeira, não ainda — eu me lembro de outra deserção, muito mais cedo. Foi na primavera úmida de 1951, quando fiquei tremendo na rua Sheridan, em Winnetka, Illinois, numa turba de crianças da escola Saints Faith Hope and Charity que haviam sido levadas para ver o Velho Soldado ao vivo.

Truman acabara de tirar o general MacArthur da Coréia, portanto cativando meu pai, que àquela altura não poderia estar mais de acordo com a opinião de meu tio Junie sobre seu oficial de comando. Meus pais costumavam freqüentar o Belvedere Hotel em Baltimore no final dos anos 1930, onde viam freqüentemente Douglas MacArthur, que estava num período entre guerras, fazendo a corte no bar. Ele mantinha um quarto no hotel, onde se dizia que "ia até o andar de cima para enrolar seu bigode" (o que ele não tinha, mas este não era o ponto); ele era considerado um exibido, ainda então.

Em 1951, o general, que havia vencido a grande guerra no Pacífico e arruinado a guerra menor, fazia um *tour* de volta ao país pelo interior. Visões do presidente dançavam em sua cabeça, mas era Eisenhower que os republicanos queriam, e não aquele sujeito enfezado. Em cada acontecimento, lá estava ele, maior do que a vida, como um ditador numa comédia dos Irmãos Marx, em pé, alto, com um casacão e um chapéu, no banco de trás de um Lincoln cinza metálico conversível, braço direito erguido em saudação, e a seu lado uma mulher magra embrulhada em peles e um menino da minha idade com o cabelo louro escuro despenteado.

Todo mundo gritava e acenava. Eu fiquei parada, num silêncio de pedra, radiante, meus punhos afundados nos bolsos. Eu odiava MacArthur, expliquei a quem quer que estivesse perto, mas é claro que eu era apenas uma criança; isto não importava.

Por volta de 1960, meu estranhamento em relação aos rituais da política americana fora notado num encontro mais direto. Aconteceu em Chicago ("o colosso cosmopolita do interior", dizia o programa democrata), onde eu havia me registrado para a Convenção Democrata de 1956. Eu tinha 16 anos, idade suficiente para receber uma proposta de um delegado do Missouri, mas jovem o suficiente para perambular pelos saguões da parte de trás e pelos elevadores de serviço do Conrad Hilton com minha colega de escola Prudy King, cujo pai, o gerente do hotel, mais de uma vez nos dera a chave de seus domínios.

Prudy, que tinha uma queda pelo percussionista do Salão Boulevard, também estava trabalhando para os democratas naquele verão. Na verdade, conseguira seu primeiro emprego de verdade, com pagamento; e escreveu para mim, para a Cidade do Cabo — onde minha mãe, minha irmã e eu havíamos ido visitar tio Junie e nossa avó Hancock — contando de sua entrevista com a gerente-assistente da convenção. A senhorita Forsling era "uma beldade" aos 35: "uma figura alta, bonita, cabelos crespos grisalhos — mas parece muito jovem, e com as roupas mais lindas..." Um personagem de filme de Preston Sturges, ela se tornou minha chefe também.

A senhorita Forsling estava preocupada de que a filha do senhor King pudesse ficar chocada com as trabalhadoras profissionais da convenção, meninas de vinte e poucos anos que "xingam como loucas e dormem com homens diferentes a cada noite", relatou Prudy. "Ela não quer ter que cuidar de crianças", acrescentou; mas seu pai havia assegurado à senhorita Forsling "que eu não ficaria chocada com nada. Vai ser uma educação", exclamou ela. "Papai diz que eu vou conhecer todos, de candidatos presidenciais a carregadores de mala. Vai ser a coisa mais importante que já aconteceu comigo e mal posso esperar!"

Naturalmente, quando meu pai — que estava fazendo campanha para Adlai Stevenson naquele ano, como fizera em 1952 — incentivou-me a oferecer meus serviços voluntários depois que eu voltasse para casa, vindo da Cidade do Cabo, concordei. E logo eu estaria trocando idéias com as meninas da convenção na movimentada suíte de frente para o lago, no oitavo andar, que servia como centro de operações democrata. Mas não era a educação que Prudy ou meu pai haviam previsto.

Ela fora posta para trabalhar no departamento de compras, onde chegava um elevador de serviço cheio de roupas de cama; e depois foi para a sala de mimeógrafo, onde ajudava a rodar a manivela para copiar comunicados. Eu fui enviada ao Comitê de Modos e Meios, onde o solitário delegado do Missouri se dirigiu a mim. Ali fiquei, no fundo de uma sala de reuniões ocupada pela metade, esperando ordens para correr ao andar de baixo para apanhar chicletes ou Coca-Cola.

"O Partido para Você, Não só para Poucos" era a senha. Em 1956, um ano de recessão, os democratas eram "o Partido do Povo". Os grandes negócios eram o vilão; um argumento que redatores de discursos do partido enfatizavam, observando que em 1955, sob o domínio republicano, "a General Motors ganhara um bilhão e a renda de fazendeiros caíra um bilhão. Os lucros da GM aumentaram cinco vezes mais do que o salário dos trabalhadores da indústria de automóveis... O aumento dos lucros da corporação como um todo era sete vezes maior que o crescimento da renda média dos americanos".[2]

Uma charge de Bill Mauldin no programa da Convenção pegava o espírito da coisa. Uma mulher está ajoelhada atrás de seu marido fazendeiro (trator à distância), que reage à picada da agulha que ela usa para costurar outro remendo no traseiro de seu macacão. "Desculpe, sou tão desajeitada, querido", diz ela. "Você perdeu a prática depois de 20 anos." Vinte anos. Seria 1936. A Depressão. É claro que eu ignorava essas alusões em 1956.

Eu estava mais curiosa com a fumaça e o álcool que impregnavam a sala Modos e Meios quando eu recolhia xícaras descartáveis e papéis depois de uma reunião à tarde. A fumaça fedorenta estava em todo o hotel; e os ternos amarrotados e as faces coradas dos delegados testemunhavam o ritual obrigatório daquela ou de qualquer outra convenção americana, se eu pudesse saber (e não sabia — eu associava bebedeira com casa). Eu estava achando que uma empresa de bebidas pagara por um anúncio de página inteira do programa, proclamando: "*Mais uma vez o mundo assiste.*" Dirigindo-se aos delegados com aquela piedade de manhã seguinte, o anúncio dizia: "Como vocês se reuniram para escolher seus candidatos, e para levar adiante suas crenças e seus objetivos, nós os saudamos com honra e respeito. Que suas deliberações possam... reafirmar a fé do mundo livre no sistema de eleições americano pela voz de seu povo." Assinado: "Departamento de Relações Públicas, Corporação Nacional de Produtos Destilados."

"... Pela voz do povo" foi retirado, suspeito eu, por causa do programa republicano. Mas ninguém poderia superar os democratas quando se tratava de farejar ameaças ao "mundo livre". E é interessante encontrar na advertência do partido em 1956 que "confusão e desvios aumentaram como resultado de invenções republicanas tais como 'retaliação maciça'", que era o germe da acusação pela qual Kennedy fez *lobby* contra a administração Eisenhower em 1960 — de que com a destruição mútua assegurada pela dissuasão nuclear dos republicanos, o poder americano não tinha como resistir à influência soviética nas regiões mais remotas, onde aos Estados Unidos faltava apostar em novas reivindicações. Como advertiu o presidente Kennedy em sua primeira grande declaração sobre defesa, em 1961: "A segurança do mundo livre pode ser ameaçada não apenas por um ataque nuclear, mas também por ser lentamente minada na periferia, sem levar em consideração nosso poder estratégico, por forças de subversão, infiltração, intimidação, agressão indireta e não visível, revolução interna... ou uma série de guerras limitadas."[3]

Em 1956, entretanto, a atenção dos democratas estava voltada para o "centro do comunismo no mundo", onde naquela primavera

Kruschev havia apresentado sua denúncia sobre Stalin no Vigésimo Congresso do Partido. Se os russos estavam entrando num período de "convulsões prolongadas", ou se transformando numa "frente mais efetiva de engrandecimento internacional" (como a marcha soviética para a Hungria ainda naquele ano sugeriria), os autores da declaração do programa da convenção não estavam certos.

O partido já entrara na zona sombria da Guerra Fria, onde os guerreiros de Kennedy logo o seguiriam. Apontando para "a nova competição econômica, psicológica, diplomática e política que se desenvolvera" entre o Ocidente e o Oriente, porta-vozes do partido advertiram que o comunismo representava "uma ameaça maior, e não menor..."[4]

Eu não me importava nem um pouco com tais assuntos em 1956; embora meu trabalho para os hierarcas do partido me tenha ensinado algumas coisas sobre política americana. Democratas, eu descobri, eram homens de negócios — e mulheres. Elizabeth Forsling e Elizabeth Conkey, a mulher do Comitê Democrata Nacional, de Illinois, exerciam poder administrativo; seus chefes eram figuras (masculinas) importantes. Mas em geral os delegados não eram tão diferentes dos republicanos com os quais meu pai teve tantas divergências em North Shore. Quer dizer, como tipos sociais; animadores, uma geração saída do *Babbit* de Sinclair Lewis, e mais de uma geração distante dos fazendeiros e trabalhadores industriais cujos interesses eles defendiam, os delegados de Chicago tinham pouca semelhança com seu candidato Adlai Stevenson.

Aqui havia algo a ponderar. Uma combinação malfeita, se é que já houve alguma. Como a divergência entre o advogado cavalheiro Joseph Welch e o agitado jovem senador de Wisconsin em 1954, quando Welch, com *"o senhor afinal de contas não tem algum senso de decência, senhor?"*, irritou McCarthy. Em 1956, o liberal cavalheiro Stevenson parecia afastado não só do partido que representava, mas de si próprio. O bom senso e a candura de 1952 haviam ido embora; agora ele tentava se adaptar.

Vendo Stevenson fracassar num discurso com o objetivo de identificá-lo com o homem comum, o ânimo de meu pai desabou. Nunca ele se parecera tanto com um intelectual como quando parou diante da porta, agarrando uma sacola de mercado e discutindo o aumento do preço da manteiga. É verdade que eram os primeiros dias da fabricação de imagens na TV; e o pacote presidencial evoluiu mais tarde. Mas assim como a gafe de Nixon em 1960, aquele erro estúpido revelou um fato estranho sobre relações públicas (a mim, pelo menos), que é o de que quando o esforço para fabricar realidade se afasta demais dos fatos, os fatos ficam fora. Isto aconteceu anos antes de Ronald Reagan, é desnecessário dizer; e de Bush II.

"Democratas leais, como vocês, tornam nosso partido um partido vencedor", escreveu a senhorita Forsling a suas voluntárias quando a convenção acabou, agradecendo-nos por nosso "generoso serviço durante um período em que cada ajuda foi necessária". Stevenson perdera; mas sua virada em torno da "confusão e dos desvios" da política republicana foi reciclada com mais sucesso em 1960. "Parecemos acalmados numa temporada de tempestades e desvios num século de grandes sonhos e grandes conquistas", disse Kennedy, e o sentimento tomou conta do coro de seguidores que o promoveu: Henry Luce, Walter Lippman, Richard Newstadt e Hans Morgenthau — que pode ter se arrependido (eu sempre imaginei) quando rompeu fileiras no Vietnã em 1964.

De volta para casa em Winnetka, por um curto período no verão de 1956, quando o circo chegou à cidade, meu pai quase parecia fazer parte. Um casal de Baltimore, que trabalhava em Maryland, ambos como delegados, havia ficado por ali, e a nova casa — nova para nós, havíamos nos mudado recentemente de Wilmette — agitava-se com as conversas sobre a Convenção. Uma mansão no estilo Tudor, repleta de chaminés, a grande casa proclamou nossa marcha escada acima de Evanston para Wilmette para Berkeley nº 600, Winnetka, com uma bravata que achei vergonhosa; e durante meses depois de nos mudarmos, quem quer que me levasse de carro para casa recebia o pedido de me deixar algumas quadras antes.

Agora, com empregados e companhias freqüentes, a casa começava a se adequar. Minha mãe estava grávida de meu irmão Chris naquele verão; minha irmã Candy estava indo para o oitavo ano na escola. Quando nossos pais chegavam em casa, vindo de festas, havia um estranho silêncio: nenhuma porta batia, ninguém gritava, nada quebrava; de manhã não tínhamos que pisar na ponta dos pés ao passar pelo quarto do homem adormecido. No jantar, com seus amigos de Baltimore, até minha mãe, uma republicana em defesa de si própria, entrava na conversa sobre a campanha. E então a onda conservadora voltou para os subúrbios, e meu pai foi deixado sozinho em pé à beira-mar.

Foi uma situação infeliz para aquele homem firmemente partidário; um executivo do setor de impressão gráfica que não era avesso a questionar a inteligência de vizinhos e colegas quando suas idéias políticas eram diferentes das dele, principalmente em assuntos importantes como o senador McCarthy, e particularmente quando bebia. O uísque escocês soltava sua língua, e também lhe dava asas; às vezes confundia a mensagem, como quando agressões políticas descambavam para a escatologia. O ataque *ad hominem* era o seu forte; e tão ferozes eram os assassinatos de caráter que ele cometia contra seus opositores que eu imagino agora se talvez sua animosidade mais profunda estivesse reservada a pessoas, e não a idéias. E não só qualquer pessoa, mas pessoas das quais ele dependia. O conflito, em qualquer situação, era invariavelmente resolvido no seu caso em favor de novos conflitos.

Nem sempre ele era amargo. O humor controlava o impulso, como nas conferências de venda no verão, em Wisconsin, com os homens da Jahn & Olliver, a gráfica em que ele trabalhou por quase toda a sua vida, começando como vendedor de impressões para editores de anuários nos anos 1930 e 1940, porque ele gostava de livros.

Nos anos 1950 e 1960, chegando ao nível executivo, seus clientes incluíam a *Time* e a *Life*, e agências de propaganda como J. Walter Thompson e Foote, Cone & Belding, de cujas contas ele cuidou até se aposentar, em 1968. Ganhou muito dinheiro e nada investiu, não acreditando em ações ou investimentos que nada tinham a ver com trabalho. Gastou o que ganhou no progresso de sua família, o que parecia nunca satisfazê-lo. Em 1968, a J&O foi adquirida pelo conglomerado gigante Beatrice Foods, e meu pai foi enviado, com mulher e filho, numa viagem de empresas gráficas, para fazer compras na Europa. Sua pensão mais tarde foi paga pela Foote Cone & Belding, e quando em poucos anos aquilo também acabou, nem ele nem suas filhas, que há muito tempo já haviam saído de casa, foram à Justiça. Na época, em meados dos anos 1970, ele havia se mudado com minha mãe e meu irmão para Scottsdale, Arizona, que ele odiava.

"Ele brilhou... mantendo-nos entretidos por tardes inteiras de farra", escreveu-me um ex-sócio empresário, Jim Oldham, contando das primeiras conferências de vendas. Oldham relembra uma "sessão" em torno de 1953-54, relacionada ao Vietnã, "em que ele nos disse como o 'pequeno povo moreno' trabalhando na floresta e em plantações estava conseguindo com sucesso separar os franceses de toda aquela lataria e borracha. Era negócio sério", acrescenta Oldham, "mas ele tornou aquilo tão divertido que todos nós achamos muita graça".

Não estou certa se vejo humor naquilo; nem ouço meu pai dizendo "pequeno povo moreno"; mas o sentimento antiimperialista soa verdadeiro. Revelou-se nos ataques à United Fruit Company, e as relações americanas com as repúblicas das bananas da América Central foram uma fonte da zombaria, então por que não saudar os libertadores da Indochina francesa? Se ele tornou aquilo "divertido", provavelmente foi para dourar a pílula para os ouvintes, que, à exceção do leal senhor Oldham, eram na maioria republicanos do meio-oeste.

O humor manteve os lobos aflitos. Como em algumas das muitas cartas que me seguiram até a faculdade, nas quais uma obsessão pela aparência física de sua filha mais velha foi dificilmente controlada pela ironia. "Espero realmente que as coisas estejam bem e que você esteja prestando alguma atenção ao corpo e às aparências externas", escreveu-me ele na primavera de 1961. "É bom ter elevação de espírito e profundidade de alma guardados em lugares agradáveis. A beleza pode ter apenas a profundidade da pele, mas a maioria dos homens não é canibal."

Para meu pai, a vitória de John F. Kennedy em 1960 foi uma fonte de genuína elação. Winnetka votara em Nixon cinco vezes mais do que em Kennedy; "a tristeza em North Shore é grande", escreveu-me ele em 11 de novembro, "todos ainda estão à espera de um milagre em que a recontagem mude todo o quadro... Eu faço de tudo para não demonstrar satisfação", acrescentou. "Fazer isso abertamente seria um convite à autodestruição."

Ele estava bem-humorado, como a nova administração; lamentando os anos difíceis, quando fomos apanhados "de surpresa por crises internacionais... Acho que Kennedy assumirá posições firmes", declarou ele. "Nossa posição no mundo exige um curso de ação consideravelmente sólido que seja conhecido por nossos amigos e aliados. Algo de que eles possam depender, trazendo uma unidade de objetivos às ações das chamadas nações livres."

Era como se fôssemos parte da equipe, alinhados com as melhores e mais brilhantes figuras, acenando com as palavras mágicas: posições *firmes*, das quais nossos aliados *dependem*. Esta era a opinião geral que mais tarde impediria sucessivos articuladores políticos americanos de reduzir suas perdas no Vietnã. Em vez de se retirar diante das crescentes derrotas políticas e militares, eles avançaram. "A integridade do compromisso dos EUA é o principal pilar da paz no mundo", foi o que Dean Rusk disse em 1965. "Se esse compromisso deixar de ser confiável, os comunistas vão tirar conclusões que levariam à nossa ruína e quase certamente a uma guerra catastrófica."[5]

É assim que o governo Bush vê agora seu envolvimento com o Iraque, com uma exceção crítica. Não só os terroristas muçulmanos foram postos no lugar dos comunistas, como tem sido dito, mas também as nações do Oriente Médio e suas potências protetoras — Grã-Bretanha, França e Rússia — que "tirariam conclusões..."

Meu pai, Gordon Brightman, era um exemplo do americano clássico: o liberal da Guerra Fria, cujos impulsos mais nobres eram voltados para uma atitude de dominar os assuntos internos de qualquer Estado onde a autodeterminação, muito menos que uma redistribuição de riqueza e poder, estivesse ameaçada. Truman refletiu essa visão, embora imprecisamente, quando disse aos delegados de Chicago em 1956: "Ao escolher nossos candidatos, precisamos selecionar homens que possam liderar não apenas a nação, mas o mundo."[6]

Com o desenrolar, no Vietnã, da fé no intervencionismo, meu pai, como muitos liberais do pós-guerra, teve seus impulsos mais generosos podados. Assim, ele ficou horrorizado com meu ativismo mais tarde, nos anos 1960, mesmo que nunca tivesse feito apologia de uma intervenção no Vietnã. Na revista antiguerra que eu comecei a fazer, *Viet-Report*, ele viu primeiramente uma afronta aos padrões básicos de impressão e, em segundo lugar, uma audácia injustificada. Quem era eu — aquela filha desobediente, que não limpava o quarto ou penteava o cabelo — para me pronunciar sobre assuntos políticos sobre os quais não tinha qualquer autoridade?

Pior, a idéia de um movimento para transformar a distribuição de direitos políticos e privilégios na sociedade americana, que eu abraçava, cheirava a insurreição. E como ele odiava a palavra *movimento*. Ele propôs em vez disso uma organização: "O Movimento para a Correção da Sociedade". Como aquela "gritaria dos escravos domésticos", que nas considerações de Trotsky sobre a conquista de São Petersburgo "acaba por destruir a estabilidade do regime de família", aquela facada profunda na mudança política atingiu meu pai num ponto delicado. Afinal de contas, era nos assuntos internos que ele perdera mais terreno; onde ele situara seus maiores anseios, e sofrera a maior rejeição.

Fiquei surpresa quando, alguns anos depois de sua morte, descobri que ele se orgulhava de mim durante os anos antiguerra. "Ela estava à frente de nós todos na Bagunça do Vietnã", escreveu meu pai a Jim Oldham em 1975. Estranho. Quando Oldham o viu pela última vez em seu escritório, em algum momento em meados dos anos 1960, "ele me disse o quanto se orgulhava de sua coragem". Bem, ele nunca me disse.

Em novembro de 1960, recebi uma dessas epístolas que um pai envia a um filho na véspera de uma guerra, ou de uma promissora carreira política: "Você certamente está entrando num período excitante da história", assegurou-me. "Deve ser estimulante para você." Eu estava perto de me graduar, e começara a estudar a possibilidade de dar aulas na África Ocidental, ou, se não conseguisse, trabalhar com um antropólogo de Yale como assistente não qualificada com babuínos no Quênia.

A África estava em voga; tanto estudos africanos quanto trabalhar na África, principalmente em Yale, onde passei muito tempo. Não que eu estivesse imune ao espírito da nova era, em que o desejo de aventura — uma folga das convenções dos anos 1950, sem falar nas salas de aula — combinava-se com o espírito de servir; mas eu queria claramente me afastar dos programas de governo. E meu pai tentava me impedir.

No governo de Kennedy, ele se aventurou, "você vai ver um grande aumento da ajuda prática a nações não privilegiadas ou emergentes. Um grande programa de ação deve ser desenvolvido. Acho que você gostaria de participar desse programa..." Meus planos ele achou "bastante confusos", embora tenha me encorajado a "examinar tudo e qualquer coisa que pareça interessante. Mais tarde", escreveu, "você poderá se organizar".

Meu pai estava tentando relacionar minha sede de viajar a seu mundo. Não é o que os pais fazem? Ele me enviava o *Manchester*

Guardian, cujos pacotes via aérea se acumularam, na maioria sem serem lidos, no canto de meu quarto na Vassar. "É uma pena que sua mãe e eu não soubéssemos dessa vontade [de dar aulas na África] mais cedo", escreveu ele, referindo-se a uma viagem à Europa que eles haviam feito no *Queen Elizabeth*, onde ele se encontrara com o cônsul nigeriano. "Podíamos ter trocado algumas palavras com ele."

Um amigo de Yale que estava lecionando em Bide, Nigéria, havia me falado sobre o Instituto Africano-Americano, que tinha um punhado de programas de recrutamento de professores destinado aos Estados Unidos em Gana, Nigéria e Guiné. Ele sugeriu que eu entrasse em contato com o capelão de Yale, William Sloane Coffin, que estava "atuando como inspirador-chefe do movimento". Havia uma onda de interesse em estudos africanos em Yale naquele ano, e o reverendo Coffin estava disposto a levá-la para Vassar. Eu fui aconselhada a me candidatar ao Instituto, e ao mesmo tempo a fazer contato com o OPERATIONS CROSSROADS AFRICA, um popular programa de verão em Yale, no qual Coffin também tinha interesse. Se eu queria que ele falasse sobre essas coisas em Vassar? Provavelmente não, e eu não via qualquer indício de que ele o faria. Em vez disso, escolhi o consulado nigeriano em Nova York, onde um senhor Odon me dissuadiu, nos termos mais educados, de perseguir minhas aspirações de dar aulas na África Ocidental.

Havia algo suspeito nos projetos de Yale, que estavam longe de serem independentes. Na verdade, ambos eram financiados pela CIA, como eu descobri mais tarde; e me mantive distante. Meu interesse também foi estimulado um pouco pela chegada de dois partidários do Congresso Nacional Africano, dois homens de terno preto, um dos quais era Oliver Tambo, que contou às meninas da Vassar sobre o massacre de Sharpeville. Foi quando autoridades atiraram numa manifestação — a primeira tentativa realmente grande de protestar contra o *apartheid* — matando sessenta e oito pessoas e ferindo muitas outras. Fiquei muito comovida e comecei a ler sobre a África do Sul e o *apartheid*; mas no fim prevaleceu a oportunidade.

Ganhei um concurso de contos da *Mademoiselle* e me tornei um dos vinte Editores Convidados da revista para um mês em Nova York. Depois disso, fui para Provincetown estudar arte, mas na verdade para tirar Vassar de meu sistema — era como eu via naquela época — e então continuar, o que fiz, deixando a arte para trás e partindo no outono para a graduação em literatura americana (conforme planejado o tempo todo) na Universidade de Chicago.

À pessoa sentada na escuridão

Vamos? Quer dizer, vamos continuar impondo nossa Civilização aos povos que se sentam na escuridão, ou vamos dar um descanso a esses pobres? Vamos bater bem de frente, à nossa maneira antiga, ruidosa, religiosa, e comprometer o novo século com o jogo; ou vamos sossegar, sentar e pensar antes? Não seria prudente juntar nossas ferramentas de Civilização e ver o quanto nos resta de estoque à maneira de Glass Beads e Theology, Maxim Guns e Hymn Books, Trade-Gin e Torches of Progress and Enlightment e equilibrar os livros, e chegar aos lucros e perdas, de modo que de maneira inteligente decidamos entre continuar os negócios e vender a propriedade para começarmos um novo Esquema da Civilização nos procedimentos?

Estender as Bênçãos da Civilização a nossos Irmãos que se Sentam na Escuridão tem sido um bom negócio, e bem pago, de uma maneira geral; e ainda há dinheiro nisso, se trabalhado com cuidado — mas não o suficiente, a meu ver, para tornar qualquer risco aconselhável. As Pessoas que se Sentam na Escuridão tendem a se tornar escassas demais — escassas demais e tímidas demais. E essa escuridão, tal como é agora, é uma qualidade indiferente, e não escura o suficiente para o jogo. A maioria dessas Pessoas que se Sentam na Escuridão tem obtido mais luz do que seria bom para elas, ou lucrativo para nós. Temos sido descuidados.

A Confiança nas Bênçãos-da-Civilização, se for administrada de maneira inteligente e cuidadosa, é uma flor. Há mais dinheiro, mais território, mais soberania e outras compensações do que em qualquer outro jogo. Mas a Cristandade tem jogado mal nos últimos anos e, na minha opinião, precisa sofrer por isso. Tem sido tão ávida para ganhar cada aposta que parece que as Pessoas que se Sentam na Escuridão notaram — notaram e começaram a mostrar que estão alertas. Tornaram-se suspeitas em relação às Bênçãos da Civilização. E mais: começaram a examiná-las. Isto não é bom. As Bênçãos da Civilização estão bem, e são uma boa propriedade comercial; não poderiam estar melhor, sob uma luz fraca. Sob um tipo de luz correto, e a uma distância apropriada, com os bens um pouco fora de foco, elas fazem uma exibição atraente aos Cavalheiros que se Sentam na Escuridão:

AMOR, JUSTIÇA, DELICADEZA, CRISTANDADE, PROTEÇÃO AOS FRACOS, MODERAÇÃO, LEI E ORDEM, LIBERDADE, IGUALDADE, RELAÇÕES HONROSAS, PIEDADE, EDUCAÇÃO.

— e daí por diante...

MARK TWAIN

*

Alguém certa vez perguntou a Mahatma Gandhi o que ele achava da civilização ocidental.
"Seria uma boa idéia", ele respondeu.

3

FAZENDO A SEGURANÇA DO REINO

> É fácil entender a psicologia da fraqueza. Um homem armado apenas de uma faca pode achar que um urso rondando a floresta é um perigo tolerável, na medida em que a alternativa — caçar o urso armado apenas de uma faca — é realmente mais arriscada do que deitar e esperar que o urso nunca ataque. O mesmo homem armado de um rifle, entretanto, provavelmente fará um cálculo diferente do que constitui um risco tolerável. Por que se arriscar a ser ferido e morrer se ele não precisa fazer isso?
>
> ROBERT KAGAN[1]

Lá está George W. Bush, alvo de mil piadas, exibindo-se no palco do mundo. Hoje é 23 de novembro de 2002 e ele está em Bucareste, na Praça da Revolução, recebendo outro ex-Estado comunista na Otan. É a última etapa de uma viagem de cinco dias centralizada no encontro da Otan em Praga, em que será formalizado o convite a vários novos Estados da periferia a participar do que já foi o venerável bastião do poder do Atlântico Norte. Depois o presidente visitará São Petersburgo para reassegurar ao presidente Vladimir Putin que ele nada tem a temer com a expansão da Otan para o Leste. A Rússia já não precisa desses Estados divisores, dirá: "A América e a Romênia são amigas do povo russo, e portanto a aliança Otan também é."[2]

Está chovendo muito, e Bush se retrai sobre uma plataforma acima do mar de faces voltadas para cima, protegido por um colete à prova de balas mas na parte acima exposto ao tempo. Atiradores estão posicionados em telhados próximos. Ele não se dirigia a uma multidão tão grande desde os ataques ao World Trade Center e ao Pentágono, muito menos tão longe de casa, e à sua atuação falta a harmonia da prática. Ele grita que os romenos sabem tudo sobre terrorismo porque viveram sob o comunismo. Terrorismo, diz ele, é como comunismo ou fascismo. Comunismo, fascismo, terrorismo: é uma trindade saída fresquinha do livro de instruções, e ele ainda não se apropriou dela; não como fez com o Eixo do Mal, que surgiu mais facilmente. Assim como os nazistas e os comunistas — explica ele àquelas pessoas que sabem mais sobre as duas coisas do que ele sabe sobre Crawford, Texas — "os terroristas buscam pôr fim a vidas e controlar a vida".[3]

O império de Bush está agora visível diante de grande parte da riqueza de recursos — petróleo acima de tudo — sobre a qual a antiga União Soviética e a Europa já presidiram na Ásia Central, na Europa Oriental, no Oriente Médio, no Sudoeste da Ásia e no Nordeste da África. Para policiar esses vastos domínios marcados por tensões de territórios em transição, seu governo lançou uma reorganização e uma ampliação maciças das capacidades militares dos EUA. A Otan aparentemente teria pouco a fazer em relação a isso, tendo se voltado, em parte, para o que o escritor Michael Mandelbaum chama de "Clube Otan... uma espécie de grupo de apoio e encontros para as recém-admitidas democracias da Europa Oriental e Central, que sofreram sob o regime totalitarista durante a Guerra Fria".[4] Para Washington, porém, os novos membros da Otan são significativos de um modo como não eram antes dos ataques de 11 de setembro de

2001 — ou, mais precisamente, antes de o governo decidir estabelecer uma nova base no Oriente Médio, decisão que na verdade foi feita antes do 11 de Setembro.

O voto da Romênia, bem como os votos de outros novos Estados (Lituânia, Letônia, Estônia) poderão ser úteis quando e se Washington não puder mais contar com a durabilidade de uma parceria cada vez mais tensa com a França e a Alemanha. Embora isto ainda não seja bem compreendido dentro dos Estados Unidos, esses governos começaram a temer alianças confusas de seu velho amigo e protetor por algumas das mesmas razões pelas quais os EUA dos séculos XVIII e XIX mantiveram distância de monarquias corruptas da Europa. O que faz a diferença é o governo abandonar tratados internacionais e acordos de segurança, juntamente com a doutrina de guerra preventiva e a afirmação de direitos unilaterais que está no centro da nova Doutrina de Segurança Nacional. Não é novidade que militarmente os EUA estejam no topo; o problema é que estejam sozinhos, agindo como juiz, jurado e executor; e franceses e alemães começaram a reconhecer o caos que a atual administração, livre de restrições que a detenham, é capaz de provocar no exterior. A equipe de Bush, por sua vez, já começou a considerar as "nações cativas" uma quinta coluna pró-americanos dentro da Europa. Diferentemente da "Velha Europa" — como o secretário de Defesa, Donald Rumsfeld, logo estará chamando os líderes da União Européia — a Romênia, a Lituânia e a Estônia em breve acompanharão a Polônia como pioneiros da "Nova Europa", amiga dos EUA.

Atolada em corrupção e pobreza, a Romênia, além do mais, participa estrategicamente dos planos de Rumsfeld de ação militar contra o Iraque — que é sem dúvida o motivo pelo qual algumas unidades de descontaminação romenas foram convidadas para a campanha dos EUA no Afeganistão (permitindo ao presidente Bush, em 23 de novembro, receber a Romênia na "coalizão global contra o terror"). Os portos da Romênia no Mar Negro estão ligados ao Oriente Médio, e podem suprir bases dos EUA no sul da Turquia que o secretário de Defesa espera instalar em mais ou menos um mês, depois de um pouco mais de trocas de armas em Ancara. O sul da Turquia é o que ele planeja como base para a 4ª Divisão de Infantaria, com seus digitalizados tanques Abraham e veículos de combate Bradley posicionados para conduzir um avanço sobre Bagdá pelo norte. Ircirlik, particularmente — que já foi uma peça importante na estratégia de contenção na Guerra Fria da América, e que nos últimos dez anos foi base para ataques nas zonas de exclusão aérea no norte do Iraque — servirá como eixo na campanha do Pentágono para derrubar Saddam Hussein, se Rumsfeld continuar nesse caminho.

Na guerra global do governo Bush contra o terrorismo, os Estados Unidos encontraram um inimigo elusivo digno de sua energia ilimitada para a expansão; um inimigo que habita, nas palavras do presidente, "os cantos escuros do mundo". Trata-se de um adversário que, diferentemente do comunismo, pode ser encontrado de acordo com a vontade, em quase todos os lugares, em qualquer momento, sem que Washington tenha que medir os riscos de quebrar o equilíbrio de poder com outra superpotência. Será uma questão simples, por exemplo, atingir o terrorismo no Iraque, onde Saddam é conhecido por ter usado armas químicas contra os iranianos. E a al-Qaeda está em toda parte.

Em 20 de setembro de 2002, quando a equipe de Bush apresentou seu longo argumento para trocar sua estratégia militar de contenção e detenção pela ação preventiva,* declarou que os Estados Unidos jamais permitiriam novamente que sua supremacia militar fosse desafiada do modo como fora durante a Guerra Fria. Uma declaração reveladora, que poderia ter sido feita durante os anos Clinton, ou mesmo no governo de Bush *père*; embora o germe da visão milenar

---

*"A Estratégia de Segurança Nacional dos Estados Unidos da América", logo chamada de Doutrina Bush.

de poder militar americano ilimitado — o que o Pentágono chama de *dominação de espectro total* — tenha raízes no Departamento de Defesa de Ronald Reagan trinta anos antes, principalmente nas ocupadas pessoas de Paul Wolfowitz e Richard Perle. Perle, que em novembro de 2002 chefiava a poderosa Comissão de Política de Defesa, de Rumsfeld, foi o arquiteto do plano de ataque ao Iraque para deflagrar uma mudança de regimes no Oriente Médio, enquanto seu protegido, Paul Wolfowitz, tornou-se o número dois no Pentágono, assim como chefe da nova agência de inteligência. Trata-se do Escritório de Planos Especiais, que Rumsfeld instalou depois de a CIA e a Agência de Inteligência de Defesa (DIA) não conseguirem fornecer provas das alegadas armas de destruição em massa de Saddam ou de suas ligações com a al-Qaeda. Logo o escritório será chefiado por Douglas Feith.

No outono de 2002, poucas pessoas conhecem esses nomes. Wolfowitz, Perle, e um grupo de homens com idéias semelhantes — Douglas Feith, Richard Armitage, Zalmay Khalilzad, Kenneth Adleman, John Bolton, David Wurmser, Dov Zakheim, Elliot Abrams, I. Lewis Libby, todos eles com posições de nível médio no governo Bush — estão acostumados a trabalhar nos bastidores, por meio de grupos de frente e "*lobbies* de 'cidadãos'", como a Comissão sobre o Perigo Presente, que argumentou nos anos 1970 e 1980 que não se conseguiria vencer uma guerra nuclear com a União Soviética. Nos anos 1990, o terrorismo suplantou a ameaça soviética como *raison d'état* para enormes construções militares — o terrorismo e governos árabes insubmissos que eram complacentes com o terrorismo e com inimigos particulares de Israel: Hezbollah, Jihad Islâmica, Hamas e a OLP.

Centros de especialistas conservadores como o Projeto para o Novo Século Americano (PNAC), o Instituto Judaico para Assuntos Estratégicos (Jinsa), o Centro para Política Estratégica (CSP) e o Instituto Americano de Estratégia (AEI) trataram nos anos 1990 de defender argumentos contra o Irã, o Iraque e a Síria, considerando-os nações hostis que abrigavam bandos de fundamentalistas islâmicos assassinos. O argumento internacional contra o terrorismo foi fortalecido pelo auto-interesse nacional de Israel. Mas serviu também a outros interesses econômicos, que serão abordados em outro momento. E o foco nos interesses israelenses serviu para tirar a atenção do interesse em petróleo.

Propostas de ação eram periodicamente apresentadas à administração Clinton, cujo especialista em Oriente Médio, Kenneth M. Pollack, e cujo subsecretário-assistente de Estado, Ronald Asmus, viram que tinham conseguido uma atenção simpática. Em 1998, a idéia de ação preventiva — já um código para atacar poderes menores sem consentimento multilateral — havia chegado ao discurso público sobre o Oriente Médio. Num discurso em 17 de fevereiro de 1998 no Pentágono, o presidente Clinton disse que os EUA "simplesmente não podem permitir que o senhor Hussein *adquira* arsenais nucleares, químicos e biológicos" (grifo meu). Presumivelmente, o senhor Hussein já não possuía essas armas. Fazendo eco a seus assessores conservadores — principalmente os neoconservadores, ou neocons, assim chamados devido a suas raízes na história americana diferentes daquelas do tradicional conservadorismo americano — Clinton fez uma advertência contra um "eixo profano" de terroristas e "nações fora da lei" que os protegiam.[5] Parte da teoria familiar estava ali, mas ainda não estava fazendo efeito. Os EUA ainda eram vistos por líderes europeus como uma superpotência autocentrada mas essencialmente benevolente. E também não havia qualquer público incitado pela crescente perspectiva de uma grande guerra para dar ao argumento mais amplo de "eixo profano" a atenção que ele merecia.

Logo depois, Clinton autorizou bombardeios no Iraque, em 1998, para sinalizar que os EUA desaprovavam a expulsão por Bagdá de inspetores de armas da ONU — embora, como em Sérvia e Kosovo (1999), a ação militar fosse empreendida com envolvimento da Otan e da ONU. Os inspetores haviam recebido ordem de ir ao Iraque em 1991, como parte das sanções econômicas que se seguiram à derrota do Iraque na Guerra do Golfo (uma iniciativa com apoio multilateral), e agora Saddam Hussein os queria fora do país, alegando que alguns dos americanos haviam andado espionando para os Estados Unidos. Os bombardeios poderiam ter sido o prelúdio de algo mais sério se o sexo e Hollywood não interviessem. Mas com um escândalo de *impeachment* em ebulição em Washington, o ataque foi desprezado como um desajeitado esforço presidencial para tirar a atenção do romance com Monica Lewinski — um caso do filme *Mera coincidência*, sobre uma falsa guerra declarada por um presidente em apuros, se torna realidade.

Muito antes de os neocons emergirem como avatares do mal para liberais que procuravam o vilão da peça, pessoas de Washington se referiram a eles como o grupo de Perle, devido a seu líder de verdade, Richard Perle, cujo apelido, "Príncipe das Trevas", derivava de uma antiga fascinação por armas nucleares e pelo conceito de "guerra total". "Wolfowitz é um belzebu de segunda categoria", enquanto Perle, disse um ex-colega que se desentendeu com ambos, "é o principal manipulador", o próprio demônio.[6] Durante os anos 1990, o grupo avançou com suas idéias hegemônicas em fóruns semi-acadêmicos, por meio de influentes falcões da mídia, como George Will, William Safire, Robert Bartley e Michael Barone, bem como por meio de revistas sobre política externa. "Rumo a uma Política Externa Neo-Reagan" (*Foreign Affairs*, 1996), do colunista Robert Kagan e do editor da *Weekly Standard* William Kristol, foi um exemplo desses esforços, que atravessaram as águas plácidas do debate político durante aqueles anos de transição como barbatanas de tubarão no Sea World.

Uma nova espécie de equipe de assessores, este grupo contrastou com o grupo de guerreiros de discurso suave que invadiu Washington no governo Kennedy em 1961, muitos deles da universidade de

Kennedy, Harvard. Ninguém jamais chamará os jeremias* da equipe de Bush de "os melhores e mais brilhantes", ou verá em suas revisões da política externa dos EUA uma "nova fronteira". Não, uma vez que a era McKinley tem assessores civis militares tão profundamente envolvidos nos mundos do *lobby* e dos negócios — mais notavelmente Perle, cujas relações de trabalho com o Israel de Benjamin Netanyahu e Ariel Sharon não o impediu de obter grandes serviços na Turquia ou de fazer negócios com multimilionários sauditas em benefício de seus vários negócios (até que em fevereiro de 2004 ele foi liberado do último de seus cargos no governo). Nunca foi tão evidente a mistura de ideólogos, estudiosos de política e altos executivos na indústria de defesa que surgiu na época de Reagan e que floresce agora.

Ao mesmo tempo, os neo-seguidores de Reagan, como Irving Kristol prefere chamá-los, compartilham com seus predecessores liberais uma fé incondicional na magia das armas de alta tecnologia, bem como uma predileção por ver as relações internacionais nos termos de Manichean, primeiramente como um instrumento para a construção do império. Não mais democracia *versus* comunismo, mas também não democracia *versus* terrorismo (democracia *versus* Islã radical é mais próximo, porém perto demais da verdade para ser amplamente professado**). Democracia *versus* mal é a melhor forma, arraigada como é na cruzada de Reagan contra o Império do Mal e na experiente religiosidade do Bush mais jovem. Ela fala para as massas — que não são as mesmas massas da era do Vietnã — e ignora a elite intelectual, que mudou também. Ela se alimenta do medo.

Em cada governo em que se aninharam, os neocons fizeram pressão para destruir o legado da Guerra Fria. Mas só com George W.

---

*Referência ao profeta bíblico que predisse a derrota da nação e o exílio do povo. (*N. da E.*)
**Exceto por William Bennett quando ele disse na CNN que estavam numa "luta entre o bem e o mal" e que o Congresso precisava declarar guerra contra o "Islã militante", ou seja, Líbano, Líbia, Síria, Iraque, Irã e China. (Citado por Patrick Buchanan em *The American Conservative*, em 24 de março de 2003.)

Bush os EUA se livraram das incertezas ligadas ao fim da Guerra Fria — com o colapso inesperado de um sistema bipolar que os EUA e a URSS haviam construído em quarenta anos de atitudes de ameaça. E mesmo o governo Bush hesitou até os ataques do 11 de Setembro fornecerem a alavanca política de que ele precisava para lançar uma estratégia de segurança nacional de alcance e audácia sem precedentes; capaz de construir sobre o tempo — Wolfowitz chama a guerra contra o terrorismo de "uma Guerra de Cem Anos" — um sistema bipolar, prometendo mais segurança do que qualquer coisa sonhada durante a Guerra Fria. Mais segurança para os interesses americanos, não para o Mundo Livre — um conceito esquisito que seguiu o caminho da URSS.

Em geral, o governo Bush foi bem-sucedido em desconectar Washington da densa rede de acordos e tratados internacionais — o Protocolo de Kyoto, o Tribunal Criminal Internacional, o Tratado de Mísseis Antibalísticos, os tratados de não-proliferação de armas em geral, todos herdados da *détente** — que, na sua opinião, choca-se com a capacidade dos EUA de agir unilateralmente. No lugar da não-proliferação, usou um termo mais forte, "contraproliferação", que inclui tudo, de defesa de mísseis até desmantelamento de armas à força. Contraproliferação é a aplicação da doutrina de atacar primeiro — a doutrina de "prevenção e preempção", que, de acordo com Rumsfeld, permite às forças armadas dos EUA "encontrar e destruir o inimigo antes que ele nos atinja".[7] Como única superpotência restante no mundo, os Estados Unidos já não podem mais sofrer restrições por preocupações com a defesa de potências secundárias, cuja fraqueza as leva a se retrair diante de perigos — ou melhor, de desafios — que o poder militar superior dos EUA tem agora diante de si.

Pense no urso rondando a floresta de que Robert Kagan fala em "Poder e Fraqueza", o ensaio que se tornou o toque de clarim da dou-

---

*Redução da tensão entre os EUA e a União Soviética. (*N. do T.*)

trina Bush. Se um homem está armado apenas de uma faca, ele poderá ter que aprender a conviver com o urso. Mas se tem um rifle, bem, então ele vai olhar a questão de modo diferente. Ele se verá como potencial alimento para o urso e sairá atrás da fera — "Por que correr o risco de ser massacrado se isto não é necessário?" Esta é a história mais reveladora, porque mostra como as armas — a indústria de defesa e seus suplementos — tomaram a liderança na definição de opções políticas. Assim a Halliburton construiu bases americanas em Afeganistão, Kuwait, Jordânia, Uzbequistão, Djibuti, República da Geórgia e Iraque. E o relatório anual da Halliburton de 2002 descreve o contraterrorismo como uma oferta de "oportunidades crescentes".[8]

Os neocons são politicamente mais inteligentes que os homens de Camelot, com hábitos conspiratórios de perdedores. Como poucos americanos compreendem isso, eles asseguraram uma base política para a transformação da política externa americana e da estratégia militar que vai além do governo Bush. Sozinhos, agiram para articular uma estratégia pós-Guerra Fria, focalizada no Iraque, que toca nos principais interesses nacionais. É uma estratégia militar, baseada na supremacia militar dos EUA, com uma ampliação de bases militares em seu cerne. A guerra no Iraque será feita *por novas bases no Oriente Médio, para superar as bases que os EUA perderam na Arábia Saudita; por acesso direto à segunda maior reserva de petróleo do mundo; e — menos compreendido por quase não ser discutido na mídia americana — para fortalecer o dólar na guerra disfarçada entre dólares e euros no comércio de petróleo.*

Mudanças monetárias nos fundos de reserva de governos estrangeiros, afastando-se do dólar e em direção ao euro, começaram em janeiro de 2002 e chegaram à Ásia em julho de 2002. A maioria dos fundos de reserva no Banco Central do Iraque fora convertida em euro, em resposta ao discurso de Bush sobre o Eixo do Mal. Em janeiro de 2003, o Canadá vendeu ouro e iniciou uma mudança gradual para reservas em euro.[9] Um artigo de Hazel Henderson descreve a dinâmica e os potenciais resultados dessas mudanças. O superenriquecimento dos EUA na guerra contra o terrorismo, já levando a grandes déficits, combinado a déficits comerciais historicamente altos, leva a uma nova corrida para o dólar. Se outros países em desenvolvimento seguirem a Venezuela e a China ao diversificarem suas reservas de moeda, distanciando-se dos dólares, tal mudança vai pôr o dólar e o euro perto da paridade, além da libra esterlina (onde a paridade quase existe). E, mais importante, a Opep poderia agir com discussões internas e decidir anunciar que seu petróleo logo será redenominado em euros, ou mesmo numa nova moeda própria apoiada pelo petróleo.

Mais que isso, enquanto esforços públicos para mudar a política de energia em direção a recursos renováveis, maior eficiência, maiores taxas de gasolina etc. são bloqueados pelos aliados da indústria de combustíveis fósseis, os EUA permanecem vulneráveis tanto a suprimentos de energia quanto a choques de preço. A União Européia reconhece seu próprio poder econômico e político enquanto o euro sobe e se torna outra moeda de reserva no mundo. O G-8 prega que o euro e o dólar se tornem uma "banda comercial", removendo-os das projeções comerciais de especuladores (todos saem ganhando). Tony Blair convence os britânicos sobre esse grande motivo para o Reino Unido adotar o euro. Países em desenvolvimento sem moedas fortes seguem a liderança da Venezuela e começam a trocar suas mercadorias subvalorizadas diretamente umas pelas outras. (O presidente Chávez tem feito permutas por petróleo em treze desses países, como uma troca com Cuba de petróleo venezuelano por especialistas em saúde que estão montando clínicas em aldeias da Venezuela.)[10] Se apenas um terço dessas potenciais evoluções acontecer, o dólar americano terá sérios problemas.

A diversificação das reservas de moeda da Venezuela e seu plano de permutas explicam por que Bush aprovou o fracassado golpe militar contra Hugo Chávez em abril de 2002. Além do mais, há provas de que os EUA ainda estão tentando derrubar o governo democraticamente eleito de Chávez — que, em março de 2004, ameaçou cortar o petróleo para os EUA se os *norte-americanos* não desistissem de seus esforços de expulsá-lo do poder. A Venezuela é o quinto maior produtor de petróleo no mundo, e as elites corporativas cujo poder político não está preso à oligarquia Bush/Cheney parecem interessadas em privatizar a indústria de petróleo da Venezuela. Até mesmo o potencial negócio de permutas poderia efetivamente tirar o dólar do ciclo vital de transações com petróleo; porque se esses negócios proliferarem, poderiam criar mais pressão para desvalorização, retirando o dólar de seu papel crucial de "reciclar petróleo".[11]

Mas a mudança mais significativa no Oriente Médio já aconteceu — quando Saddam Hussein adotou o euro em 6 de novembro de 2000, e mais tarde converteu em euros seus US$ 10 bilhões de fundos de reserva do programa de petróleo por comida da ONU. "A troca de dólar por euro feita por Bagdá para o comércio de petróleo tem a intenção de repreender a linha-dura de Washington de sanções", disse Charles Recknagel na Rádio Europa Livre,[12] em uma das poucas reportagens sobre o assunto na mídia americana. Na época, muitos analistas ficaram surpresos de que Saddam estivesse querendo desistir de cerca de US$ 270 milhões em lucros com petróleo pelo que parecia ser uma declaração política, mas a firme queda do dólar desde então mostra que o Iraque lucrou graciosamente. O euro superou o dólar quase em 25% desde o fim de 2001; e em 2003 o fundo de reservas do Iraque na ONU passou de 10 bilhões de euros para 26 bilhões.

De acordo com um ex-analista do governo, o seguinte cenário ocorreria se a Opep fizesse uma improvável mas repentina troca coletiva:

as nações consumidoras de petróleo teriam que retirar os dólares de seus fundos de reserva (de bancos centrais) e substituí-los por euros. O dólar quebraria em todo lugar, em 20-40%... e as conseqüências seriam aquelas que se poderia esperar de qualquer colapso de moeda e inflação maciça... Você teria fundos do exterior jorrando para fora dos mercados de ações dos EUA e bens denominados em dólar... como nos anos 1930... o déficit orçamentário viraria uma dívida... Seu básico cenário econômico de Terceiro Mundo... O resultado final provavelmente seria os EUA e a UE trocando de papel na economia global.[13]

Improvável mas plausível.

Há poucas dúvidas de que o plano de guerra no Iraque tenha sido elaborado para uma vitória rápida, com as forças americanas protegendo os vitais campos de petróleo do Iraque desde o começo das hostilidades. Não é de se estranhar, portanto, que Kenneth Pollack, num artigo intitulado "Protegendo o Golfo" publicado na *Foreign Affairs* de julho/agosto de 2003, estivesse se referindo à "total vitória militar americana e britânica na Operação Liberdade Iraquiana [que] agora limpou o caminho para que os Estados Unidos tentem estabelecer uma estrutura mais estável para a segurança do Golfo Pérsico". Mesmo escrevendo em abril, quando provavelmente o fez, ele teria que estar acompanhando a Fox News ou a MSNBC para chamar a campanha iraquiana de "total vitória", e demorou um bom tempo para que os incentivadores dessa guerra (Pollack escreveu *A tempestade ameaçadora: o argumento para invadir o Iraque*) reconhecessem a resistência iraquiana.

Em todo caso, a necessidade de ganhar acesso ao petróleo iraquiano, bem como de manter a viabilidade do dólar no comércio de petróleo mundial, é onde o sonho de impor uma Pax Americana ao mundo árabe começa. Pollack sustenta que o interesse primário dos

EUA no Golfo Pérsico é assegurar o fluxo ininterrupto de petróleo barato para uma economia global que entraria em colapso sem isso. A Arábia Saudita, maior produtor de petróleo do mundo — e, depois do 11 de Setembro, um parceiro incerto — é crucial; não apenas devido à contribuição saudita para o atentado ao World Trade Center, mas (não mencionado por Pollack) porque a capacidade de produção do reino está perto de chegar ao pico. Em fevereiro de 2004, Matthew Simons, um banqueiro de investimentos e assessor-chave do governo Bush, disse ao CSIS* que a extração de petróleo na Arábia Saudita vai se tornar cada vez mais difícil. Numa estimativa contestada por executivos de petróleo sauditas, ele afirmou que "a era do petróleo fácil acabou", e citou Ghawar, o maior campo de petróleo do mundo, que responde por mais de 60% do petróleo saudita.[14]

Pollack aponta para a intranqüilidade crescente em outros Estados do Golfo: Bahrein, Kuwait, Omã, Qatar e Emirados Árabes Unidos. Mas a volatilidade deles é nada comparada à fragilidade do prolongado privilégio saudita. Ele argumenta que os EUA precisam impedir que qualquer "Estado hostil adquira controle sobre a região e seus recursos, e use tal controle para obter um vasto poder ou chantagear o mundo". Mas espere um minuto. Estamos num universo unipolar pós-Guerra Fria. Onde está o Estado capaz de manter os EUA fora do Oriente Médio, e ainda por cima de chantagear o mundo? Ou o poder fora do Estado? Isto é uma fraude, uma falsa ameaça para esconder a ameaça real, que pode ser chamada de "Pique do Petróleo" na Arábia Saudita, uma bem-sucedida revolta de forças de militantes wahabbistas contra os príncipes sauditas e seus aliados americanos, ou um controle de moeda hostil — ou todos os três. Quando invertemos o argumento, como Pollack faz, para dizer que os EUA precisam obter o controle da região e de seus recursos, é para que Washington assegure que o petróleo do Oriente Médio,

---

*Serviço de inteligência canadense. (*N. do T.*)

vastamente ampliado com a contribuição ascendente do Iraque, continue a ser negociado em dólares.

Pollack não faz qualquer referência à guerra do dólar; mas não tem que fazer, uma vez que isto é compreendido. O plano de Washington de usar um Iraque controlado pelos EUA como uma maneira de manter o comércio de petróleo, e não apenas o comércio de petróleo nos EUA, movendo-se em dólares parece suficientemente claro. Para Pollack, o argumento indica outro motivo para invadir o Iraque: posicionar as forças americanas no coração do Golfo Pérsico, uma localização geoestrategicamente crítica, perto do Oriente Médio, da Ásia Central, da África Oriental e do Sul da Ásia. Deste ponto vantajoso, Washington será capaz de influenciar acontecimentos em regiões cruciais do mundo. Mas este é o discurso do Conselho de Relações Exteriores (o editor da *Foreign Affairs*) — tão distante da briga como se não fizesse sentido.

Uma característica evidente da estratégia de segurança nacional do presidente Bush é a rede de suspeitas levantada sobre as intenções de todas as outras nações, sejam elas "Estados conquistadores" ou "fracassados". Imagine então que na Europa apenas os países do antigo bloco soviético — vassalos inofensivos como Romênia e Lituânia — são visitados pelo presidente americano. O medo da tradicional aliança atlântica parece ser uma visão estranhamente paranóica para uma grande potência que "venceu" a Guerra Fria e agora planeja dar um passo adiante como um poderoso Atlas a carregar a segurança do mundo nos ombros. Há um quê de premonição nisso, como há às vezes no medo do vencedor pelo que deixou para trás, mas isto é diferente.

Isto é o medo que um monstro militar tem da fraqueza que existe em outro, níveis não-militares de poder onde se dá o jogo de relações internacionais. Em *O paradoxo do poder americano*, Joseph Nye identifica dois desses níveis como (i) poder econômico e (ii) as variadas e múltiplas atividades não-governamentais que moldam o mundo: fluxo de moeda, migração, corporações transnacionais, ONGs, agências internacionais, intercâmbios culturais, mídia eletrônica, Internet e terrorismo. Atores fora do Estado, inclusive terroristas, comunicam e operam neste terreno virtualmente não limitado pela interferência do governo — embora o governo Bush esteja fazendo o possível para mudar isto por meio do Ato Patriótico.

É apenas no nível militar que os Estados Unidos parecem supremos, e mesmo aí a supremacia não passou no primeiro teste prático. O sucesso das forças americanas no Afeganistão, por exemplo, lidou com a parte fácil do problema, derrubando um governo fraco e opressor na mais pobre das nações. Mas todos os bombardeios precisos que estavam disponíveis às forças americanas destruíram apenas uma fração da rede da al-Qaeda, que ainda mantém células, segundo Nye, em cerca de sessenta países. A explosão de fogos de artifício que o Pentágono fez no Afeganistão em retaliação aos ataques terroristas não foi, no fim das contas, convincente.

A Operação Anaconda no sombrio Vale Shah-I-kot, no leste do Afeganistão, foi pertinente. Maior batalha da guerra, aconteceu em março de 2002 e teve os problemas recorrentes de batalhas anteriores. Nos dias que precederam o início da Anaconda, de acordo com Sean Naylor, autor de *Tempos do Exército*, "comandantes asseguraram a suas tropas que 'cada bem nacional' — satélites, aviões espiões, Predadores — tinha como foco o vale. Mas apesar desses sistemas de alta tecnologia, a estimativa da inteligência não conseguiu retratar precisamente o tamanho, a localização, as principais armas e o curso de ação do inimigo". Se centenas de guerreiros da al-Qaeda estavam "provavelmente" mortos, era impossível dizer quantos haviam fugido; mas apenas que entre eles havia líderes inimigos.[15] Por volta de julho, depois de o Pentágono dizer que mudara sua estratégia para contar mais com forças terrestres, os resultados foram piores. Aldeias inteiras foram varridas sob ordens de um senhor da guerra na província de

Oruzgan; um comboio de idosos chefiados por Cabul, e que se recusaram a se pronunciar sobre a candidatura do senhor da guerra a governador, também foi atacado. Os americanos, que ainda eram aerotransportados, não haviam detido um único líder do Talibã, mas haviam matado mais de oitenta civis em uma semana de trabalho. E aquela era "a guerra mais precisa já ocorrida na história da nação", de acordo com o general Tommy Franks, chefe do Comando Central;[16] uma guerra em que os EUA não fizeram qualquer registro dos afegãos mortos.

Um relatório divulgado pelo Conselho de Guerra do Exército em novembro de 2002 atestou como a al-Qaeda havia se adaptado rapidamente às armas que os EUA usaram em seus ataques, especialmente os Predadores. Em março, durante a Operação Anaconda, "as forças da al-Qaeda estavam utilizando segurança em comunicações sistematicamente, dispersão, disciplina de camuflagem, disfarces e esconderijos", disse o relatório do Exército, "e a exploração de posições de combate de fachada para desviar os ataques e a atenção de suas verdadeiras posições". A al-Qaeda, de acordo com um alto oficial da comunidade de operações especiais, estava "extremamente adaptativa e muito cautelosa. Esses sujeitos não são terroristas de fim de semana".[17]

De fato, as primeiras fraturas abertas entre doutrina e realidade na maneira pós-Guerra Fria de fazer guerra apareceram na campanha afegã, que foi, como se poderia imaginar de início, concebida em meio ao pânico e planejada às pressas, num momento bem percebido pelas palavras de Robert Kagan, escrevendo no *Washington Post* sobre o 11 de Setembro: "O Congresso podia declarar guerra imediatamente. Não é preciso identificar um país. Felizmente, com o fim da Guerra Fria, não há ameaças imediatas para nos impedir de concentrar nossa energia e nossos recursos para enfrentar esta guerra contra o terrorismo internacional como nunca enfrentamos antes." Mas semanas antes dos ataques terroristas, de acordo com o *Independent*, os EUA ignoraram a advertência de um emissário do Talibã de que Osama bin Laden estava planejando um ataque devastador em solo americano num futuro imediato. Era apenas um dos relatos vindos de mais de onze países que advertiram os EUA sobre o 11 de Setembro. Este veio de um assessor de Wakil Ahmed Muttawakil, ministro do Exterior talibã, que era conhecido por sua profunda insatisfação com os militantes estrangeiros no Afeganistão, inclusive os árabes. Muttawakil, agora em Cabul, acreditava que a proteção do Talibã a Bin Laden e outros militantes da al-Qaeda levaria à destruição do Afeganistão pelas forças americanas. "Os convidados vão destruir a hospedaria", disse ele ao assessor. Mas, numa falha peculiar da inteligência, o relato sobre o ataque foi ignorado devido ao que fontes descreveram como "fadiga de advertências". O emissário primeiramente se encontrou na cidade paquistanesa fronteiriça de Peshawar com o cônsul-geral americano, que não passou a mensagem adiante. "Temos ouvido muito esse tipo de coisa", disse uma fonte diplomática. "Quando as pessoas ficam repetindo que o céu vai cair e ele não cai, acontece uma espécie de fadiga de advertências." Então vieram outras advertências também. Enquanto isso, o assessor falou em lançar uma nova Tempestade no Deserto — como a campanha que expulsou o Iraque do Kuwait, mas desta vez chamada "Tempestade na Montanha", e os estrangeiros seriam expulsos do Afeganistão.* O assessor também advertiu que o Paquistão deveria parar de apoiar o Talibã[18] — o que era impossível; porque enquanto o Paquistão dava aos EUA o direito de perseguir os talibãs fora do Afeganistão, o presidente paquistanês, general Pervez Musharraf, deixou que eles se refugiassem no Paquistão, nas adjacentes montanhas Hindu Kush e na cidade de Quetta.

Sabemos que o Talibã estava envolvido em discussões sobre oleoduto e gasoduto com a Unocal em Houston e Washington em 1997;

---

*Os EUA esperariam dois anos e meio para lançar "Tempestade na Montanha" num ataque de americanos e paquistaneses nas montanhas Hindu Kush na primavera de 2004.

e que logo depois disso, em 12 de fevereiro de 1998, o executivo da Unocal Jack Maresca escreveu à Subcomissão da Câmara para Ásia e Pacífico pedindo apoio a um clima amigável de investimentos no Afeganistão. "Deixamos claro que a construção de nosso oleoduto proposto não pode começar enquanto não assumir o poder um governo reconhecido que tenha a confiança de governos, financiadores e de nossa companhia", disse ele — o que sugeriu reservas em relação ao Talibã. Quando mais tarde, em 1998, o governo Clinton lançou mísseis de cruzeiro contra alvos no Afeganistão, depois de terroristas de Osama bin Laden — com base no Afeganistão — atacarem as embaixadas dos EUA em Quênia e Tanzânia, a Unocal recuou o projeto do oleoduto trans-Afeganistão e começou a olhar na direção de um Afeganistão pós-Talibã, com fizeram membros do sistema de segurança nacional americano. Com a chegada do presidente Bush e do vice-presidente Dick Cheney, é provável que as discussões com o Talibã tenham sido retomadas e continuado até agosto de 2001 (uma alegação de Jean-Charles Briscard e Guillaume Dasquie em *Bin Laden: a verdade proibida*), quando foram mais uma vez interrompidas devido a exigências de "aluguel" do Talibã: de estradas, suprimentos de água, linhas telefônicas e rede elétrica, bem como de uma "torneira" para fornecer petróleo e gás ao Afeganistão.

Em retrospectiva, é fácil ver como os ataques terroristas do 11 de Setembro deram aos Estados Unidos um passaporte para invadir o Afeganistão, expulsar o Talibã e instalar um regime de ex-funcionários da Unocal — o presidente Hamid Karzai, também um monarquista pashtu, e o enviado dos EUA Zalmay Khalilzad* — que teria facilitado o caminho para o novo sistema de oleoduto se estivessem no poder. Mas eles não o fizeram; e o isolamento do regime de Karzai em Cabul se tornou tão intenso, e os ataques de rebeldes (que agora

---

*Como assessor da Unocal, Khalilzad, nascido no Afeganistão, elaborou uma análise de riscos do projeto de gasoduto partindo do Turcomenistão e cruzando o Afeganistão e o Paquistão até o Oceano Índico.

incluíam um velho inimigo do Talibã, o mujahedin Gulbuddin Hekmatyar) aumentaram tanto, que em junho de 2003 funcionários da inteligência dos EUA e do Paquistão se encontraram com líderes do Talibã na base da Força Aérea paquistanesa de Samungli, perto de Quetta, para explorar a base para um retorno do Talibã a Cabul.[19] Hamid Karzai já falara da vontade de seu governo interino de estender a mão ao Talibã — que poderia jogar sua força por trás de Karzai e contra o ministro de Defesa, general Qasim Famin, e seus aliados da Aliança do Norte, que, segundo se dizia, eram pró-russos e pró-iranianos. Havia outro negócio acontecendo no Afeganistão, entre a companhia de petróleo russa Rosneft e a gigante russa do comércio de gás Itera.

Em agosto de 2002, as duas empresas prometeram reconstruir a virtualmente destruída indústria de petróleo do Afeganistão, e para isso assinaram um protocolo com o Ministério de Mineração e Indústria afegão. O acordo incluía exploração, desenvolvimento e produção (geocientistas soviéticos haviam descoberto as primeiras reservas de petróleo e gás do país nos anos 1980), bem como transporte interno e internacional de gás e petróleo pelo oleoduto proposto. Dizia-se que estudos de viabilidade estavam sendo feitos e seriam concluídos em março de 2003, com o Banco de Desenvolvimento Asiático (ADB) fornecendo fundos.[20]

Mas em 27 de outubro a *Oil and Gas International* relatou que o projeto fora "adiado indefinidamente". O presidente do Turcomenistão, Saparmurat Niyazov, era o responsável pelo atraso indefinido. A mesma notícia dizia que um novo e não identificado acordo para o oleoduto seria assinado pelo Afeganistão e o Paquistão com Niyazov. Foi produzido pelos ministérios de energia de cada país, com consultas ao ADB, mas os patrocinadores continuavam não identificados. Ao mesmo tempo, um oleoduto americano de US$ 2,8 bilhões foi mencionado como um dos três maiores oleodutos internacionais, planejado entre o Turcomenistão ou o Cazaquistão e os mercados asiáticos. E estudos de viabilidade, que estavam sendo feitos, também seriam concluídos em março de 2003.

As mais importantes empresas americanas de mídia, redes de televisão e grandes jornais haviam mantido silêncio sobre os projetos para o petróleo da Ásia Central que se multiplicavam, numa deliberada autocensura. Uma rara exceção aconteceu em 26 de setembro de 2001, quando Frank Viviano observou no *San Francisco Chronicle* que "o mapa de santuários e alvos terroristas no Oriente Médio e na Ásia Central é também, num nível extraordinário, o mapa das principais fontes emergentes (de energia) do mundo no século XXI"; e acrescentou que "é inevitável que a guerra contra o terrorismo" — começando com o Afeganistão — "seja vista... como uma guerra em benefício das americanas Chevron, Exxon e Arco; da francesa TotalFinalElf; da British Petroleum; e da Royal Dutch Shell... que têm investimentos de centenas de bilhões de dólares na região". Em 15 de dezembro de 2001, o *New York Times* noticiou "projetos de energia pós-Talibã na região, que tem mais de 6% das reservas de petróleo comprovadas do mundo e quase 40% das reservas de gás". Numa visita ao Cazaquistão, o secretário de Estado, Colin Powell, disse que estava "particularmente impressionado" com o dinheiro que empresas de petróleo americanas estavam investindo ali, e estimou que US$ 200 bilhões poderiam fluir para o Cazaquistão ao longo dos cinco a dez anos seguintes.

Membros do Gabinete haviam corrido para a área acompanhados de diretores-executivos de empresas de petróleo, tais como David O'Reilly, da Chevron Texaco, que acompanhou o secretário de Energia, Spencer Abraham, em novembro de 2001. Durante uma visita em 14 de dezembro a Baku, capital do Azerbaijão, o secretário de Defesa Rumsfeld assegurou a funcionários do Estado do Mar Cáspio, rico em petróleo, que o governo suspenderia sanções impostas em

1992 devido a um conflito com a Armênia. Tanto o Azerbaijão quanto a Armênia haviam oferecido ao Pentágono o direito de trânsito e de uso de campos de pouso, e a visita de Rumsfeld era uma recompensa. Em 28 de novembro de 2001, a Casa Branca elogiou a abertura do primeiro novo oleoduto pela Caspian Pipeline Consortium (CPC), um empreendimento conjunto de Rússia, Cazaquistão, Omã, ChevronTexaco, ExxonMobil e várias outras empresas de petróleo. O oleoduto ligava os enormes campos de petróleo de Tengiz, no noroeste do Cazaquistão, ao porto de Novorossiysk, no Mar Negro russo, onde petroleiros eram abastecidos para o mercado mundial. O comunicado do presidente dizia que o "projeto CPC também é um avanço da Política Nacional de Energia de meu governo, ao desenvolver uma rede de múltiplos oleodutos cáspios que também inclui os oleodutos Baku-Tblisi-Ceyhan, Baku-Subsa e Baku-Novorossiysk e o gasoduto Baku-Tbilisi-Erzurum".[21] Mas nenhum deles atravessava o Afeganistão.

Esses quatro dutos precederam as três linhas internacionais planejadas em 2002 para ligar o Turcomenistão e o Cazaquistão aos mercados asiáticos. Mas não houve qualquer cobertura da imprensa sobre o anúncio, ou sobre a notícia anterior sobre os "projetos de energia pós-Talibã". A mídia americana também não observou que o consórcio de oleoduto envolvido no plano Baku-Tbilisi-Ceyhan, liderado pela BP, era representado pelo escritório de direito Baker & Potts, e que o principal sócio da Baker Potts era James A. Baker III, confidente da família Bush e secretário de Estado no governo de George H. W. Bush.[22] Justamente quando a ação militar americana no Afeganistão estava se resolvendo, e a chance de um oleoduto trans-Afeganistão estava garantida, os investimentos na ampla região se retraíram.

Os Estados Unidos haviam se deslocado pelo petróleo e pelo direito de trânsito, e haviam conseguido ambos, e erguido suas bases militares. Mas no troco ficou faltando a guerra; e em junho de 2003 a rede de resistência composta pelas forças de Heckmatyar, pelo Talibã e pelos guerreiros da Frente Islâmica Internacional de Osama bin Laden interrompera os ataques cada vez mais numerosos a soldados estrangeiros para operações de bater e correr nas cidades de Zabul, Helmand, Kandahar e Urgan, no sul. Essencialmente, era a mesma resistência que havia mostrado contra a União Soviética em suas desventuras nos anos 1980, só que mais forte. A Frente Islâmica recrutava mais guerreiros no Paquistão e nas repúblicas da Ásia Central; mas os campos da morte haviam se expandido também, e agora incluíam o Iraque.

Eu me lembro de ler "Oil Moves The War" [Petróleo move a guerra], de Michael Klare, e concordar com o quadro que ele traçou sobre como as "duas grandes iniciativas de política externa" do presidente Bush — a guerra global contra o terrorismo e a campanha global para expandir o acesso dos EUA ao petróleo estrangeiro — haviam vindo juntas. Ele citou um documento sobre política nacional de energia de 17 de maio de 2001, conhecido como o Relatório Cheney, com seu pedido para que "o Presidente torne a segurança da energia uma prioridade em nosso comércio e nossa política externa". O foco na Ásia Central estava ali; eu entendi que bases permanentes estavam surgindo não só em Geórgia e Cazaquistão, mas em Tadjiquistão, Uzbequistão e Quirguistão.[23] Mas faltava alguma coisa. E era o reconhecimento de que a guerra contra o terrorismo era uma grande farsa. Os 7 mil soldados americanos à procura da al-Qaeda e do Talibã, e os 4.800 da Força Internacional de Assistência e Segurança, da Otan (mais tarde ampliados respectivamente para 12 mil e 6 mil), ainda estavam presos em Cabul.

Bush era um homem ligado a petróleo que desejava poder militar, e gostou de usá-lo ainda mais. Mas havia entendido mal a relação entre a aplicação seletiva de força e o verdadeiro poder. Uma força militar devastadora tende a se degradar quando usada, porque suas falhas e seus limites se tornam imediatamente aparentes e a resistência que provoca é inesperada e freqüentemente eficiente. Os EUA eram uma potência muito mais intimidadora antes da campanha no Afeganistão, com o amplo apoio que a ação recebeu, mesmo da esquerda, devido à impopularidade do Talibã e do inquestionável objetivo de agarrar Osama bin Laden. Mas depois das operações em Tora Bora no fim de 2001, os EUA recuaram de qualquer esforço sério para capturar Bin Laden. Qualquer que seja o motivo — um acordo secreto com o general Musharraf para não provocar uma inevitável retaliação de seus próprios militantes islâmicos? A guerra com o Iraque que viria? — e em qualquer caso, esforços para capturar o principal terrorista do mundo foram contidos. "O objetivo nunca foi pegar Bin Laden", declarou o general Richard Meyers, chefe do Estado-Maior Conjunto, numa entrevista à CNN na primavera de 2002.[24] (Só em fevereiro de 2004 a caçada foi reiniciada, em honra à campanha de reeleição de Bush, com a Força Tarefa 121 ainda fresca, devido à captura de Saddam Hussein, sendo despachada para o lado afegão das montanhas, enquanto o exército do Paquistão era incumbido do lado paquistanês; mas isto também logo fracassou.)

Enquanto isso, o Afeganistão voltou para as mãos de governadores de províncias e senhores da guerra, muitos deles apoiados por Irã e Rússia. Muitos estão enriquecendo novamente com o comércio de ópio, depois dos tempos de seca impostos pelos talibãs, que também estão de volta. Há outro mundo fora dali, um mundo de petróleo, e é apenas parcialmente nacional, o que quer dizer americano, ou britânico, ou francês, ou russo, ou chinês. As empresas trabalham num enorme consórcio diante das políticas externas nacionais, e geralmente evitam conflitos militares. Como a Unocal, a maioria das companhias de petróleo preferiria um processo de paz liderado pela ONU em vez de uma intervenção militar unilateral. Eu me lembro de falar numa conferência sobre a região da orla do Pacífico em Washington, em 1968 ou 1969, e de depois ser cercada por rapazes de terno que me fizeram perguntas inteligentes sobre o Vietnã do Norte pós-guerra; eu disse, "Vocês são da CIA, não são?", e eles disseram, "Não, somos da Exxon". Eram do setor de relações internacionais, ou seja lá como chamassem na época. Fiquei impressionada.

Agora os EUA têm sua empresa de serviços de petróleo Halliburton para atender à logística militar dos negócios. "Não consigo me lembrar de um tempo em que vimos uma região emergir tão rapidamente para se tornar tão estrategicamente significativa quanto o mar Cáspio", disse Dick Cheney em 1998, quando era diretor-executivo da Halliburton. "De vez em quando, tínhamos que atuar em lugares onde, considerando-se todas as coisas, alguém normalmente não escolheria ir. Mas vamos onde os negócios estão."[25] E a Halliburton tinha a Kellog Brown & Root (KBR), cuja Divisão de Operações do Governo foi premiada com um contrato "sem prazo" com o Pentágono em dezembro de 2001, que cobria tudo, desde instalações para alimentação até gerenciamento de combustíveis e geração de energia na gigante Base Aérea Khanabad, no Uzbequistão. A empresa com sede em Dallas foi contratada para construir bases avançadas de operação para apoiar o deslocamento de tropas nos nove anos seguintes onde quer que o presidente escolhesse para fazer a guerra contra o terror — ou para proteger os oleodutos. O Ministério da Defesa britânico premiou a KBR com US$ 418 milhões para fornecer transportadores de tanques, capazes de carregar tanques até a linha de frente a velocidades de mais de cinquenta milhas por hora.[26]

A Halliburton tem ligações íntimas com a família Bush. Além de Cheney, há Lawrence Eagleburger, diretor da Halliburton e subsecretário de Defesa no governo de Bush pai durante a Guerra do Golfo; e James Baker, cujo escritório de direito representa a Halliburton. Quando a Halliburton era Brown & Root Services, patrocinou a eleição roubada do futuro presidente Lyndon Johnson para o Senado dos

EUA, em 1948, e assim ajudou a construir a espetacular máquina político-industrial do Estado. Agora é a empresa de serviços de petróleo número um no mundo. Seu principal concorrente, a Baker Hugues, com sede em Houston (James Baker novamente e Edward P. Djerejian, secretário-assistente de Estado para Assuntos do Oriente Médio nos governos de Bush pai e Clinton) teve um começo de liderança explorando a imensa riqueza de gás natural do Uzbequistão, fazendo uma parceria com a estatal que controla o setor de petróleo e gás. O Uzbequistão está abrindo oitenta campos de petróleo à perfuração por empresas multinacionais de petróleo. E tudo isso depois de grandes partes do Afeganistão serem reduzidas a escombros por bombas americanas.

Na verdade, o capítulo mais recente no Grande Jogo, como há muito tempo é chamado o domínio das rotas de comércio leste-oeste, começou com um ultimato esquecido. *Desista de Osama bin Laden ou enfrente as conseqüências*, ordenou o presidente Bush ao Talibã em outubro de 2001. Depois de alguns dias de pausa e hesitação, o mulá Omar e sua equipe, num último esforço para salvar seus empregos, e talvez seu país, fizeram justamente isso, ou tentaram fazer. Mas Bush bateu na oferta como num inseto incômodo. Ele não queria Osama bin Laden — queria o Afeganistão, e o Afeganistão removeu o Talibã. E alguma semanas depois as bombas começaram a cair.

É irônico, ou uma visão do futuro, que a indústria de petróleo tenha protestado tanto contra a seriedade dos danos causados pelos bombardeios dos EUA no Afeganistão como contra a rapidez com que as autoridades americanas deixaram a cena? Isto começou em 29 de outubro de 2001, quando a *Oil and Gas International* observou que

> apesar da intensidade com que este terrorista [Bin Laden] e seus seguidores e os próprios talibãs são desprezados pela maior parte do mundo civilizado, isto pode ser uma justificativa para os atuais bom-

bardeios no país e o grande número de mortes de inocentes?... Se bin Laden estivesse ainda na Arábia Saudita, esta mesma punição seria dada ao país?

E mais tarde: "Agora que a 'guerra contra o terrorismo' está procurando Osama bin Laden em outro lugar ou está fixada em outro alvo... é hora de pensar o que pode ser feito para consertar a base de comprovação terrivelmente danificada da fase um daquela 'guerra' — Afeganistão." Olhando para a frente, sem dúvida, como as pessoas ligadas a petróleo fazem. A revista continuou:

> Há um lugar para a indústria internacional de petróleo nessa missão — um papel que pode ser liderado pela Unocal, que já pensou em escoar um milhão de barris por dia de petróleo cáspio e uma quantidade comparável de gás pelo Afeganistão para o mercado do Paquistão e talvez da Índia — um projeto lucrativo que não só traria uma renda extremamente necessária àquela nação empobrecida, mas empregos e indústria também.[27]

Mas nenhuma reparação estava por vir, nem da Unocal nem de qualquer outra companhia.

Houve um tempo em que a reconstrução era discutida, em que as décadas de destruição que haviam tornado o Afeganistão tão vulnerável ao fanatismo do Talibã e aos caprichos de seus senhores da guerra eram consideradas reversíveis, mas esse tempo foi breve, e a discussão, superficial. O que os EUA fizeram no Afeganistão foi uma façanha de destruição. Construíram uma estrada para ligar Cabul e Kandahar, mas o país que era palco de uma guerra multibilionária continua a ser um dos mais pobres do planeta.

Pontos Essenciais

Divisão de Petróleo
Em 1999, o planeta Terra tinha cerca de seis bilhões de seres humanos dependentes. Menos de um quinto de nós (18,6% ou 1,1 bilhão) viviam nos vinte e quatro países industriais da Organização para Cooperação Econômica e Desenvolvimento (OECD, na sigla em inglês). A população dos EUA respondia por aproximadamente um quarto deste 'país rico' total, ou 4,6% da humanidade.

Naquele ano, mais de um quarto de todo o petróleo em uso no mundo era usado nos EUA, a uma média de 1.096 galões por pessoa. Os outros 23 países da OECD tinham uma média de 427 galões por pessoa. Os outros quatro quintos das pessoas do planeta usavam apenas 101 galões por pessoa, menos de um décimo da renda *per capita* dos EUA.

Cargas de consumo por toda a vida
Os países mais ricos do mundo, com 20% da população global, respondem por 86% do consumo privado; os 20% mais pobres respondem por apenas 1,3%. Uma criança nascida hoje num país industrializado vai acrescentar mais consumo e poluição em seu tempo de vida do que trinta a cinqüenta crianças nascidas em países em desenvolvimento.

O FIM DA DISSUASÃO

22 de setembro de 2002, *Los Angeles Times*

Sexta-feira, num documento de segurança nacional preparado para o Congresso, o presidente Bush descreveu mais completamente do que nunca a pedra fundamental da revisão da estratégia militar americana em seu governo: isto é, a doutrina estratégica de ação preventiva que apóia sua iniciativa de derrubar o regime em Bagdá.

A maioria dos americanos soube desse abandono radical das políticas bipartidárias de dissuasão e contenção (em que você não atira em pessoas a não ser que elas o ameacem diretamente) quando o presidente Bush disse à classe de graduandos de West Point, em junho de 2002, que a segurança dos EUA precisa estar "militarmente pronta para atacar diante de uma advertência em qualquer canto escuro do mundo" e pronta para "uma ação preventiva quando necessário para defender nossa liberdade e... nossas vidas".

Essa nova doutrina de atacar primeiro, entretanto, longe de ser uma resposta ao 11 de Setembro, como muitos supõem, tem estado por perto há pelo menos uma década, desde que articuladores de defesa começaram a trabalhar e se preocupar com uma estratégia pós-Guerra Fria em que forças de oposição já não podiam ser postas em xeque pela destruição mutuamente assegurada e por acordos de bastidores entre Moscou e Washington.

A estratégia foi apresentada pela primeira vez no "Guia de Segurança Nacional" preparado para o Pentágono em 1992 por Paul Wolfowitz e Lewis "Scooter" Libby — hoje, respectivamente, o número dois do secretário de Defesa, Donald Rumsfeld, e o chefe de gabinete do vice-presidente Dick Cheney.* Era um documento estranhamente paranóico, considerando que os EUA tinham acabado de emergir triunfantes de uma disputa de quarenta anos com o "império do mal". O mundo

---

*Libby se demitiu em outubro de 2005, devido a acusações judiciais num caso de vazamento da identidade de uma agente secreta. (*N. do T.*)

"unipolar" novinho em folha aparentemente se tornara infinitamente mais perigoso.

Nossos aliados ("hegemonias regionais" na linguagem do documento) eram vistos como "competidores em potencial" que tinham de ser impedidos de "aspirar a um papel regional ou global mais amplo" do que o que determinávamos para eles. Uma intervenção militar americana se tornaria "uma característica constante" dos assuntos do mundo.

Os EUA iriam "assegurar a responsabilidade preeminente de se dirigir seletivamente àqueles errados que ameaçam não apenas nossos interesses, mas os de nossos aliados e amigos". Uma opção de atacar primeiro, de antecipação, foi estabelecida para Estados hostis envolvidos no desenvolvimento de armas de destruição em massa — uma estratégia que o presidente estabeleceu este ano.

Isto lembra o pesadelo do secretário de Estado Dean Rusk durante os anos do Vietnã, em que ele disse: "O mundo é redondo. Apenas um terço das pessoas está dormindo ao mesmo tempo. Os outros dois terços estão acordados e causando danos em algum lugar." Com as vitórias diplomática e militar do Vietnã do Norte sobre os Estados Unidos, as palavras de Rusk realmente perderam o rumo. Em 1991, entretanto, os EUA eram protagonistas.

Então o que explica a projeção da força como solução para todos os conflitos, mesmo os conflitos em potencial? E qual é a fonte do arrogante desprezo pelo diálogo — por "leis e regras, e negociação e cooperação transnacionais", que o escritor conservador Robert Kagan, num ensaio em *Policy Review*, chama de "táticas do fraco"? "Agora que os EUA são poderosos, comportam-se como nações poderosas... O 'momento unipolar'", afirma ele, "fez os Estados Unidos terem mais vontade de usar a força no exterior."

Mas certamente Kagan, para quem os EUA habitam um "mundo onde poder é o determinante final da segurança nacional e do sucesso", confunde força com poder. Como fazem Wolfowitz e o irrepreensível Richard Perle, secretário-assistente de Defesa no governo Reagan que agora ajuda a orquestrar a campanha de ataque ao Iraque de suas cadeiras na Comissão de Política de Defesa e no Instituto Americano de Iniciativas. Esses porta-vozes da doutrina de atacar primeiro incluem William Kristol, co-editor com Kagan de *Perigos Presentes*, que defende a construção de um escudo de defesa contra mísseis e um desenvolvimento militar maciço, e o colunista do *New York Times* William Safire, que saltou para dentro do círculo contra Brent Scowcroft "e seus acólitos do deixe-Saddam-sozinho".

O poder verdadeiro, como sabiam Maquiavel e Confúcio, afirma-se por meio de incontáveis canais, na maioria pacíficos. Neste sentido, o Vietnã ensinou aos EUA uma lição difícil, ou tentou ensinar. "A quantidade de violência à disposição de qualquer país", observou a filósofa política Hannah Arendt em 1969, "em breve poderá não ser uma indicação confiável da força do país ou uma garantia confiável contra a destruição por um poder substancialmente menor e mais fraco." Ela previu uma "completa reversão nas relações entre poder e violência, prenunciando outra reversão nas futuras relações entre poderes grandes e pequenos".

Esta reversão é muito provavelmente o pesadelo que assombra hoje os ideólogos de defesa — e a inspiração para a determinação do governo em sua nova afirmação política de que os EUA jamais poderão permitir novamente que sua supremacia militar seja desafiada como foi durante a Guerra Fria.

Os assessores de Bush não são estúpidos, no fim das contas, e precisam manter o legado da Guerra do Vietnã: A propagada aversão dos falcões ao secretário de Estado Collin Powell (com quem Wolfowitz, na época número 3 no Pentágono, brigou durante a Guerra do Golfo) provavelmente se deve em parte ao fato de ele fazê-los lembrar do Vietnã.

Em todo caso, tente substituir por "Ho Chi Minh" o "déspota agressivo" do argumento de Safire para a ação preventiva contra o Iraque: "A necessidade de atingir um déspota agressivo antes que ele obtenha o poder de nos chantagear com as armas terríveis que está fabricando... é aparente para a maioria dos americanos."

No Vietnã, a arma "terrível" era uma guerra difícil de libertação nacional, materialmente apoiada por Moscou e (menos) por Pequim, mas não controlada por nenhum dos dois, e portanto não sujeita a pressões da Guerra Fria. Uma vez que decidimos invadir, os EUA tiveram que lutar essencialmente nos termos vietnamitas, assim como de nossa posição escolhida no céu.

"Se tivéssemos derrubado Ho em 1965, pense nas perdas que teríamos evitado, inclusive o golpe no prestígio militar dos EUA." Esta, poderíamos imaginar, é a versão inteligente de planejamento de guerra do general Curtis E. LeMay sobre o Vietnã: "Eles vão ter que abaixar a cabeça e interromper a agressão, ou vamos bombardear e levá-los de volta à Idade da Pedra!"

Enquanto isso, a "reversão completa" de Arendt é o verdadeiro presságio dos ataques do 11 de Setembro, cujos autores operaram em meia dúzia de países, inclusive o nosso, sem que qualquer governo se desse conta. Esta falta de poder de Estado, junto à capacidade de transformar a força da tecnologia americana em armas terríveis contra os EUA, põe a rede de Osama bin Laden fora dos parâmetros dos sistemas de segurança internacional convencionais. É difícil imaginar uma "atitude de força" capaz de capturar esses camaleões, mas se o que se quer é um grande estrondo para desviar a atenção de nosso fracasso ao lidar com a natureza paradoxal de poder no mundo real, então ataquem o Iraque.

O GRANDE QUADRO

24 de outubro de 2002, *Lincoln County Weekly*

A vitória do presidente Bush no Congresso aconteceu, apesar dos heróicos esforços do senador Robert A. Byrd, remanescente de outro cavalheiro do Sul, o senador Sam Ervin, que presidiu as Audiências de Watergate com a mesma retidão ao velho estilo. Como Ervin, Byrd ainda é capaz de um senso comum abalado, e de vôos de oratória com base em história e clássicos, junto com uma reverência à Constituição que evoca o mundo do Iluminismo como poucos outros.

Byrd viu através da campanha de ataque ao Iraque tão assiduamente montada nas semanas precedentes. Começou com o "emocionado" discurso de Bush em 11 de setembro e a "dura" declaração da ONU em 12 de setembro, seguidos pela apresentação da longa declaração de segurança nacional sobre a guerra preventiva ao Congresso em 20 de setembro, a resolução para o Iraque de 1º de outubro e a resolução modificada e os discursos mais "brandos" na semana seguinte. Tudo serviu para reforçar a demonização de Saddam Hussein.

Vinte e três senadores se opuseram à resolução, mais do que se esperava para quem ouvia o debate (mas menos em comparação aos 133 que apoiaram Bush na Câmara). A batalha provavelmente estava perdida desde o início, apenas devido ao sucesso do presidente em causar um medo genuíno no país desde o 11 de Setembro e usá-lo como argumento de uma guerra que ninguém realmente queria.

"Armas de distração em massa", é como o cartunista Mike Peters chama os símbolos do terror de Saddam Hussein no Iraque, o que, assim como o próprio açougueiro de Bagdá, ajuda a impedir a população dos EUA de pensar na economia em crise — ou de buscar uma prestação de contas dos líderes republicanos. Ou, mais importante, de confrontar o grande quadro; aquele que foi focalizado com clareza disciplinada no dia seguinte à vitória de Bush.

Quando a Casa Branca apresentou seu plano de instalar um governo militar liderado pelos EUA em Bagdá, depois que Saddam fosse afastado do poder, teve como modelo (completado com os julgamentos por crimes de guerra) a ocupação do Japão pós-Segunda Guerra Mundial. O Iraque finalmente assumiu seu lugar no grande esquema. Enquanto os EUA e a Grã-Bretanha (a "coalizão") administrarem o Iraque, controlarão as segundas maiores reservas de petróleo no mundo, quase 11% dos recursos comprovados do planeta. A partir desse eixo, qualquer coisa é possível, inclusive, para os conspiradores do petróleo em Washington, uma reorganização da Opep, há muito tempo desejada.

O Iraque não representou um perigo para os EUA durante anos. De Israel vem a observação de que se "você tivesse dito a líderes israelenses dois anos atrás que os EUA estavam prestes a atacar o Iraque hoje, eles teriam ficado chocados... A percepção dominante no espectro político", escreve Barry Rubin, do *Jerusalem Post*, "era de que o Iraque não era uma ameaça séria". Por quê? Porque "sanções internacionais haviam... enfraquecido o poder do regime iraquiano... As forças armadas [de Saddam] estavam em má forma, ele tinha pouco dinheiro, tinha grandes problemas para importar novas armas ou para guardá-las e não tinha um único aliado". As condições pioraram imensamente depois que a Grã-Bretanha e os EUA intensificaram os bombardeios, não apenas nas zonas de exclusão aérea, mas além delas.

Isto não é para sugerir que Israel não espera ganhar com a ocupação do Iraque pelos EUA — espera, sim, embora preferisse ver a campanha avançando para incorporar uma mudança de regime em Teerã e Damasco. Outra história.

Em todo caso, quando a Casa Branca desenrolou o tapete do ataque ao Iraque em setembro (porque, como chefe de gabinete, Andrew Card assinalou, "Não se lançam novos produtos em agosto"), viu-se diante da formidável tarefa de criar uma preocupação de ameaça digna da força militar que já tinha deslocado para o Oriente Médio. Isto inclui mais de uma dúzia de novas bases ao longo do Golfo e da Ásia Central, com a empresa número um em serviços em campos de petróleo, a Halliburton de Dick Cheney, supervisionando a construção de cada uma delas.

Em 6 de outubro, a *Newsweek* relatou que os principais tanques de batalha Adams de uma divisão haviam desaparecido na Europa e poderiam ter sido localizados sobre caminhões de transporte no Kuwait. Enquanto isso, equipes de forças especiais dos EUA, junto a agentes do Mossad, vindos de Israel, silenciosamente caçam mísseis Scud e testam defesas dentro do Iraque há meses. Em bases de operação avançadas na região do Golfo, mais de 60 mil soldados americanos estão à espera.

A campanha de ataque ao Iraque foi alternativamente dirigida ao público americano, a legisladores, ao Conselho de Segurança da ONU e até ao Iraque — cujos soldados receberam em 9 de outubro uma chuva maciça de folhetos aconselhando-os a não reagir a ataques da "coalizão". Páginas da OpEd, programas de entrevista na TV, salões do Congresso, mídia internacional, Internet — tudo entrou no grande debate sobre questões amplamente escolhidas pela Casa Branca para obscurecer os fatos no Oriente Médio. Agora que esta cínica liderança fincou suas garras no Congresso, a vitória da ONU parece inevitável.

Não importa se o Iraque concorda com as inspeções de armas ou não, porque para o presidente Bush isto é uma situação sem chance de perda, de um modo ou de outro. De acordo com a resolução da ONU proposta, as decisões sobre os lugares que deveriam ser "inspecionados" devem ser feitas não pela ONU sozinha, mas também por "qualquer membro permanente do Conselho de Segurança", como nós. Os inspetores também podem ser escolhidos por Washington e vão usufruir de "direitos irrestritos de entrar e sair do Iraque", bem como do "direito de movimento livre, irrestrito e imediato" dentro do Iraque, "inclusive acesso irrestrito a áreas presidenciais". Terão permissão para estabelecer "bases regionais e bases operacionais" onde serão "acompanhados... por forças de segurança dos EUA suficientes para protegê-los". Poderão declarar zonas de exclusão aérea adicionais e "corredores de trânsito em terra e ar", deslocar e aterrissar tantos aviões e helicópteros no Iraque quanto quiserem e apreender "qualquer equipamento" em que quiserem pôr as suas mãos.

A resolução que os EUA apresentaram ao Conselho de Segurança — aquela em que tantos membros do Congresso preocupados depositaram confiança — é um plano de invasão, sem oposição.

4
FAZENDO ONDAS

Numa quarta-feira, 28 de agosto de 2002, cerca de cinqüenta pessoas chegaram ao escritório da senadora Susan Collins, em Augusta, para se encontrar com o representante dela, Bill Card, e registrar suas reclamações sobre a guerra que estava por vir. Era uma das primeiras ações da MoveOn.org, uma inteligente combinação de organizações locais e nacionais, com pequenos grupos apresentando suas opiniões — juntamente com uma petição que representava uma ampla gama de opiniões — a dois senadores de cada estado, ao mesmo tempo, em todo o país. Eu era uma "líder local", juntamente com Emanuel Pariser, pai de Eli Pariser. Eli, coordenador nacional da MoveOn, estava no grupo também, como "Elijah Pariser", juntamente com pelo menos mais um membro do minúsculo coletivo da MoveOn, Noah Winer e a mãe de Eli. Dois dias antes de nos encontrarmos, alguém que o conhecia disse que Eli tinha 21 anos, e eu dei uma risada. Uma coisa era descobrir que o companheiro cujo nome estava em cada mensagem da Internet morava (na época) a pouco mais de cinqüenta e cinco quilômetros, em Camden, Maine; e outra descobrir que ele era um ano mais novo que meu filho Simon.

Foi estranho voltar à ação depois de trinta anos fazendo *lobby* para um senador republicano, ainda que seja um "moderado" republicano, mas os tempos mudaram. A maioria dos senadores dos EUA é republicana e a maioria dos republicanos é conservadora. A maioria dos lobistas é de profissionais bem pagos. O Congresso dos EUA é uma máquina lubrificada de distribuir votos em direções pré-ordenadas; não para o dinheiro falar. Mas o dinheiro fala. É assim que funciona. Com seu comando na Internet — quer dizer, todas aquelas pessoas desconhecidas que se sentam silenciosamente em seus terminais de computador, conversando, trocando informações, pesquisando novos materiais — a MoveOn.org é o meio de transporte de uma revolução contra o poder do dinheiro. E Eli sabe como fazer isso:

> Querido líder local: Algumas observações para você no momento em que entramos na reta final... Se quiser, pode baixar a petição de seu estado no (*site*)... Se quiser imprimir, prepare-se com uma boa quantidade de papel — em média são dez comentários por página... Você pode pedir a uma loja de copiadoras para fazer isso — não podemos reembolsar o custo da impressão... Se você não cortou o registro para seu encontro, é bem provável que os companheiros estarão registrando você terça-feira. Se a hora ou o local de seu encontro mudou... nós avisamos, enviando por e-mail a lista terça-feira à noite para assegurar que todos estejam atualizados.

A MoveOn havia ouvido falar que os procedimentos de segurança em muitos escritórios do Senado eram "bastante rigorosos", então identificações com foto eram necessárias. Quanto a números, "qualquer grupo maior do que zero terá um impacto. Principalmente se o tempo não estiver bom... lembre que milhares de pessoas assinaram a petição da MoveOn". O problema seria se *mais* pessoas se apresentassem, e poucas soluções eram sugeridas; mas no fim das contas dependia de nós, embora tivéssemos sido aconselhados a discutir (*online*) as possibilidades com outros líderes locais. A idéia era claramente reunir todas aquelas pessoas estranhas. A "agenda de trabalho" indicara que segunda-feira a MoveOn estaria convidando membros de suas listas (que já tinham 500 mil nomes) para "aparecer" em reuniões em cada estado, mas como a maioria das reuniões agora estava cheia e algumas tinham centenas de participantes, isto não seria feito. Membros de listas foram incentivados a assinar as petições e convidar "seus amigos e parentes" a assinar, aumentando assim em "centenas de milhares" o número de pessoas representadas em cada reunião.

Um líder local em Atlanta sugeriu pedir uma resposta por escrito ao senador. Seria "uma grande maneira de enfatizar nossa mensagem", concordou Eli. Se não tivéssemos tempo de levantar todas as nossas próprias perguntas, poderíamos usar as de outra pessoa. E assim veio "Nossas Perguntas para o Senador Max Cleland [o veterano de guerra paraplégico derrotado em novembro de 2002]. 1. O Senhor Vai Afirmar a Autoridade Constitucional do Congresso em Qualquer Decisão para Declarar Guerra ao Iraque? 2. O Senhor Vai Fazer ao Governo Bush Perguntas Duras sobre a Guerra com o Iraque?" Entre elas,

> Por que nossos aliados não apóiam um ataque preventivo ao Iraque? Quais são as conseqüências a longo prazo de uma iniciativa solitária dos EUA numa guerra contra o Iraque? Como uma guerra dos EUA contra o Iraque afetaria a estabilidade no Oriente Médio?... Que impacto uma ação americana terá em governos como Jordânia, Egito, Arábia Saudita, Paquistão e Turquia?... Como o Governo manteria unido um Iraque pós-Saddam e evitaria um resultado de divisões dentro do país?

Em 12 de setembro, o presidente fez seu discurso sensacionalista na ONU. Eli estava atento também, elogiando aquilo como um grande *marketing*, observando que era um dia depois de 11 de setembro, que era, de acordo com fontes do governo, "uma peça central da estratégia", ajudando a "mover os americanos em direção ao apoio à ação contra o Iraque". Mas o discurso nada tinha a dizer. O argumento não foi apresentado. Todas as velhas reclamações eram "inteiramente sem substância" ou "baseadas no testemunho de inimigos de Saddam Hussein". (E o leitor acessava artigos do *New York Times* e da CNN.) "Precisamos que o Congresso saiba que enxergamos através dessa campanha promocional", disse Eli. "Por favor, telefonem para nossos senadores em [seus nomes e números]. Façam as perguntas que preocupam vocês. Aqui estão algumas... que temos ouvido: Onde está o alvo? Onde está a prova de perigo claro e presente? O que aconteceu com Bin Laden e a al-Qaeda? Se nossos aliados não apóiam isso, vamos adiante ou não?..." Ele nos pedia que informássemos à MoveOn se tínhamos ligado, porque, afirmou Eli, "gostaríamos de fazer um cálculo. Sua chamada aumentará a força iniciada em 9 e 10 de setembro, os dias de chamadas nacionais da Peace Action".

A MoveOn freqüentemente se valia da força de outras organizações, mas ninguém conseguia tanto dinheiro e tão rapidamente quanto ela conseguia. Da noite para o dia, conseguiu em outubro de 2002 os US$ 200 mil de que Walter Mondale precisava para concorrer à cadeira do falecido senador de Wisconsin Paul Wellstone. (Ele perdeu.) A MoveOn apareceu com nomes de seus quatro candidatos favoritos contrários a guerra, e convidou as pessoas de suas listas (agora com mais de 650 mil nomes) a apoiá-los. Um milhão de dólares foram levantados, mas nenhum dos candidatos venceu.

Eli continuou em frente. Ele nunca falou das perdas, focalizando apenas os ganhos: as crescentes listas de membros, a velocidade com que o dinheiro podia ser levantado, as *quantias* de dinheiro. Seu prazer era visível, eu sabia, porque observei isso em 28 de agosto, quando ele caminhou pela multidão e falou animadamente sobre quantas pessoas estavam se mobilizando em Dakota do Norte, Texas, Arkansas,

Alabama, como se fosse mágica. Estava tomado pelos negócios, mas trabalhava com um toque delicado, não se esquecendo de nada, acolhendo sugestões e explicando tudo de modo que até um principiante podia entender o processo.

A MoveOn, que começara em 1998 para impedir a campanha de *impeachment* de Clinton feita por dois ex-empresários de *software*, Wes Boyd e Joan Blades, tornara-se a porta-voz — ou a organizadora — da classe média amplamente apagada. Na década de 1960, haviam sido necessários anos para mobilizar esse tipo de multidão. Ou pelo menos isso era dito quando parecia que quase todo mundo era contra a guerra. O ex-chefe de segurança nacional Brent Scowcroft, o senador republicano Dick Armey, o ex-chefe do Comando Central para o Oriente Médio Anthony Zinni e até Henry Kissinger falaram contra a iniciativa do país de ir sozinho à guerra. Mas ninguém fez isso melhor do que as vozes do Maine, que se espantaram com a "fascinação [americana] pela intriga entre corporações, legisladores e militares [que] continua enquanto vemos George W. Bush se aprumando no pódio como uma espécie de caricatura de Mussolini parecida com um palhaço..." Talvez a "prática da democracia [seja] tão pesada, tão exigente, tão complexa...? (Dick Bernard). Ou os EUA estão "nos levando para a guerra num momento em que seu sistema econômico global está mostrando ser um fracasso e uma fraude...? Isto é mera coincidência?" (Stephen F. Kelley) Voltando àquele momento, parecia que o poder estava todo do lado americano, e que o que estava vindo não era "uma guerra" de modo algum, mas "um massacre" (Mark duBay).[1]

Quando eram organizadas as grandes manifestações contra a guerra de 26 de outubro, 15 de janeiro, 15 de fevereiro e 22 de março de 2003, Eli cumpriu exigências de orador. Ele não estava à vontade com os velhos grupos de esquerda da A.N.S.W.E.R. (Aja Agora para Impedir a Guerra e Acabar com o Racismo, em inglês) e estava desconfortável com as brigadas pró-palestinos, mas manteve a boca fechada em relação a isso diante do público. "Sempre acreditei realmente que as melhores idéias prevaleçam se você as deixa acontecer", disse.² Ele considerava que seu trabalho era trazer novos "companheiros" que nunca haviam participado de uma ação. E em geral estas foram as pessoas que apareceram para se encontrar com Susan Collins e Olympia Snow, outra senadora republicana do Maine: professores, enfermeiros, universitários, pescadores, aposentados, cineastas.

Um pescador louro, de uns 40 anos, acompanhado de sua mulher, disse que vira algo na TV aquela manhã que não podia acreditar: Ashcroft dizendo que "não é preciso ter uma maioria para fazer o que é certo", e comentando como "se torna solitário" fazer o que é certo. "Não precisamos de maioria para ir à guerra?", perguntou o homem. "Algo que nunca fizemos sem sermos provocados? E quem diz o que é certo!" Ele conhecia vários pescadores que teriam vindo se soubessem que fariam alguma diferença. Ele e sua mulher estavam ali por seu filho, que acabara de fazer 18 anos, e eles estavam assustados por ele e pelo país. "Quantos meninos terão que ir e morrer", disse ele, "porque dois sujeitos na Casa Branca dizem que isso é certo?"

Todos haviam preparado uma breve declaração para apresentar ao pessoal da equipe; e o contraste entre a seriedade e o cuidado com o que falavam e as apresentações feitas pela Casa Branca era enorme. Uma cineasta falou sobre viajar pelo mundo, e de como os EUA já não eram vistos como um país bom, mas como um país que dava medo. "Você conhece alguém e logo perguntam, 'o que está acontecendo com seu país?'" Um homem de cabelo grisalho e camisa rosa protestou contra "a falta de transparência no governo Bush. Suas verdadeiras atividades", disse ele, "não são o que eles têm dito a nós." Ele estava certo de que aquilo tinha a ver com o Iraque, e de que o fingimento estava "relacionado ao petróleo".

Bill Card começara a escrever rapidamente; exibindo um "comportamento de escritor", como acho que ele chamou aquilo. O grupo maior havia se dividido em equipes de seis pessoas que se reuniriam no escritório de Card por dezoito minutos cada. Ele nunca vira algo assim; esperava uma multidão de manifestantes, grande e desorganizada; não aquele fluxo de vozes tranqüilas, bem articuladas, fazendo *lobby* contra uma guerra que já estava sendo preparada, embora nem Card nem a maioria de nós soubesse disso naquela época. Alguns dias antes, ele havia pedido uma cópia do comunicado à imprensa que havíamos redigido — a palavra "imprensa" o aterrorizava — e eu a enviei, embora tenha me ocorrido que eu deveria ter consultado Eli antes, e isto resultou em outro fax. "Ele nada viu de errado em eu enviar isto a você como um gesto de boa-vontade", escrevi, e "me lembrou que estamos nos dirigindo a nossos senadores em todo o país como eleitores, e que não cabe a seus escritórios analisar ou julgar nossas posições públicas." As palavras desta mensagem estavam exatamente certas; eu nunca teria pensado naquilo. Depois de o quarto ou quinto grupo aparecer, Emanuel Pariser disse que Bill Card gostaria de vir falar com todos; mas a maioria de nós havia saído para a entrevista coletiva, e nunca ouvimos o que ele tinha a dizer.

A entrevista coletiva estava marcada para as 16h no terraço aberto da garagem do estacionamento dos funcionários do estado; uma escolha excelente, uma vez que muitos de nós estaríamos recolhendo nossos veículos ali, e porque era um lugar tanto público quanto privado, e quase deserto. Emanuel, que havia proposto o lugar, lembrou-me que o Garganta Profunda encontrava a imprensa no porão de uma garagem de estacionamento federal em Washington. Quando chegamos, estavam ali a van do Channel 5, Charlotte Renner, da NPR, e alguém da AP; Charlotte já havia desafiado a proibição de participação da imprensa e simplesmente caminhava para uma das reuniões de Olympia Snow. Agora ela estava amarrando sua história, e precisava de mais algumas declarações. A repórter do Channel 5 local parecia uma colegial, e estava ocupada entrevistando um voluntário do grupo de Collins. O homem da AP era um desastre. "Que arranjos vocês fizeram para que o Iraque não use armas de destruição em massa?", perguntou. *Como?* Aquela era a mídia nacional falando, cansada e entediada com aquele protesto provinciano — que também acontecia em uma centena de outros lugares ao mesmo tempo.

Em 22 de janeiro de 2003, a MoveOn.org escreveu para agradecer a seus membros. "Nós superamos nossos maiores sonhos", disse a Equipe MoveOn: Carrie, Eli, Joan, Peter, Randall, Wes e Zack. "Nosso plano era lançar uma campanha de anúncios na TV antiguerra, realizar 12 entrevistas coletivas locais, desenvolver nossa petição 'Deixe os Inspetores Trabalharem' e fazer reuniões em escritórios de congressistas em todo o país", disseram eles. "Sabíamos que seria alguma coisa grande. Mas nunca pensamos que seria tão grande." Cem mil novos membros haviam se juntado numa semana; 310 mil pessoas assinaram a petição. A mensagem "Deixe os Inspetores Trabalharem" foi ao ar na maioria dos grandes programas de notícias na TV, e George Stephanopoulus mostrou a petição ao secretário de Defesa, Donald Rumsfeld, e o pressionou a falar sobre os perigos da guerra. Noticiários em Austrália, Paquistão, Rússia e Japão haviam transmitido e discutido a petição.

Uma nova pesquisa de opinião nacional mostrou que o apoio público à guerra estava diminuindo, enquanto notícias de primeira página discutiam a amplitude e as táticas do movimento antiguerra que se expandia. Em outubro, o Congresso havia aprovado em votação a resolução de guerra de Bush. Mas a MoveOn estava imperturbável. Agora eram as reuniões no Congresso sobre as inspeções que atraíam sua atenção, e os resultados eram eletrizantes. "Foi fantástico! Provavelmente a melhor reunião em que eu já estive", escreveu um membro. "Dezoito pessoas comuns que se reuniram sem se conhecer concordaram umas com as outras, falando eloqüentemente, apaixonadamente, respeitosamente e do fundo do coração." Mais de trinta membros do Congresso assinaram a carta Querido Colega, ao presidente, pedindo a ele que deixasse os inspetores fazerem seu trabalho e que obedecesse ao processo da ONU. *O Congresso estava levantando sua petição!* "Num de nossos momentos mais animadores", continuou a MoveOn, "um deputado pró-resolução de guerra deu uma olhada na carta, ouviu nossos membros e então a assinou diante de todos. Isto é democracia em ação!"

O que está acontecendo? Junto com Vencer sem Guerra, Comissão de Serviços Amigos Americanos, Líderes de Negócios por Prioridades Racionais, Troca Global, Greenpeace, Conferência de Liderança de Mulheres Religiosas, NAACP, Conselho Nacional de Igrejas, Organização Nacional pelas Mulheres, Associação de Funcionários de Saúde de New England, Peace Action, Médicos pela Responsabilidade Social, Sierra Club, Sojouners, Comunidade Tikkun Community, TrueMajority, Igreja Metodista Unida, Fundação Us, Veteranos pelo Senso Comum, Ação de Mulheres por Novas Direções e Working Assets, a MoveOn havia produzido uma série de acontecimentos que deu à mídia — a uma parte dela, de qualquer modo — algo para discutir. A atenção que a MoveOn deu à mídia de massa foi exagerada, mas isso era inevitável. A mídia era a todo-poderosa, e brilhava como uma mentira clara e cintilante sobre as cabeças de milhões e milhões de pessoas, e já não era mais "livre" do que uma mídia sem mensagem, aquela que dizia simplesmente *compre*. Mas não havia qualquer outra coisa, qualquer modo de mostrar como as pessoas se sentiam; e a MoveOn focalizou os programas que focalizavam as pessoas.

A mídia era tão importante que o Pentágono procurara os chefes de redações para inserir 300 repórteres nas tropas que partiriam — quer dizer, se houvesse uma guerra. Este *se*, falado — já em fevereiro — com doçura pelos chefes do programa criados para inserir jornalistas, era uma pista de que todo o período de divergências era uma farsa, no que dizia respeito ao presidente Bush. Os manifestantes eram como um "grupo de foco" para o *marketing*, disse ele, e quem em sã consciência usaria o "grupo de foco" para decidir assuntos de paz e guerra. Mas os protestos nas ruas aumentavam, e parecia realmente que os tempos mudavam. Os sinais criados, por exemplo. "Você consegue vencer isso?" Mandei um *e-mail* para amigos em Nova York: "BOLSAS COM CORPOS E IMPOSTOS SÃO PARA PESSOAS PEQUENAS... FERRAMENTAS DE BURROS... VAMOS ATACAR O TEXAS, ELES TÊM PETRÓLEO TAMBÉM... CUIDADO COM A DOENÇA DO CAUBÓI LOUCO, E SOBRE UM CACHORRO, EU ESTOU LATINDO PELA PAZ, e sobre outro, NÃO GOSTO DE DISPUTAR OSSOS." Sinais como esses não foram ouvidos nos anos 1960. Vinham de uma passeata em 15 de fevereiro à qual eu fui, em Portland, numa parte da cidade que eu não conhecia, e produziram muitos rostos familiares que eu não via desde que Simon se formara na escola de ensino médio.

O dia 15 de fevereiro foi um sucesso internacional, com a BBC relatando 750 mil pessoas convergindo para o Hyde Park, cem mil em Dublin e 25 mil em Glasgow. As maiores manifestações foram em Londres, onde Tariq Ali relatou 1,2 milhão, juntamente com dois milhões em Roma e 250 mil em Berlim, "a maior desde que o muro caiu". Mas houve também protestos em Camberra, Oslo, Cidade do Cabo e Damasco. "Foi realmente incrível... um dia em que a história beija você na boca", disse Tariq, e ele encontrou "um verdadeiro sentimento de internacionalismo que era como nos velhos tempos." O dia 22 de março, depois que a guerrra começou, teve outra grande participação, maior na Europa do que nos EUA, onde meros 200 mil se reuniram em Nova York; e em maior quantidade em países onde os governos apoiaram os EUA, como Itália e Reino Unido.

Tom Englehardt escreveu em seu *blog* na internet: "Ficou mais claro que as pessoas do mundo não querem essa guerra... E várias centenas de anos das 'pessoas' em toda a sua complicada realidade nos dizem que isto é algo que os governos ignoram em seu risco a longo prazo." Ele citou Alexander Cockburn: "Em resumo, protestos contam, assim como contaram nos primeiros dias de campanha contra a guerra no Vietnã"; e Cockburn citou o veterano antiguerra Lawrence Reichard, hoje um organizador sindical em Stockton, Califórnia. "Para a fúria absoluta da direita, o movimento antiguerra de ontem... abala a capacidade deste país de conduzir uma guerra sem restrições", disse Reichard, não sem antever. "Eles têm que descartar qualquer guerra que possa durar mais do que seis meses ou custar mais do que algumas centenas de vidas americanas. Por isso, você pode agradecer ao movimento de paz e aos vietnamitas, que, a um custo tremendo, venceram-nos militarmente."³

Nem todas as vozes antiguerra estavam de acordo. Num evento na Universidade de Nova York, em dezembro de 2002, o ex-presidente da SDS Todd Glitin falou contra os "vários sabores da velha nostalgia de esquerda", os "grupelhos de esquerda" que consideraram "ilegítimas as zonas de exclusão aérea que dão alguma proteção aos curdos e xiitas; que... acham a ação no Afeganistão ilegítima..." Gitlin, que escreveu *Os anos 1960: anos de esperança, dias de raiva* em 1989 e *Cartas a um jovem ativista* em 2003, havia grudado no exilado iraquiano Kanan Makiya, e rejeitado a crença deste de que depondo Saddam Hussein e ocupando o Iraque, "os EUA instalariam o primeiro regime democrático do mundo árabe; um regime que... minaria o consenso autocrático que governa a região, reverteria o movimento islâmico" e daí por diante. Isto, é claro, tornou-se a linha do governo dos EUA, embora Gitlin fosse inteligente o suficiente para saber que uma guerra americana no Iraque provavelmente não produziria tal regime. Pelo contrário, era mais provável que provocasse uma carnificina brutal, inclusive o uso de armas de destruição em massa e mais recrutas para a al-Qaeda. Então ele pediu medidas restritivas: "sanções inteligentes", zonas de exclusão aérea e "inspeções com auspícios multilaterais, da ONU..." Era preciso pedir alguma coisa. "A negativa automática não é uma política... A doutrina Bush", disse Gitlin, "requer de uma América mais equilibrada, mais sóbria, algo mais inteligente" — como a adoção de inspeções impostas pela ONU, "proporcionais à ameaça, e portanto justas". Inteligência, sanidade e sobriedade eram importantes valores cultivados, com um futuro. "Um movimento antiguerra que simplesmente se opõe a Bush reflexivamente, nada tem."[4]

Enquanto isso, Donald Rumsfeld estava procurando aliados na "Velha Europa" e tornando mais difícil para a França, a Alemanha e outros países fazer compromissos nos bastidores com os EUA, se este era o plano desses países. "Às vezes, o cavalo seguido de perto se afasta um pouco mais para a frente durante o desfile", disse um funcionário da Casa Branca nervosamente.[5] Mas Bush ficou atrás dele. Rumsfeld estava na verdade falando com os americanos. Estava trabalhando duas vezes mais para formar uma multidão de seguidores para uma guerra que, na verdade, não se pareceria mais com aquela que ele planejara do que com a que alguns opositores imaginavam.

"Em nosso nome, meio milhão de seres humanos estão sendo ameaçados de morte nas próximas semanas — mortes terríveis, que não são diferentes daquelas do 11 de Setembro, exceto que muito mais gente vai ser queimada, esmagada e sufocada..." Este era Peter Matthiessen, escrevendo *in extremis* na *Orion*, em fevereiro. As planejadas armadas de "choque e pavor", com bombas e foguetes, "atingem" os americanos de maneira especialmente dura, convencendo Matthiessen de que eles "efetivamente vão afastar qualquer impulso de resistência, especialmente naqueles que foram mortos". Os iraquianos eram "um povo essencialmente sem defesa..."; e "o precedente de um ataque preventivo ao Iraque poderá um dia ser visto como a mais catastrófica estupidez da história americana". Um comentário de Buzzflash concluiu que "não importa se cinco milhões de pessoas marcham em Nova York em 15 de fevereiro... Quando as armas começarem a soar, o Cartel Bush, como tem sido chamado, escreverá a história sombria".[6]

Eli Pariser nunca fez qualquer previsão, mas continuou trabalhando, mantendo ocupados seus cada vez mais numerosos associados, solicitando idéias para anúncios na TV e em jornais, realizando os "dez melhores" anúncios e calculando os votos. No outono de 2003, ele pediu a 1,5 milhão de membros da MoveOn que votassem em seu candidato democrata favorito, e embora a maioria dos votos tivesse sido para Howard Dean, as escolhas foram surpreendentemente ecléticas. O voto era para os associados; em geral Eli se manteve afastado das primárias. Quando ficou claro que John Kerry era a escolha democrata, ele entrou em ação. "Vamos trabalhar via Internet, via telefone, e enfrentar cara a cara conversas com os eleitores. E vamos trazer de volta nossa democracia", disse ele, "cidade a cidade, quadra a quadra, eleitor a eleitor."

A guerra, quando veio, foi uma surpresa. Em 23 de março, três dias depois de começar, Susan Sontag lembrou "o violento show de luzes e sons" apresentado por talvez um bilhão de TVs no mundo, enquanto muitos repórteres inseridos nas tropas checavam de seu centímetro quadrado de areia quando um avanço americano varria o deserto..." Isto já lembrava a ela o Vietnã, embora "num ritmo muito mais rápido". A primeira morte de um oficial americano acontecera num campo kuwaitiano. O equivalente aos "bombardeios de Natal" em Hanói, em 1972 — quando Nixon e Kissinger tentaram causar choque e pavor em líderes do Vietnã do Norte para obter melhores termos para a paz — aconteceu no início desta guerra. Os primeiros prisioneiros de guerra americanos haviam aparecido na TV iraquiana, também um fenômeno tardio do Vietnã. E uma palavra inesperada apareceu num noticiário sobre o combate na cidade portuária de Umm Qasir: guerrilha.[7]

Os paralelos entre Iraque e Vietnã eram óbvios, mas o Iraque não é o problema, disse Bobby Muller, presidente dos Veteranos do Vietnã da Fundação América. "O Iraque estará liquidado em poucos dias. O problema [é] uma ideologia que está controlando este governo [que] tem a ver com a maneira como se vê... o papel dos EUA no mundo. Ela é chamada de doutrina Bush." E Muller apresentou a história, começando em 1992, quando o então secretário de Defesa Cheney e Wolfowitz vazaram o esboço de um plano para o agressivo estabelecimento da dominação americana na era pós-Guerra Fria. Ele causou uma tempestade, e Bush o repudiou; mas ressurgiu em 1997 com o Projeto para o Novo Século Americano, sendo adotado por William Kristol, Cheney, Wolfowitz e Rumsfeld, entre outros. Em setembro de 2002, encontrou um lar na Estratégia de Segurança Nacional (NSS, na sigla em inglês). A NSS foi objeto de conversa de Muller, e ele queria que seu público soubesse que "estamos mais de uma década atrás na compreensão da magnitude daquilo contra o qual estamos nos levantando..."[8]

Muller entendeu o Iraque errado, e ele estava apenas parcialmente certo em relação à ideologia — da qual ouvimos falar incessantemente quando a guerra aconteceu. Faltava o suborno: a louca corrida para substituir a superioridade militar americana por sua crescente inferioridade econômica; para vencer pela força o que estava perdendo no barril de dinheiro, quando os produtores de petróleo da região flertaram com o euro; e os petrodólares americanos ficaram de lado. Mas ninguém sabia disso; todo mundo falava de armas de destruição em massa, ou de urânio, ou do Açougueiro de Bagdá, ou de nosso presidente evangélico, ou de Israel, ou do Projeto para o Novo Século Americano, ou de todas as outras pistas falsas que o governo Bush espalhou para o público americano nos meses que levaram à guerra, das quais nem todas eram falsas. Todo mundo, mas não a MoveOn, que simplesmente continuou avançando.

Nunca se soube como Eli Pariser entendeu a guerra, não por meio de sua presença *online*. Suspeita-se que ele concordaria com o senador Robert Byrd de West Virginia, que disse em 12 de fevereiro de 2003: "Essa guerra não é necessária neste momento... Nosso erro foi nos posicionarmos num beco sem saída tão rapidamente. Nosso desafio agora é encontrar um caminho elegante para sair de uma caixa que nós próprios fizemos. Talvez ainda haja um caminho se tivermos mais tempo." Mas para Eli, que havia erguido um amplo e novo eleitorado contra a guerra, cada "caminho" era um passo na escalada para a mudança.

A DANÇA DAS ABELHAS GUERREIRAS

12 de janeiro de 2003, *Boston Globe*

Aí vem a Coréia do Norte, faminta fugitiva do antigo bloco comunista, balançando suas chaves para a Bomba na cara de Tio Sam. E se você não sabe, a superpolícia do mundo deu a outra face.

Por quê? Por causa do Iraque, onde não há qualquer fábrica de reprocessamento de urânio como a que Kim Jong II reabriu em Yongbyon. Nem há provas no Iraque de uma única arma nuclear, ou de mísseis com a capacidade de alcance dos mísseis de Pyongyang, e muito menos armamento de alta tecnologia à venda para clientes suspeitos, como os mísseis Scud que a Coréia do Norte vendeu recentemente ao Iêmen.

No Iraque há petróleo. E, no momento, muitas pessoas concluíram que se os Estados Unidos tiverem acesso à segunda maior reserva de petróleo do mundo, dominarão o mercado de petróleo global, reduzindo assim o preço da energia e reanimando a economia americana, e ao mesmo tempo enfraquecendo a Opep e patrulhando a Arábia Saudita (um esconderijo da al-Qaeda).

Esses resultados podem ornamentar os planos da defesa civil. Mas a perspectiva de uma invasão do Iraque elevou os preços do petróleo e do gás e atrapalhou a recuperação econômica em todo lugar. Especialistas em energia que se reuniram em Washington em 12 de novembro previram que a guerra no Iraque poderá elevar o preço do petróleo cru a mais de US$ 80 o barrril (atualmente o barril custa US$ 33), e neste caso "a economia global seria destruída".

Há um vácuo cada vez maior entre a imagem e a realidade das promessas americanas, e talvez do próprio poder americano, e que fica evidente com a resposta de Washington ao desafio da Coréia do Norte. Não que haja algo errado em o presidente Bush recorrer à diplomacia, ainda que seja a diplomacia dos outros. O drama das negociações está cheio de surpresas — como quando a Coréia do Sul emergiu como advogada da Coréia do Norte (veja essa manchete do *Korea Times*: "Seul vai pedir aos EUA que garantam a sobrevivência da Coréia do Norte").

Unilateralistas se inquietam com essa violação da nova estratégia de segurança nacional, que despreza acordos internacionais, inclusive os tratados de não-proliferação que não conseguiram impedir que muitos países obtivessem armas de destruição em massa. No lugar deles, os Estados Unidos adotaram uma doutrina de "contraproliferação" que determina o direito dos EUA de desmantelar à força armas ofensivas. Teoricamente, é isto. Na prática, a "contraproliferação" está reservada ao Iraque.

O vácuo entre doutrina e realidade na política dos EUA começou com a campanha de retaliação no Afeganistão, planejada em resposta ao imenso apelo por uma ação militar contra a al-Qaeda e o Talibã que se seguiu ao 11 de Setembro. Foi concebida como uma blitz, e o Afeganistão se tornou um buraco sem fundo para os EUA, assim como fora para a União Soviética. Não conseguiram capturar Osama bin Laden nem destruir o Talibã, mas desestabilizaram o Paquistão, um celeiro para o islamismo radical.

O Paquistão, primeiro a vender material de fissão nuclear para a Coréia do Norte, é o único país no Grande Oriente Médio, além de Israel, que possui armas nucleares. Comparado à insignificante ameaça do Iraque à segurança regional, o potencial do Paquistão para causar problemas é assustador. Mas enquanto os Estados Unidos estão se movendo em direção ao Iraque, seus verdadeiros inimigos se entrincheiraram para uma longa batalha tanto no Afeganistão quanto no Paquistão.

Graças a sua inigualável força militar, os EUA permanecem sozinhos no mundo e, nas palavras da declaração de segurança nacional, "não hesitariam em atuar sozinhos para exercer o direito de autodefesa agindo preventivamente". Mas a doutrina de atacar primeiro não pode ser adotada por uma nação que desloca grupos de navios de combate para cada oceano, e que projeta sobre a face destruída do Iraque um sonho impossível, o de reordenar o Oriente Médio inteiro. Não pode ser adotada a não ser com ataques de um Predador não-tripulado contra terroristas que estão vagando, como acontece no Iêmen; e a Coréia do Norte sabe disso.

Ao contrário do que Donald Rumsfeld diz, os Estados Unidos não estão preparados para abrir uma segunda frente na Coréia, e Pyongyang sabe disso também; assim como sabem a China e um preocupado Japão. Washington está mais inclinado a se curvar à vontade de Seul de que as tropas americanas na Coréia do Sul voltem para casa.

"OS EUA", diz o documento da estratégia, "são agora menos ameaçados por Estados conquistadores do que... pelos fracassados." Isto é verdade, mas a equipe de Bush não entendeu completamente a importância da ameaça. A audácia de países hostis, como a Coréia do Norte, e de grupos terroristas cuja proliferação é mal avaliada nos Estados Unidos, pode ser verificada, em parte, devido à confusão estratégica que se tornou a marca registrada da guerra contra o terrorismo.

Robert Kagan estava apenas parcialmente certo em relação ao vácuo pós-Guerra Fria no qual os Estados Unidos caminham. A Rainha Vermelha se foi, é verdade, mas as abelhas guerreiras estão formando um enxame.

FORÇAS AMERICANAS PLANEJAM A GUERRA DE PALAVRAS

19 de fevereiro de 2003, *Los Angeles Times*

É hora de olhar de perto o plano do Departamento de Defesa para lidar com a imprensa durante a iminente invasão do Iraque. Chamado de "inserção", ele pretende posicionar repórteres e fotógrafos escolhidos dentro de unidades militares — não por uma semana, mas durante toda a guerra. "Inserir pela vida", é como o subsecretário-assistente de Defesa para Assuntos Públicos, Bryan Whitman, vê o programa — que parece ser visto de maneiras diferentes pelos militares e pela mídia.

Numa recente reunião de orientação com chefes do escritório em Washington, Whitman descreveu a "inserção" ideal como aquela que acompanha a unidade (por terra, ar ou mar) desde a partida até o deslocamento para o combate (sujeito a aprovação em campo), até a "marcha sobre qualquer capital onde tivermos que marchar" e até o "desfile da vitória". Isto poderia demorar "duas semanas, dois meses, dois anos". Se repórteres deixam uma unidade, não há qualquer garantia de que possam retornar ou mesmo entrar em outra unidade. Provavelmente serão postos em grupos de mídia móveis que se formam e se dissolvem de acordo com o que a ação exige. "Itinerantes" (repórteres que trabalham independentemente) não são incentivados.

Quase 300 repórteres já foram introduzidos no programa em meia dúzia de campos de treinamento ao longo da Costa Leste, e novas sessões de uma semana estão previstas. Os participantes aprendem política militar americana e capacidade armamentista, e habilidades para sobrevivência rudimentar, inclusive como agir no caso de uma exposição a armas químicas ou biológicas. O tenente-coronel Gary Keck, que formulou o programa de treinamento, afirma que o registro não garante uma "oportunidade de se inserir". E que os inseridos não são obrigados a fazer o curso, embora comandantes tenham assegurado que precisam.

Os campos de treinamento da mídia são aberturas para uma estratégia mais ampla na qual o Pentágono, pela primeira vez, integra ativamente repórteres e fotógrafos a sua máquina de guerra. O significado desta audaciosa decisão, cujos pratrocinadores são o secretário de Defesa Donald Rumsfeld, o general Tommy Franks e o chefe do Estado-Maior Conjunto, Richard Myers, torna-se claro quando é posto ao lado da política para a mídia que governou a Guerra do Golfo I.

Com o então secretário de Defesa Dick Cheney e o então chefe do Exército, general Colin Powell, a imprensa ficou confinada ao *Pool* de Mídia Nacional, e foi obrigada a submeter cada cópia, fotografia e filme a censores militares. A maioria das imagens na TV — geralmente bombardeios vindos do céu do deserto — era fornecida por tripulações militares. Comunicados de alto nível eram orquestrados pelos próprios Cheney e Powell, porque, como diria Cheney mais tarde a um entrevistador do Freedom Forum, "a função da informação era extraordinariamente importante. Eu não tinha muita confiança de que poderia deixar isso com a imprensa".

Como resultado, de acordo com Patrick J. Sloyan, que ganhou o Pulitzer por sua cobertura da Tempestade no Deserto para o *Newsday*, nem um único repórter produziu um testemunho do choque entre aliados e tropas iraquianas. E nenhuma imagem de cadáver foi mostrada na mídia americana. Quando a imprensa era levada à cena de uma batalha, os corpos de iraquianos já haviam sido retirados; e enterrados, numa ocasião, em covas gigantes feitas por tanques de combate Abraham, com manobras para nivelar o solo feitas pelo Armored Combat Earthmover.*

"A melhor cobertura de guerra que já houve", disse Cheney ao entrevistador do *Forum*. "O povo americano viu de perto com seus próprios olhos, através da mágica da televisão, o que as forças dos EUA foram capazes de fazer." Mas nos meses seguintes, escreve John R. MacArthur em *Second Front*, "foi difícil encontrar alguém [na mídia] que não tenha considerado a Tempestade no Deserto uma vitória devastadora e imoral da censura militar e uma derrota esmagadora da imprensa e da Primeira Emenda".

---

*Veículo militar de combate. (*N. do T.*)

No Afeganistão, a confiança nas unidades de operações especiais e no poder aéreo pesou a balança ainda mais para o lado do controle militar, até que todos os *pools* fossem desfeitos. Num exemplo, jornalistas que estavam numa base da Marinha foram trancados num depósito depois de as forças dos EUA serem atingidas por fogo "amigo" cem metros à frente. Mais tarde, oficiais encarregados de informes distribuíram um comunicado do Comando Central em Tampa.

Mas no Afeganistão o controle teve vazamentos. Oficiais de Assuntos Públicos (PAOs, na sigla em inglês), que não distinguiam um mulá de um bandido pashtu, não sabiam também como lidar com o fluxo de informações. Quando as Forças Especiais atacaram instalações do líder do Talibã, mulá Omar, deixando os repórteres fora da ação, a versão oficial da fracassada operação resultou em uma versão prejudicada na *New Yorker*, feita por Seymour Hersh. Situações como essa levaram o Pentágono a achar que talvez pudesse usar a mídia de maneira mais criativa. Em vez de tirá-la da batalha pela opinião pública, por que não aproveitar seus vastos recursos?

Quando Bryan Whitman apresenta o "agressivo plano de inserção" — com repórteres transmitindo "produtos" a partir do Pentágono, de capitais estrangeiras e "no teatro", via inserção, *pools* móveis, CPICs (Centros combinados de informação para a imprensa) e sub-CPICs — ele soa como um general concentrando suas tropas. Os PAOs rastreiam toda a mídia, diz ele: eletrônica e impressa, doméstica e internacional; calculando mercados e circulações; combinando canais de notícias vinte e quatro horas, noticiários noturnos e formatos de revista de notícias com divisões de entretenimento que também querem "fazer alguma inserção".

Alguém acha que o planejamento inclui o décimo terceiro episódio da série "realidade" da ABC sobre a qual Maureen Dowd escreveu em fevereiro, aquela que espera retratar "nossas tropas no exterior"? O que dizer do programa da VH1 chamado "Projeto Diários Militares", em que soldados vão estrelar seus próprios filmes de guerra? "Caminhada lunar na zona final", foi como o executivo da ABC News Dan Rather chamou essa coisa; e ele achou "ridículo" e "muito estranho", como disse a Dowd, que enquanto o lado da notícia estava pressionando o Pentágono para ter o mínimo de acesso à guerra, os militares haviam estendido o tapete para a ABC Entertainment.

Parece que a inserção ainda não havia sido estendida à mídia de notícias. Agora que já o foi, a pergunta é se jornalistas serão levados para mais perto dos fatos da guerra.

O objetivo do Pentágono é claro: a inserção foi criada para concentrar a atenção do público nas tropas. Como disseram comandantes em campo ao executivo-chefe da CNN Walter Isaacson, durante sua recente viagem ao Golfo, "os melhores representantes para conduzir as intenções e capacidades da América são os soldados e marinheiros no campo de batalha". Estão, é claro, em disputa acirrada, e não há dúvida de que estarão enquanto os EUA buscarem seus interesses no Oriente Médio por meios militares. Então não é difícil acompanhar o raciocínio do Pentágono.

Repórteres inseridos vão desenvolver relações, confiança e compreensão dos hábitos da unidade, o que deverá resultar em histórias de interesse humano. Os inseridos mais provavelmente vão destacar atos de heroísmo do que embaraçar suas unidades com histórias negativas, arriscando-se a perder acesso. Isto não é sugerir que eles não vão tentar ser objetivos; ou que seus supervisores não respeitam a "objetividade" jornalística.

"É função do repórter relatar objetivamente", insiste o tenente-coronel Keck. "Se tivemos algumas mortes, ele as reportou... Mas um inserido é mais sensível a coisas que não podem ser ditas", acrescenta Keck, lembrando um repórter de "uma guerra anterior" que decidiu citar um oficial "quando era a pior coisa a ser feita, o que prejudicou sua carreira".

A chefe de Whitman, Victoria Clarke, apresenta a resposta oficial: "Os princípios fundamentais sobre os quais diremos não, você não pode transmitir... [são] segurança operacional, sucesso da missão e segurança das pessoas envolvidas." Como Keck, ela observa que "alguém que está inserido numa unidade... faz uma completa avaliação daquilo".

Esses são os princípios que foram invocados para silenciar a imprensa durante a primeira Guerra do Golfo; e quase sempre são invocados em tempos de estresse entre interesses públicos e militares. Quando, por quem e como eles são aplicados é que faz a diferença.

Alguns repórteres foram postos em unidades avançadas durante a guerra, também, mas seus relatos e filmes freqüentemente demoravam tanto tempo para chegar ao hotel em Dhahran que ficavam datados demais para serem usados. O problema começou a ser chamado de "censura por atraso". A imprensa de hoje terá seus próprios equipamentos de transmissão, e isto marca um significativo distanciamento em relação ao sistema de *pool*. Mas com que freqüência pedirão aos repórteres para "desligar seus equipamentos eletrônicos", como dizem em vôos comerciais?

Quando essa pergunta foi feita por Cissy Baker, chefe do escritório da Tribune Broadcasting, na reunião do Pentágono, o contra-almirante Steve Pietropaoli descreveu as ocasiões e circunstâncias em que telefones por satélite e celulares seriam silenciados num porta-aviões. "Vocês gostariam de ficar ao vivo 24 horas por dia, sete dias por semana", disse ele, "e nós gostaríamos de ser capazes de controlar o tempo de vocês."

O otimismo cauteloso em relação às inserções que é atualmente manifestado pela mídia pode ser um engano. "Há uma espécie de estranha ingenuidade por parte dos jornalistas, especialmente numa situação de guerra, quando se aceitam explicações oficiais", diz Richard Rubenstein, professor de resolução de conflito na Universidade George Mason. "A impressão é de que estão jogando com a imprensa."

De fato, é uma aposta certa a de que os militares não estão simplesmente tentando consertar erros do passado. Eles vêem como oportunidades perdidas a publicação de seu sucesso na guerra anterior. Como o general Wesley Clark, analista militar da CNN, disse a Isaacson: "Cometemos um enorme erro ao tentar restringir a cobertura da imprensa na primeira Guerra do Golfo, devido a nossa mentalidade de Vietnã. Tivemos uma batalha com tanques da Primeira Divisão Armada que foi simplesmente incrível, talvez a maior batalha do tipo que já houve, mas nem uma única imagem foi mostrada ou documentada pela imprensa para a história."

É sábio reconhecer que a última coisa que o governo quer é deixar a imprensa livre para cobrir a guerra. No Vietnã, muitos jornalistas compreenderam isso; e fizeram pouco caso do "teatro das cinco horas" (os comunicados oficiais) e das escoltas militares, e descobriram por si próprios unidades às quais se integraram. Ou como David Halberstam, não um inimigo do exército, eles se ligaram a seus próprios oficiais, como Halberstam fez notoriamente com John Paul Vann. O acesso pode ter sido bom para jornalistas, mas para os militares significou pouco controle sobre as notícias que chegavam em casa. E as notícias eram ruins. Imagens de sacos de corpos e de crianças queimadas com napalm foram captadas em aparelhos de TV nos subúrbios, e com o tempo a opinião pública se voltou contra a guerra.

Nada assim deverá acontecer novamente, mas, só por garantia, o Pentágono insiste em que a mídia centralize o processo de seleção de modo que um único ponto de contato (POC) para cada organização — preferivelmente um chefe de redação — trabalhe com um POC do Pentágono. Isto, para evitar que "pessoas impeçam negociações", o que repórteres já tentaram fazer, reclama Clarke; e ele acrescenta: "As únicas negociações que serão feitas com os inseridos... serão as negociações feitas aqui."

CONVERSA FIADA DO SENHOR PERLE

20 de março de 2003

É difícil saber se Richard Perle simplesmente se perdeu no Late Edition da CNN ou se pensou em negócios quando chamou Seymour Hersh, escritor ganhador do Prêmio Pulitzer, de "a coisa mais próxima que um jornalista americano tem de um terrorista". O que quer que seja, neste momento carregado, com Washington envolvido numa guerra controversa, uma observação exaltada como essa pode significar problemas.

No Late Edition de 9 de março, ele esteve ao lado de Tom Andrews, líder do Win Without War, num debate em que se questionou se as inspeções, se tivessem tempo, poderiam levar ao desarmamento. Andrews, um ex-senador do Maine, tomou a frente e a manteve, para a evidente surpresa de Perle. Depois, o anfitrião da CNN Wolf Blitzer perguntou a Perle sua opinião sobre um artigo que Seymour Hersh escrevera sobre ele na *New Yorker*. "Não há dúvida de que Perle acredita que retirar Saddam do poder é a coisa certa a ser feita", disse ele, lendo o texto. "Ao mesmo tempo, ele criou uma empresa que pode ganhar com a guerra."

Foi como aquele momento da sessão de análise em que o psicanalista dá a sessão por terminada e acompanha o paciente até a porta, e este salta uma última frase. Perle começou a se defender, hesitou, interrompeu uma frase pelo meio e disse: "Olha, francamente, o senhor Hersh é a coisa mais próxima que um jornalista americano tem de um terrorista."

Blitzer se surpreendeu: "Por que o senhor diz isso? Um terrorista?"

Perle: "Porque ele é muito irresponsável. Se você lê esse artigo, é antes de tudo impossível encontrar qualquer tema consistente ali..."

Blitzer: "Mas eu não entendo. Por que o senhor o acusa de ser um terrorista?"

Perle: "Porque ele começa a causar danos e ele fará isso com qualquer insinuação, qualquer distorção que possa fazer — olha, ele não escreve algo sério desde Maylie [sic]."

Maylie, é claro, é My Lai, o massacre de civis vietnamitas de 1969, revelado por Seymour Hersh — embora ele tivesse tido primeiramente que montar seu próprio serviço de notícias para fazê-lo, porque a maioria dos jornais se recusava a publicar seu material. Mas Hersh também é respeitado por meia dúzia de livros sobre assuntos de segurança nacional.

No artigo da *New Yorker*, "Almoço com o Presidente", Perle é apresentado por sua habilidade como homem de negócios; especificamente, como um sócio-gerente da empresa de capital de risco Trireme. A Trireme, relata Hersh, foi registrada em novembro de 2001, em Delaware, para investir em empresas que lidam com tecnologias e serviços de interesse para a defesa e a segurança interna.

O artigo tem como foco um almoço que Perle e um sócio tiveram em Marselha para solicitar a dois proeminentes homens de negócios sauditas investimentos na Trireme. Destaca especialmente que Perle é abertamente um crítico do regime saudita, e que no ano passado trouxe ao Pentágono um analista da Rand que chocou o público ao chamar a Arábia Saudita de "a semente do mal, o primeiro a agir, o mais perigoso oponente [no Oriente Médio]".

Os dois investidores sauditas nem eram homens de negócios comuns. O mais proeminente, Adnan Khashoggi, certa vez intermediou uma compra de bilhões de dólares em armas e aviões para a Casa de Saud. Durante o governo Reagan, foi o intermediário entre Oliver North e os mulás iranianos no escândalo Irã-Contras. Segundo Hersh, Khashoggi comentou a respeito de Perle e seu sócio: "Vocês americanos se cegam com sua alta integridade e sua moralidade democrática contra más influências, mas eles eram más influências."

Os embaraços de Perle nada são ao lado dos lucros maciços a serem obtidos pela Halliburton, empresa que já foi do vice-presidente Dick Cheney, e por sua subsidiária KBR, enquanto novas ordens são dadas a instalações de petróleo e bases militares em Ásia Central, Kuwait e Iraque. Na verdade, no governo Bush, se um estrategista de defesa não é capaz de fazer dinheiro com as políticas que supervisiona, provavelmente se perdeu no caminho e logo vai embora.

Perle também é diretor da Hollinger International, que é dona do *Jerusalem Post* e sócia do *New York Sun*. Semana passada, o *Sun*, que apóia Ariel Sharon sem criticar, e que chama os manifestantes antiguerra de traidores, relatou que Perle planeja processar Seymour Hersh e a *New Yorker* — "na Grã-Bretanha, porque é mais fácil vencer em casos assim lá, onde a carga sobre o acusador é bem menor". A *New Yorker* e seus escritores são notoriamente bem defendidos, tanto por seus advogados como por profissionais da revista incumbidos de checar fatos.

O problema é a palavra "terrorista", sujeita a *lobby* de qualquer pessoa que faz sucesso atacando um governo notoriamente fraco. São os jornalistas comuns que podem ficar assustados com as acusações incendiárias como as que Perle fez a Hersh na CNN. Estamos numa guerra contra o terrorismo, certo? Se você é chamado de terrorista por escrever fora da linha, o que pode acontecer? Você vai para a prisão sem procedimentos legais? Ganha uma passagem sem volta para Guantánamo?

Enquanto isso, em Harvard, onde Hersh recebeu um prêmio de jornalismo sobre o 11 de Março, ele falou sobre a frustração de repórteres de Washington com o estilo agressivo da equipe de Bush: "É alarmante", disse. "Nunca vi meus colegas tão assustados como estão agora."

5

GUERRA CRESCENTE

Na TV, de início, tudo era armamento. Navios de guerra e submarinos americanos lançaram no Golfo Pérsico quarenta e dois mísseis de cruzeiro Tomahawk contra alvos selecionados onde a CIA determinara que Saddam Hussein estava se escondendo. Este foi o "ataque de decapitação". E no dia seguinte, lá estava ele, levemente desgrenhado, falando nas ruas de Mansour, em Bagdá, para uma coleção de seguidores. O presidente Bush repetiu seus objetivos: Destruir as armas de destruição em massa, Mudar o regime, Eliminar a fonte de ajuda e de armas para campos terroristas, Libertar o povo iraquiano da tirania, Tornar o Iraque um modelo de democracia no Oriente Médio. Só o segundo objetivo contava. Loren Thompson, do Instituto Lexington, disse sobre a ampla estratégia: "Realmente, é uma substituição da teoria de contenção dos anos da Guerra Fria, com uma estratégia global nova, mais ativista, e um novo adversário."[1] Thompson foi um dos incontáveis especialistas em segurança de centros de estudos de direita em Washington que concordaram com os ex-generais e ex-agentes de inteligência que inundaram a mídia com explicações sobre a guerra aos americanos.

Uma reportagem da Reuters captou a natureza desigual do conflito: "Veículos incendiados e corpos incinerados se espalhavam numa planície no centro do Iraque domingo, depois de forças americanas derrotarem milicianos iraquianos numa batalha ao sul da cidade sagrada de Najaf... 'Não sei por que eles simplesmente não se rendem'", disse o coronel Mark Hildenbrand. "'Quando você está jogando futebol em casa, 3-2 é um placar justo, mas aqui é mais 119-0', disse", acrescentando que "Você não pode pôr um SUV com uma metralhadora contra um tanque MI — é terrível para o SUV.'"[2] Mas pouco antes de começar, o humor mudou. Viajando sem escolta para Safwan, o repórter da ABC News Jon Donovan ouviu alguém chamá-lo de "Satã". "Por que vocês estão aqui neste país?", perguntaram a ele. "Estão tentando assumir o comando?... Os israelenses vêm em seguida? Vocês estão aqui para roubar nosso petróleo? Quando vocês vão embora?"

Um repórter perguntou ao secretário de Defesa Donald Rumsfeld se o "choque e pavor" poderia na verdade fazer os iraquianos se agacharem e resistirem como fizeram os japoneses e alemães na Segunda Guerra Mundial. Momentaneamente livrando-se da pergunta, Rumsfeld disse que o repórter deveria ter em mente que o regime iraquiano não era benigno (e portanto, presumivelmente, não era apoiado por seu povo). "Ele se esquivou, obviamente, se considerada a comparação com alemães e japoneses, mas o ponto era digno de consideração", disse Tom Englehardt. "Afinal, os russos em Stalingrado também não estavam lutando contra um regime benigno. A verdadeira pergunta é, o nacionalismo iraquiano vai ceder diante de tantos milhares de homens bem armados posicionados numa grande cidade?" Se vai, afirmou, "o objetivo final será o mesmo, mas bem mais terrível tanto para os iraquianos como para o governo Bush".[3]

Eric Margolis, do *Toronto Sun*, comparou a guerra à primeira grande resistência islâmica à ocupação colonial européia: a revolta de Mahdi e seu exército dervixe, que haviam tomado Cartum num ataque e matado Charles "Chinês" Gordon, o procônsul britânico no Sudão. O Império Britânico enviara um exército de "coalizão" de soldados brancos e unidades de egípcios para o Nilo, sob as ordens de lorde Kitchener, para esmagar Mahdi antes que seus apelos para se libertar do regime imperial infectassem toda a África. Apesar da bravura fanática da cavalaria dervixe, suas lanças e espadas foram inúteis diante da artilharia de campo da Grã-Bretanha e dos revólveres Maxim. Cem mil dervixes morreram e 16 mil ficaram feridos, enquanto as perdas britânicas foram de 41 mortos e 382 feridos. Daí os versos do poeta Hilaire Belloc: "O que quer que aconteça nós temos/ o revólver Maxim, e eles não."

Agora as forças imperiais anglo-americanas estavam correndo pelos vales do Tigre e do Eufrates para impor o fogo e a espada sobre Bagdá. "Se três divisões do Iraque na região sul não conseguirem de forma decisiva defender suas posições, isto mostrará uma derrota do moral militar pelo exército comum", disse Margolis, e "a estrada para Bagdá estará aberta." Margolis considerou impossível determinar se os iraquianos lutariam ou sucumbiriam a uma longa e intensa campanha de guerra psicológica dos EUA que estava sendo feita para abalar a lealdade dos soldados do regime e provocar um golpe ou deserções em massa. Se as forças iraquianas não resistissem com vigor, os EUA não seriam capazes de usar suas novas armas de alta tecnologia. O Pentágono lamentará, disse Margolis, mas sempre haverá o Irã ou a Síria, ambos identificados como próximos alvos prioritários pelos linhas-duras da administração Bush ligados ao Likud, partido da direita de Israel. Margolis concluiu que os dias de Saddam estavam contados.

> As forças imperiais poderão não ter mais problemas para alcançar Bagdá do que lorde Kitchener teve... Cartum. A guerra entre 286 milhões de americanos e 22 milhões de iraquianos, metade dos quais está numa revolta contra seu próprio governo, é uma guerra entre um mastodonte e um rato, com uma conclusão... Os EUA têm o revólver Maxim, e os iraquianos, não. E esta... é a força que conta.[4]

Mas com cinco dias de guerra, as previsões otimistas dos articuladores de guerras civis do Pentágono não estavam se confirmando. O resultado ainda não estava sendo posto em dúvida, mas chegar lá demoraria mais tempo e custaria mais. Se o clima ou a resistência iraquiana piorassem — como se a resistência fosse uma coisa passageira — três divisões americanas seriam deslocadas ao longo de 300 milhas, com a força de apoio, a 4ª Divisão de Infantaria do Exército, ainda no Texas. Nem Saddam nem seus assessores pareciam chocados ou apavorados e, em vez de se renderem, algumas unidades do Exército iraquiano estavam na verdade importunando linhas de suprimento americanas. Semanas depois, antes de as forças iraquianas se dissolverem, e de os EUA entrarem em Bagdá aparentemente sem oposição, as forças americanas pareciam surpresas até de que os iraquianos tivessem lutado.

Enquanto isso, atiçado por relatos de mortes significativas de americanos, o tom da cobertura na televisão, nos jornais e na Internet refletia uma súbita preocupação com a condução da guerra. Um míssil Patriot derrubara um avião britânico. Dois mísseis haviam atingido a Turquia. Outro havia explodido um ônibus na Síria. E mais um atingira o Irã.[5] A porta-voz-chefe do Pentágono, Victoria Clarke, recusou-se a divulgar o número de americanos mortos. A palavra atoleiro começou a aparecer em noticiários, e um jornal se referiu a "corpos ensangüentados de americanos". A imagem do temível poder de fogo americano foi substituída por imagens de vulnerabilidade. "Devido à maneira como está sendo lutada, esta guerra está tomando a forma de uma pequena guerra cruel que poderá ou não acabar rapidamente", disse Ed Offley, editor da revista online *Defense Watch Magazine*. "E esta é uma notícia diferente daquela que foi divulgada antes." Antes da primeira batalha, um correspondente da ABC inserido no meio de soldados no Kuwait descreveu como eles "afinaram suas armas como uma orquestra numa noite de abertura". Mas agora as imagens de *son et lumière* sobre Bagdá, dos tanques atravessando a

40 milhas por hora o sul do Iraque, dos soldados americanos rasgando cartazes de Saddam Hussein com a ajuda de aldeões, eram acompanhadas de uma notícia mais ambígua. A respeito dos tanques atravessando o deserto, um âncora da CNN disse: "Isto não é a guerra, isto está levando à guerra." Havia riscos inerentes à estratégia de deslocamento rápido da guerra do Pentágono, sendo o mais óbvio as longas linhas de suprimento, que haviam sido exploradas pelos soldados iraquianos que usavam "truques, emboscadas e outras táticas de guerrilha".[6]

De Casablanca ao Qatar, muitos árabes esperavam que as defesas do Iraque se rendessem quando enfrentassem o decisivo ataque americano, assim como haviam feito na Guerra do Golfo, em 1991. Então a resistência letal que as tropas americanas encontraram em Umm Qasr e Nasariya — onde eram esperados combates de seis horas e foram oito dias sofridos — deixou os cidadãos árabes impressionados. Para muitos, o duro combate havia abalado o mito pós-Guerra Fria da invencibilidade americana, que já fora abalado pelos ataques do 11 de Setembro. É claro que o mundo árabe viu uma guerra diferente daquela que foi vista pelos americanos, com jornais e estações de TV em Abu Dhabi, Líbano, Dubai e Qatar mostrando mortes de civis enquanto os inseridos dos EUA — "inseminados" ou "suarentos" para os jornalistas em As Saliyah, no Qatar — tinham como foco os soldados americanos. Mas ainda assim o grau da resistência iraquiana era claro.

"Se não houver uma rápida vitória americana, não sei o que acontecerá, mas estamos com sérios problemas", disse Mohammed al Sager, presidente da comissão de assuntos externos do parlamento do Kuwait, que havia isolado metade do país para uso das forças americanas e britânicas. A Liga Árabe já endurecera sua posição, condenando a "agressão" no Iraque, e exigira a imediata retirada das forças americanas e britânicas. A "resistência do povo iraquiano mudou o curso da guerra", disse o secretário-geral da Liga, Amr Moussa — cujo país, o

Egito, enviara um contingente maciço para lutar contra o Iraque em 1991, mas em 2003 meramente permitia às forças americanas usar seu espaço aéreo e o Canal de Suez.

Em 27 de março, o tenente-general William S. Wallace, principal comandante do Exército em terra no Iraque, disse ao *Washington Post* e ao *New York Times* que táticas inesperadas de combatentes iraquianos e linhas de suprimento ampliadas estavam tornando a campanha mais lenta. "O inimigo que estamos enfrentando é um pouco diferente daquele do jogo da guerra devido a essas forças paramilitares. Sabíamos que elas estavam aqui", disse Wallace, "mas não sabíamos como lutariam." Mudando de uniforme, misturando-se a civis, bem da maneira como forças militares normalmente lutam; as tropas americanas não estavam preparadas? Estavam em número suficiente? Havia quase 90 mil soldados americanos no Iraque, com cem mil a 120 mil a caminho. A 4ª Divisão seria deslocada no norte iraquiano, juntando-se a mil soldados de aerotransporte que haviam saltado de pára-quedas para assegurar o campo de pouso. Mas, com a recusa da Turquia em permitir que as forças americanas usassem sua base em Ircirlik, levaria mais de um mês para a divisão de tanques pesados se preparar no Kuwait. (Wolfowitz, que estivera em Ancara trocando armas, deve ter se espantado com a decisão. Mas os EUA não podiam pagar a governos do terceiro escalão no Conselho de Segurança para lutar.) Agora outras forças em direção à região, incluindo o 3º Regimento da Cavalaria Armada, com base em Fort Carson, Colorado, e a 1ª Divisão de Cavalaria, de Fort Hood, Texas, também estavam dependendo dos meses para deslocar seus pesados armamentos das bases para o combate.

Ao mesmo tempo, a 3ª Divisão estava alarmantemente com pouca água e correndo o risco de ficar sem comida, enquanto o caos aumentava com constantes tocaias do inimigo e o imenso tráfico de reservas pela fronteira kuwaitiana. Às vezes, disse um oficial, todo o sistema parece "apenas um punhado de sujeitos lá fora circulando".

Grande parte da força mortal do Exército estava em campo quando cem helicópteros de ataque Apache foram postos fora de serviço devido ao clima permanentemente ruim e devido a danos decorrentes de uma operação "malsucedida" antes do amanhecer em 26 de março. E as tropas terrestres não estavam em lugar algum perto de Bagdá — onde Rumsfeld previu que os xiitas receberiam bem as tropas americanas quando elas chegassem.[7]

A guerra não estava acontecendo como *The Air Campaign*, de John Warden, dissera que seria. A palavra de Warden era a última em doutrina de combate em guerra para a força aérea desde a Tempestade no Deserto, e uma bíblia para estrategistas de poltrona. Os EUA não haviam atravessado a primeira fase, de supressão das defesas aéreas do inimigo. Em 28 de março, o Pentágono disse que faltava à coalizão comando aéreo sobre a cidade natal de Saddam, Tikrit, ou sobre Bagdá. Todo o propósito da campanha aérea era a destruição máxima das forças terrestres iraquianas, dos tanques, das divisões e das companhias. Mas os iraquianos haviam aprendido com a Tempestade no Deserto, e com a guerra aérea na Iugoslávia, e os vitoriosos não haviam aprendido. Os analistas de batalha estavam ocupados calculando o tempo que levaria para que os aviões bombardeiros táticos e estratégicos eliminassem seis divisões da Guarda Republicana e a Guarda Especial Republicana, além do exército comum, quando a maioria dessas forças começava a se dissolver, ou já havia se dissolvido. A 51ª Divisão Iraquiana havia se rendido duas vezes, e rapidamente reaparecido para lutar, pelo menos mais três vezes — algo que podia ser observado no campo As Saliyah, o QG do Comando Central dos EUA no Qatar, e que nunca fora imaginado pelos inseridos.

O Pentágono começou a divulgar suas baixas: trinta e sete soldados e fuzileiros americanos haviam sido mortos e cerca de cem, feridos. Nenhuma baixa iraquiana fora relatada. Esta era uma lição aprendida no Vietnã, onde a "contagem de corpos" de inimigos que nada significava havia significado tudo. Mas os problemas no Iraque eram maiores e diferentes daqueles do Vietnã, onde os militares estavam no comando. No Iraque, a guerra estava nas mãos de não-militares: Rumsfeld, Paul Wolfowitz e Douglas Feith, para os quais os iraquianos eram o menor de seus problemas, ou assim pensavam eles. O plano inicial, ou o que eles estavam dispostos a divulgar sobre ele, era chegar a Bagdá o mais rapidamente possível, mudar o regime, levar ajuda humanitária e declarar vitória. Mesmo o chefe das inserções no Pentágono, Bryan Whitman, falou antes da guerra sobre levar os repórteres para casa para o desfile da vitória. Havia mais a fazer do que aquilo, é claro, no que diz respeito à permanência dos americanos, a petróleo, petrodólares e infra-estrutura, mas aquilo era suficiente para a mídia.

A partir dessa má interpretação fundamental, surgiram vários erros: a fascinação pelo "choque e pavor"; a indiferença em relação ao clima, que estava sempre bom; o inimigo estava sempre exposto; e os bombardeios de precisão sempre funcionavam. Mas Rumsfeld tinha a seu lado o general Tommy Franks, chefe do Comando Central no Oriente Médio, juntamente com o general Richard Myers, chefe do Estado-Maior Conjunto. A maioria de seus críticos militares era de generais reformados, como Anthony Zinni, ex-chefe do Comando Central no Oriente Médio, ou o chefe do Estado-Maior do Exército, general Eric K. Shinseki, cujo testemunho no Congresso de que "várias centenas de milhares" de soldados seriam necessários no Iraque foi refutado por Wolfowitz publicamente como "exagerado". Havia Colin Powell no Departamento de Estado, e a Doutrina Powell vinda da primeira Guerra do Golfo, com sua ênfase em preparação adequada, força superior e apoio multilateral. Mas com críticas como aquela, era preciso cuidar dos negócios; até o fim de março, quando uma mudança silenciosa se abateu sobre o comando, e altos oficiais no Iraque disseram acreditar que seria preciso reiniciar a guerra. Antes de lançar um grande ataque à Guarda Republicana iraquiana, eles planejaram proteger as linhas de suprimento e estabelecer um poder de combate.

O escritório de Rumsfeld já não teria permissão para se intrometer no processo de deslocamento, vetando a prioridade e o seqüenciamento de forças unidas na região, dessincronizando o prazo para a chegada de pessoas e equipamentos. Rumsfeld, disse o general reformado Barry R. McCaffrey, "debruçou-se sobre cada elemento durante semanas, queria uma explicação para cada unidade convocada da Guarda Nacional e da Reserva e discutiu sobre cada destacamento de manutenção de 42 homens. Por que um homem de negócios iria querer lidar com o microgerenciamento da força?"[8] Uma boa pergunta. Como resultado da interferência de Rumsfeld — e não do mau tempo ou da surpreendente resistência iraquiana — os prazos para a duração da guerra agora se esticavam até o verão.

Uma guerra que dura meses, preocuparam-se alguns estrategistas, seria um incentivo a problemas em outros lugares. Se o Pentágono deslocasse para o Iraque todos os soldados que pretendia enviar (o que fez), aproximadamente metade das forças de combate tanto do Exército quanto da Marinha estariam lá. A Coréia do Norte, por sua vez, estaria livre para desenvolver seu programa nuclear sem atrasos — que foi o que enxergou o coronel do Exército reformado Andrew Bacevich, agora professor de relações internacionais na Universidade de Boston. Os EUA não poderiam lutar em duas guerras ao mesmo tempo, disse ele, apesar de o Pentágono garantir o contrário. Mas acontece que a Coréia do Norte não estava interessada num confronto com os Estados Unidos, e estava querendo desesperadamente petróleo e comida em troca de uma interrupção de suas experiências nucleares em Yongbyon.

Quando as nuvens se dissiparam, foi como se nada disso tivesse acontecido; ou como se os oficiais tivessem de fato reiniciado a guerra. "Demais para o plano de guerra defeituoso de Donald Rumsfeld", disse o *Wall Street Journal* em editorial em 5 de abril. Em pouco mais de duas semanas, as forças americanas estavam se deslocando impunemente para Bagdá e a "coalizão", disse a publicação, controlava o resto do Iraque. Ahmed Chalabi e uma força de mil homens do Congresso Nacional Iraquiano estavam seguindo de avião no fim de semana para se juntar aos soldados. "Em parte, isto se trata de dar às tropas de coalizão mais conhecimento local e capacidade de expressão", sustentou o editorial, inacreditavelmente; mas em grande parte isto enviaria "um sinal sobre as intenções dos EUA" *vis-à-vis* com a administração da ONU para o país. É difícil imaginar que a supervisão da ONU ainda estivesse sendo considerada. Mais provavelmente, o *Journal* estava realizando uma operação de limpeza. Washington ainda não tinha a Grã-Bretanha alinhada, não na política interna. Foi dito que os britânicos apresentaram a Colin Powell suas idéias para o Iraque pós-guerra, que incluíam um papel importante para a ONU. Blair queria acalmar as relações com a "Velha Europa", o que incluía "envolvimento contínuo da ONU na produção de petróleo iraquiano..." disse o *Journal*, e Bush "deveria estar preparado para lhe dizer não".

O que estava acontecendo? O programa de petróleo por comida estava sendo administrado por Kofi Annan por meio de um acordo de quarenta e cinco dias que expirou em 12 de maio. Mas os franceses e os russos queriam mantê-lo indefinidamente. O *Journal* considerou que era "um jogo tão transparente quanto cínico", porque empresas francesas e russas que participavam do programa — companhias de petróleo principalmente — se beneficiariam. Nada foi dito sobre as sanções — nada jamais foi dito sobre as sanções — ou sobre os dez anos da campanha de bombardeios anglo-americanos no Iraque que, com certeza, teria impedido que elas se beneficiassem.

Se Paris e Moscou recorreram aos EUA para dar legalidade contínua ao programa, continuou o *Journal*, poderiam usar seu veto na ONU para chantagear Washington e um novo governo iraquiano para que "honrassem os sujos contratos e empréstimos de petróleo que fizeram com o regime de Saddam Hussein". Esta era uma "batalha retórica que os EUA podiam vencer", disse o *Journal*, apresentando as questões: o petróleo pertence ao povo iraquiano, e o que os iraquianos devem aos credores que ajudaram um "regime ilegítimo" a oprimi-los? E (mais perto dos fatos) a continuação do programa de petróleo por comida daria à França e à Rússia uma tremenda influência no Iraque pós-Saddam.

Mas o verdadeiro motivo pelo qual o programa de petróleo por comida tinha que terminar, e pelo qual os EUA tiveram que encerrá-lo, não foi explicado. Tinha a ver com reservas de moeda, com a guerra disfarçada entre o dólar e o euro pela hegemonia global e com o fato de que em novembro de 2000 os franceses haviam convencido Saddam Hussein a desafiar os Estados Unidos vendendo petróleo iraquiano em euros. Isto foi feito quando o euro valia 83 centavos de dólar, portanto representando para Saddam uma perda a curto prazo. Mas o Iraque logo escapou como um bandido quando o valor do dólar começou a cair. Os euros estavam depositados numa conta especial da ONU no principal banco francês, Paribas. A Rádio Liberdade, do Departamento de Estado, divulgou uma curta nota sobre isso, mas a história foi rapidamente silenciada.

E a Rússia? Por que a Rússia era um vilão? Porque era o principal consumidor do petróleo iraquiano e estava envolvida em projetos de exploração de petróleo antes da guerra. A Rússia era a grande potência parceira do Iraque. No caso da guerra do euro, é interessante notar que numa reunião russa, em meados de outubro de 2003, com o chanceler alemão, Gerhard Schroeder, o presidente Vladimir Putin sugeriu que as vendas de petróleo russo poderiam ser redenominadas de dólares para euros. "Não descartamos essa possibilidade. Seria interessante para nossos parceiros europeus", disse Putin numa entrevista coletiva conjunta após dois dias de conversas.

Catherine Belton, do *Moscow Times*, explicou as implicações deste propósito. "Uma mudança da Rússia, segundo maior exportador de petróleo do mundo, para negociar petróleo em euros", disse ela, "poderia provocar uma reação em cadeia entre outros produtores de petróleo que atualmente cogitam uma mudança e impulsionaria a crescente participação do euro nas reservas de moeda globais." Tal mudança seria "um enorme *boom* para a economia da zona do euro e potencialmente uma catástrofe para os Estados Unidos. O comércio global de petróleo baseado no dólar dá agora aos Estados Unidos carta branca para imprimir dólares sem causar inflação — para cobrir enormes despesas com guerras, desenvolvimento militar e gastos de consumidores, bem como com cortes de impostos e enormes déficits a serem cobertos".[9] Mas a Rússia não fez a mudança.

Para o *Wall Street Journal*, a urgência de um governo iraquiano provisório agora era óbvia. A publicação lembrou a conferência em fevereiro de 2003 no norte do Iraque, antes da guerra, que selecionou um "conselho de liderança" composto, entre outros, por Chalabi, os líderes curdos Jalal Talabini e Masoud Barzani e o xiita Abdel Aziz al-Hakim — os quatro líderes do Conselho Governante de hoje. Este grupo deveria ser escolhido, no lugar dos "elementos mais gentis e brandos do brutal *status quo*" promovidos pelos britânicos, pelo Conselho de Segurança da ONU e, em menor grau, pelo Departamento de Estado dos EUA. "A política deveria estar nas mãos dos mais dedicados a um resultado de sucesso."[10] A *política* — defender o petrodólar do ataque do euro — estava tão perto quanto o *Journal* esteve de identificar um motivo subliminar para a invasão.

O uso de jornalistas inseridos que recebiam uma cadeira na frente na guerra havia transformado quase todos eles em armas de informação. Todos eles estavam em guerra; a eles era mostrado tudo o que os militares queriam que vissem e, intencionalmente ou não, eles espalharam a mensagem na qual o Pentágono queria que a mídia mundial, bem como o regime iraquiano, acreditassem. "Itinerantes", ou jornalistas que atuavam independentemente, obviamente não eram bem-vindos, e de fato houve várias mortes e pelo menos um incidente do chamado fogo amigo entre eles. A Operação Iraque Livre estava acontecendo.

O AFI Research Intelligence Briefing, que era conduzido por Richard Bennett, comparou a "extraordinária incursão armada aos subúrbios no sudoeste de [Bagdá] feitas pela 3ª Divisão de Infantaria", em 5 de abril, às "operações que a cavalaria da União tornou famosas durante a Guerra Civil dos EUA, quando sua mistura especial de reconhecimento, destruição e intimidação psicológica desempenhou um importante papel para minar a confederação rebelde". Mas aparentemente não houve qualquer tentativa séria de defender a cidade. Poucos dias depois, Bennett concluiu que muitas das unidades sobreviventes da Guarda Republicana e da Guarda Especial Republicana haviam recuado para os arredores ao norte de Bagdá, deixando para trás alguns porta-vozes e milícias para atrasar as "forças aliadas" com significativa resistência. Entendeu-se que a CIA e as Forças Especiais negociaram a deserção da maior parte da 4ª Subdivisão, de acordo com Bennett, e essas tropas poderiam formar o núcleo de um novo Exército Nacional. Mal sabia ele que o futuro administrador dos EUA no Iraque, Paul Bremer III, dispensaria todo o exército, sem pagá-lo, tornando-o assim todo aproveitável pela resistência. De qualquer modo, as forças iraquianas remanescentes com certeza não representaram qualquer ameaça militar a longo prazo, concluiu Bennett, mas os EUA queriam derrotá-las. E ele previu uma "espetacular demonstração de poder aéreo" para preparar o campo de batalha para operações terrestres com o objetivo de "levar ao fim pelo menos as fases convencionais dessa guerra".[11]

Os jornais estavam cheios desse tipo de reportagem. Meses depois, bem depois de a oposição à presença americana assumir a característica de uma campanha de guerrilha, a guerra ainda seria chamada de "vitória". Apesar do aparente rápido sucesso das forças americanas no Iraque, "o dólar dos EUA ainda precisa tirar proveito como moeda segura", disse o ex-senador estadual republicano Tim Ferguson em seu *website* em 19 de janeiro de 2004. "Este é um acontecimento inesperado, uma vez que muitos negociadores de moeda esperavam que o dólar se fortalecesse com as notícias de uma vitória dos EUA. O capital está fluindo para fora do dólar, amplamente em direção ao euro."

Houve falhas no cenário de vitória, como a pilhagem do Museu Nacional em Bagdá, que perdeu seus objetos de valor inestimável. "A identidade de um país, seu valor e sua civilização residem em sua história", disse o arqueólogo iraquiano Raid Abdul Ridhar Muhammad. "Se a civilização de um país é saqueada, como a nossa tem sido aqui, sua história acaba... [Isto] não é uma libertação; isto é uma humilhação." Muitos iraquianos acompanharam horrorizados quando os saques — que começaram com ataques a museus, bibliotecas, palácios e chácaras de Saddam Hussein e de seus assessores mais próximos — se ampliaram e se tornaram uma onda que atingiu todas as instituições do governo, "até mesmo ministérios que lidavam com assuntos como ensino superior, comércio e agricultura, e hospitais".[12] As tropas americanas intervieram esporadicamente ou não o fizeram. Rumsfeld sustentou que se tratava de um assunto iraquiano, uma maneira de se vingarem de Saddam; mas olhando para trás, parece que algo mais estava envolvido. Se os EUA estavam planejando tomar o Iraque — e estavam (em cinco meses, em 19 de setembro, a Autoridade Provisória da Coalizão formalmente abriria o país a negócios estrangeiros) — que melhor maneira haveria de limpar a fachada do que ficar de fora enquanto as instituições nacionais eram desmanteladas.

Enquanto isso, os redutos de resistência continuaram, e a Casa Branca voltou seu braço de propaganda, o Escritório de Comunicações Globais, para o trabalho de atacar e reduzir esses redutos. Combatentes iraquianos em batalhas de guerrilha urbana que continuaram sendo travadas contra forças americanas seriam chamados de "terroristas", "esquadrões da morte" ou "matadores". O termo "fedayin", usado para descrever milícias iraquianas leais ao presidente Saddam Hussein, foi abolido por ter "implicações quase heróicas" em árabe, que comprometeriam os esforços de propaganda. Logo Rumsfeld e Bremer vieram com "*dead-enders*" e "*bitter-enders*";* e mais tarde, com a resistência crescendo acentuadamente, eles começaram cada vez mais a chamar os combatentes de "estrangeiros", ou membros da al-Qaeda.

Como quer que sejam chamados, eles estão aumentando; não mais redutos de resistência, mas células organizadas a partir do Exército iraquiano anterior à guerra. Esta teoria foi apresentada por um oficial americano algumas semanas depois, e fazia sentido, embora motivos para odiar as forças ocupantes surgissem a cada dia. As células — se é isto o que eram — foram logo inseridas numa subcultura de oposição, um mar em que as guerrilhas podiam nadar. "Ele atingiu Saddam... e não o povo iraquiano", disse um líder tribal de Mosul, depois de ouvir um coronel americano ler uma lei de censura para trinta líderes religiosos, tribais e comunitários.[13] E no sul, milhares de xiitas marcharam num bairro pobre de Basra agitando uma bandeira verde e uma faixa em que se lia, "Queremos um homem honesto". Isto foi tudo. Os xiitas viviam numa área onde a tribo Saadoun tinha poder quase absoluto durante o regime de Saddam. "Nenhum Muzahim, nenhum Saadoun", gritaram.[14] E agora eles sofriam uma ocupação britânica. De novo.

"É como se ganhássemos o Super Bowl e tivéssemos que continuar jogando", disse o sargento Richard Edwards, do Brooklyn; o que era uma maneira americana de ver aquilo.[15] Mas a matança era maior quando era mais próxima e constante. E os soldados da infantaria da Marinha ocupando a metade leste de Bagdá tentavam mostrar isso. Era outra lição do Vietnã, de que soldados podem voltar para casa mais intactos se falarem uns com os outros sobre o que aconteceu, e então pelotões faziam sessões informais de terapia em grupo —

---

*Os termos se referem a pessoas que tentariam levar o Iraque a um beco sem saída e a um fim amargo. (*N. do T.*)

"questionamentos sobre incidentes críticos" na linguagem militar — nas quais compartilhavam seus sentimentos em relação, por exemplo, à "pancada no olho", quando soldados punham no olho de um homem a ponta de um rifle supondo que nenhum homem vivo poderia evitar esmagar sua cara em resposta a tal provocação.

"Essa coisa de reagir ao toque — isto não é piada", disse o segundo-tenente Isaac Moore, cujo pelotão acabara de enfrentar uma série crescente de tiroteios com militantes pró-regime armados com rifles e granadas lançadas por foguetes. O tenente começou relatando sua experiência como caçador criado em Wasila, Alasca; e falou sobre como matou seu primeiro alce aos sete anos de idade, e como foi eletrizante ver o animal cair, até que chegou perto e viu que ainda estava vivo, e se contorcia de dor, e como ficou em dúvida se deveria se sentir bem ou mal. Ao longo dos anos caçando alces e ursos, ele cresceu acostumado à "pancada no olho" e à morte. "Aquele sentimento de enjôo — eu não tenho", disse, descrevendo como não hesitou quando olhou do alto de uma escada em Bagdá e viu três iraquianos. Os iraquianos haviam sido feridos por uma explosão de tiros de metralhadora, mas ainda se mexiam. O tenente atirou na cabeça de um homem e assistiu aos resultados; o homem seguinte estava se debatendo, e atirou nele também. "Não é alguém com quem você precisa se preocupar se matar", disse ele. "Quando você estiver diante da porta do céu, não será olhado de modo diferente pelo que fez aqui."

Mas um dos homens estava preocupado de que pelo resto de sua vida fosse perseguido pela imagem de um iraquiano de rosto barbeado, de vinte e poucos anos, com uma camisa branca, caído ferido numa rua e tentando alcançar o rifle — momento em que o oficial James Lis disparou dois tiros contra sua cabeça. "Cada vez que fecho meus olhos, vejo o cérebro daquele sujeito pular para fora de sua cabeça", disse ele a seus colegas de pelotão, enquanto eles permaneciam sentados nas ruínas da cafeteria dos funcionários do Ministério de Petróleo iraquiano. O primeiro tiro foi dado pelo sargento Timothy

Wolkow; o homem começou a se mexer de novo, e desta vez os dois fuzileiros navais atiraram em sua cabeça. Então o soldado Lis fez o ritual pancada no olho. "Foi o maior enjôo que já senti na minha vida", disse ele. Mas o sargento Wolkow teve uma reação diferente. "Por mais que eu ame o Corpo de Fuzileiros Navais e queira matar pessoas, por um segundo houve uma espécie de sentimento assustador... mas passou", disse ele, "e eu dei mais alguns tiros no sujeito."[16]

Outro soldado teve mais sorte, e tomara o palácio de Saddam, um complexo de cinco casas com vista para o Tigre, cada casa maior que a outra. Uma bomba guiada por satélite destruiu uma parte do complexo, mas a maior parte foi mantida intacta para futuro uso da Autoridade Provisória da Coalizão, embora ninguém soubesse disso ainda. A grama fora há pouco tempo aparada, as flores se abriam. Uma casa tinha uma ampla sala de estar com sofás e cadeiras de veludo azul, uma escadaria de mármore e um mural de Saddam e sua família do tamanho de dois andares. Outra casa tinha um consultório dentário, um de oculista, um salão de beleza com três cadeiras e capas de revista com Britney Spears coladas no espelho. Os fuzileiros encontraram patinetes infantis na garagem, e depois de descarregar suas armas e munição, brincaram com eles alegremente.[17]

Poucos dias depois foi declarado o fim da guerra. Os EUA haviam vencido. A mídia americana estava jubilosa — bandeiras tremulantes, soldados gritando "*yahoo*", enquanto ridicularizavam a campanha antiguerra, criticando a Alemanha, a França e outros que haviam se oposto. A mídia considerou aquela a mais eficiente campanha militar da história, a mais humanitária, com o menor número de mortes de civis e de danos à "infra-estrutura". Mas os fatos se seguiriam. A partir de 1991, o Iraque fora transformado pelas sanções. Nada podia entrar ou sair do país sem aprovação da comissão liderada pelos EUA que supervisionava o regime de sanções. As brigadas mecanizadas do Iraque, suas peças de artilharia, foguetes e pesados rifles já precisavam de conserto. Imagine suas condições em 2003. Em 20 de março o Iraque não tinha qualquer armamento pesado de valor; não só nenhuma arma de destruição em massa — a última das quais fora destruída em 1998, como bem sabiam os Estados Unidos — como também dificilmente armas convencionais — exceto centenas de milhares de kalashnikovs, granadas de propulsão e explosivos artesanais.

Enquanto os Estados Unidos haviam levado seu poder militar a alturas inacreditáveis, o Exército do Iraque havia caído de um milhão de homens registrados para quase 300 mil. O desenvolvimento praticamente havia paralisado, e o setor de telecomunicações se esfarelara. Não é surpresa que a doença e a subnutrição tenham se espalhado e que a Organização Mundial de Saúde tenha divulgado dados mostrando o retorno da cólera e do tifo. Água misturada a esgoto era algo comum devido à falta de peças para consertar as danificadas estações de tratamento de água. A ONU relatou que mais de 500 mil crianças morreram de doenças devido a **carências agudas no sistema de saúde**, dado que foi reconhecido pela **ex-secretária de Estado Madeleine Albright** como importante para **mostrar a necessidade de derrubar Saddam Hussein**.

O Iraque, agora um país de Terceiro Mundo, com uma dívida de cerca de US$ 383 bilhões, afundou na pobreza, no sofrimento e no atraso.[18] E quando as empresas americanas chegaram mais tarde, em 2003, para fazer consertos, ficaram chocadas com a debilidade que descobriram em hospitais, escolas, sistemas de esgoto e redes de telefone. "Em quase todos os casos", disse um diretor de projetos, "as tarefas eram cumpridas com dificuldades que ninguém imaginava." Randy Harl, diretor-executivo da Kellogg Brown & Root, disse que a KBR atuava em quarenta a cinqüenta países, "e cada projeto de reconstrução apresenta certo desafios... mas o Iraque é único porque você enfrenta todos os desafios ao mesmo tempo. Todos eles". George A. Laudato, vice-presidente da Abt Associates, que tem um contrato para consertar o sistema de saúde, descobriu que alguns hospitais no sul do Iraque estavam "ruins como nunca vi nem na África Subsaariana. Poças de sangue no chão... agulhas reaproveitadas"; uma clínica para vítimas de ataques cardíacos não tinha qualquer equipamento para fazer qualquer coisa por eles, "nem uma intravenosa". Surpreendentemente, as sanções não foram mencionadas. Talvez não tenham sido consideradas. Laudato disse que a paciência dos iraquianos com o envolvimento americano estava acabando. "Está quase no fim. Eles nos disseram: 'Estamos felizes por vocês estarem aqui. Precisamos de sua ajuda. Mas esperamos que vocês possam agir rapidamente e depois ir embora.'"[19]

O Exército iraquiano, que já fora a vanguarda do Oriente Médio, estava reduzido ao esqueleto de um homem faminto e desolado. A única força equipada e treinada para sustentar um conflito militar era a Guarda Republicana, cujo sistema era antiquado. Por que os EUA chamam essa guerra de vitoriosa? Mesmo um *safqa*, "um acordo feito rapidamente e em segredo", que foi como a mídia árabe chamou o repentino colapso do regime iraquiano, não explica por que os EUA foram tão longe para transformar o acontecimento em algo que não era. Quem foi enganado pela chegada do presidente Bush em seu falso uniforme de piloto de avião ao deque do porta-aviões Abraham Lincoln em 1º de maio — quando tiveram que mudar o navio de posição para que não pudesse ser vista a costa de San Diego? A maioria dos americanos que assistiram à cena na televisão. Mas por algum tempo.

ENTREVISTA COLETIVA NA CASA BRANCA

14 de abril de 2003

P: É possível declarar vitória nessa guerra sem dar conta nem de Saddam Hussein nem das principais figuras de seu regime?

Sr. Fleischer: Quero me referir à especulação sobre vitória, e sobre se o presidente vai declarar vitória, que vitória pareceria, que critérios ele está procurando; porque a resposta do ponto de vista do presidente é que é muito cedo para discutir isso. Continuamos no meio de um conflito. Sim, de fato o regime acabou, como disse esta manhã o general Franks. Mas, sim, de fato, os combates continuam. Se o comando central e os elementos de controle caíram, continua a haver redutos de seguidores [de Saddam] que continuam a lutar e que representam perigo para nossas forças armadas.

Portanto, do ponto de vista do presidente, este é um assunto sobre o qual ele ainda não especulou. Ele continua a trabalhar, no meio de uma guerra, para assegurar que venceremos a guerra.

P: Desculpe. Então ele não tem pensado sobre o que constituiria uma vitória?

Sr. Fleischer: O presidente ainda não está pronto para especular publicamente sobre o que ele diria sobre isso e quando ele falaria sobre isso.

P: Esta não é a pergunta. O senhor está modificando a pergunta. A pergunta é, o que é preciso acontecer para a vitória ser alcançada?

Sr. Fleischer: Exatamente o que eu disse ao senhor esta manhã. O presidente sempre disse que a missão é o desarmamento do Iraque e a libertação do povo iraquiano.

P: E, portanto, é controlar as armas de destruição em massa, e até que isto aconteça...

Sr. Fleischer: O presidente sempre disse que esta é a missão. Eu não posso esclarecer mais sobre quando o presidente dirá que a missão está cumprida.

P: Mas o senhor acabou de explicar que é o desarmamento do Iraque. Desarmamento quer dizer armas de destruição em massa, certo?

Sr. Fleischer: O presidente sempre disse que esta é a missão, mas não vou definir para você o que o presidente mais tarde vai definir como vitória.

Comentário: "O secretário de imprensa de Bush, Ari Fleischer, apenas relatou que depois de enviar muitos soldados americanos para a morte, matando milhares de soldados, recrutas e civis iraquianos, gastando US$ 75 milhões tomados emprestados de impostos, dividindo a Otan, a ONU e o mundo inteiro, Bush não havia calculado como dizer se vencemos a guerra...."

The Angry Liberal, BuzzFlash.com

Dallas, Texas
11 de outubro de 2003

... Você deveria fazer um dia uma viagem a Midland. Uma simples visita lá explicaria muito sobre GWB [George W. Bush]. É uma cidade totalmente criada com dinheiro de petróleo, e agora que os campos estão secando, abandonada cada vez mais pelas pessoas. Mas Bush cresceu num ambiente onde o petróleo era o único negócio. Todos a que ele se associou durante seus anos de formação estavam ligados ao petróleo, e todos, incluindo os pastores da igreja, acreditavam que o petróleo era a resposta para tudo na vida. É toda uma cultura. A maior parte do centro da cidade agora está vazia. Não há muito trânsito lá, e todo ano há menos e menos pessoas ricas e de posição na cidade. Ela também está incrivelmente isolada, longe da cidade mais próxima, longe de qualquer tipo de mudança na geografia ou na topografia. GWB tem sido citado como a pessoa menos curiosa intelectualmente que já se tornou presidente. Se isto é verdade, então o que o move são valores que ele adquiriu com as pessoas a seu redor durante seus anos de formação, e elas eram basicamente de Midland, Texas. Andover, Yale e talvez a Escola de Economia de Harvard (que não parece ter ajudado muito nos negócios que ele teve) foram apenas lugares que ele visitou, e em todas as férias ele voltava a Midland.

Midland é bem solitária lá no Texas. Existe Odessa. Midland é... onde os advogados e os bancos estavam, e também o *country club*. Odessa é a cidade onde moravam os rudes, os operários de campos de petróleo, e eles são, em geral, os maiores filhos da puta desse estado. Acho que as pessoas de Odessa agora estão tão pobres que não conseguem partir. Uma das maiores rivalidades no futebol americano do estado, e o futebol americano ainda reina aqui (escrevo isto num momento em que é perigoso dirigir nas ruas de Dallas devido à partida de amanhã entre Texas e Oklahoma em Cotton Bowl), era a dos jogos entre escolas de ensino médio de Midland e Odessa. Não era futebol americano. Era luta de classes. E talvez ainda seja.

Uma das histórias bizarras da época em que Bush era governador aqui era a de que quando ele deixou de ser governador e concorreu à presidência, teve seus documentos reunidos [e] ... enviados para a biblioteca presidencial de seu pai, onde eles foram guardados a tempo com as mesmas medidas confidenciais com que são guardados os documentos do presidente, o que significa vinte e cinco anos em segredo, a não ser que esse período seja ampliado pelo próprio presidente ou por um membro de sua família que vivia no tempo em que ele era presidente — algo assim. Um dos jornais, o liberal *Austin Statesmen*, acho, requisitou informações sobre os documentos do governo de George W. Bush com base na lei estadual de liberdade de informação, teve o pedido negado pela biblioteca presidencial e acabou tendo que abrir um processo para ter acesso aos papéis, alegando que eram documentos do estado, e não federais. Um tribunal — e não sei se a decisão foi confrontada e levada ao nível de apelação — decidiu que os documentos não pertenciam a George e estes tiveram que ser enviados de volta aos arquivos do estado. Minha opinião é de que Bush não compreendeu este ponto relativamente simples da lei governamental, e na verdade o combateu.

Anthony (Hume)

Dallas, Texas
14 de outubro de 2003

... Na verdade, eu não acho que ainda haja algo lá.
O problema foi que ele não os entregou, como haviam feito todos os outros governadores, aos arquivos do estado, para que estes os guardassem para a posteridade. Ele não viu necessidade de fazer isso. Não compreendeu seus deveres como governador, nem que o que ele fez em seu trabalho não era privado, mas sim público e sujeito a exame...

Anthony (Hume)

6
RETORNO AO VIETNÃ

Fico imaginando por que continuo voltando ao Vietnã, ao início da guerra. Como se o Vietnã fosse uma guerra de verdade e esta não fosse. "Certamente os americanos e britânicos jogaram muitas bombas, dispararam muitos tiros e mataram muitos iraquianos", disse ontem um repórter *online*; "mas não houve sequer um único choque com as forças iraquianas que possa remotamente ser descrito como uma batalha. Comparada com as grandes guerras do passado, a campanha inteira foi pouco mais do que uma briga prolongada. A Grande Batalha por vir sempre foi aquela na esquina — em Basra, Bagdá ou Tikrit — que nunca aconteceu".[1] Isto foi em 10 de abril, cedo demais para dizer "foi". Mas o companheiro tem seu ponto de vista.

O Vietnã foi a única guerra com dois lados da qual os EUA participaram desde a Coréia — ou quatro lados: EUA, Vietnã do Norte, o regime de Saigon e a Frente para Libertação Nacional (FLN). Na maioria, as outras foram ou ataques preventivos (antes de eles se tornarem uma doutrina de segurança) a inimigos quase sem defesa — como o novo regime marxista na minúscula Granada (1983) e a "Vamos ser rápidos" Noriega no Panamá (1989). (Noriega escapou e mais tarde se entregou, portanto o Panamá, na Operação Causa Justa, não conta realmente.) Ou os conflitos foram essencialmente operações de bater e correr realizadas do posto favorito dos EUA, o céu, contra inimigos sem poder aéreo ou sem capacidade significativa de defesa aérea — como na primeira Guerra do Golfo (1991-1992), na Bósnia (1995), no Kosovo (1999) e no Afeganistão (2001-). Quando os soldados americanos descem à terra para lutar corpo a corpo, com inimigos tão sem armas que parecem refugiados de outro século — a Somália vem à mente (1993) — eles invariavelmente são enviados apenas para se retirarem numa nuvem de ambigüidade que, de uma forma ou de outra, marcou cada envolvimento militar dos EUA desde o Vietnã.

Mesmo os jogos de guerra dos EUA são feitos de tal maneira que os bons sujeitos vencem. Marilyn Young, historiadora especializada em Vietnã, conta a história do Desafio Milênio '02, o maior jogo de guerra que já houve. Durante os dois anos em que foi realizado, custou US$ 250 milhões e envolveu 13.500 participantes num exercício de três dias preparado para testar os conceitos de estratégia do secretário de Defesa Donald Rumsfeld. No jogo, que aconteceu no verão de 2002, o general Paul Van Riper (quase um *Dr. Fantástico*) comandando as forças de "um Estado do Oriente Médio não identificado", conseguiu afundar a maior parte da frota naval dos EUA com o uso de táticas não convencionais — quando o jogo foi interrompido, a frota voltou a atuar e Van Riper se demitiu. "Em vez de um jogo-livre, foi um jogo de dois lados", disse ele ao *Army Times*, "e se tornou um exercício com roteiro. Eles tinham um fim predeterminado..."[2] O jogo foi reiniciado e o inimigo não identificado do Oriente Médio perdeu a guerra pontualmente.[3]

Então eu volto àquela outra guerra, que, no fim das contas, é a *minha* guerra, como dizem os idosos. A ocasião agora é um interessante documento que recebi que me levou a um tempo e um lugar em que minha própria história se sobrepõe à "História do Mundo", que é como Hannah Arendt e seu marido, Heinrich Bleucher, costumavam chamar os eventos realmente significativos que empurraram o mundo em direções inesperadas. Guerras fazem isso, mas não todas as guerras. O Vietnã fez, e as conseqüências ainda estão se apresentando. (O 11 de Setembro ainda está fazendo isso.)

O documento diante de mim é o diário não-publicado de uma viagem a Hanói, escrito por uma organizadora da comunidade, de 24 anos, de Cleveland, chamada Carol McEldowny, que viajou para o Vietnã do Norte em outubro de 1967 com outros nove americanos. Ela morreu num acidente de carro cruzando o país numa viagem em 1973. Velhos amigos resgataram o manuscrito que está para ser publicado pela Imprensa da Universidade de Massachusetts. O grupo de Carol incluía dois líderes do movimento antiguerra, Tom Hayden e Rennie Davis; e também Norm Fruchter, que ajudou a criar a cooperativa de filmes radicais Newsreel; Ron Young, da Comissão de Serviços Amigos Americanos; vários jornalistas e ativistas negros: Bob Allen, Stoney Cookes, John Wilson; e Jock Brown, um pastor episcopal da Clergy and Laity Concerned. A outra mulher, Vivian Rothstein, estava — como Carol, Norm e Tom — ligada à Estudantes por uma Sociedade Democrata (SDS).

Todos eles haviam acabado de participar de uma conferência sobre paz em Bratislava, Tchecoslováquia, com outros cerca de 20 jovens americanos que se reuniram com delegações do Vietnã do Norte e do Vietcongue. Um encontro como esse, face a face com o outro lado, nunca acontecera antes; e a reunião foi uma estréia para o Vietcongue — mais propriamente a NLF — que havia acabado de formar o Governo Revolucionário Provisório do Vietnã do Sul. Nenhum dos americanos representou ninguém além de ele próprio, e seu grupo era diversificado. Incluía a mim, editora da *Viet-Report*; Sol Stern, jornalista da *Ramparts*; Carol King, ativista negra de Detroit; Andy Kopkind, escritor da *New York Review of Books*; e o editor de um jornal alternativo na Universidade de Boston, Ray Mungo, que usava uma imensa mochila nas sessões — que eram acompanhadas com traduções semi-simultâneas e *headphones*, como uma mini-ONU. Nós fomos recrutados por Dave Dellinger, do *Liberation*, e Nick Egleson, na época presidente da SDS.

Este é o elenco de uma história curiosa que ao que me consta não foi contada, ou não com alguma profundidade. Um dia encontrarei meu caminho de volta a ele, mas Bratislava tinha pouco a ver com o diário de Carol McEldowny além do fato de apresentá-la a seus futuros anfitriões. Intitulado "Viagem a Hanói", o manuscrito tem 275 páginas e é um relato detalhado e convincente sobre viver sob uma campanha de bombardeios americana — como foi dito a "amigos" americanos sem qualquer grande sofisticação militar ou diplomática. Carol, por exemplo, questionara-se profundamente sobre suas qualificações para fazer o que era uma viagem ambicionada igualmente por pessoas de movimentos, jornalistas e escritores; um tipo de recompensa por trabalho duro, no caso dos políticos. Uma aventura para todos — embora nunca a mesma aventura, como sugeriram as memórias altamente pessoais publicadas no ano seguinte por Mary McCarthy (*Hanói*) e Susan Sontag (*Viagem a Hanói*).

Inserir alguém atrás de linhas inimigas nos anos 1960 é algo que podia ter efeitos inesperados, como aconteceu com Mary, que descobriu uma América ideal perdida neste "país pioneiro, onde rios têm que ser atravessados", e onde as minorias étnicas a fizeram lembrar-se dos índios americanos. Banheiros para duas pessoas, com um veículo anfíbio militar ruminando do lado de fora, trouxeram de volta "fragmentos enterrados" de suas origens ocidentais. McCarthy chegou com "a confiança do americano que se acha justo, capaz de ver os dois lados, desinteressado, objetivo etc. quando comparado às pessoas ingênuas que vai visitar". Mas essas qualidades, descobre ela, são os "restos de uma velha América, desligada pelo oceano das disputas da Europa, sem qualquer interesse colonial se comparada às Grandes Potências, um permanente observador de fora e, portanto, adequado para julgar ou prestar testemunho..."[4] Em nenhuma circunstância os EUA que na época feriam a face do Vietnã; e logo ela vê seu argumento de ser "uma parte desinteressada começando... a encolher"; e mais, vê que seus "poderes de desligamento e de romancista para observar eram não apenas inapropriados como também uma espécie de álibi".[5]

Susan Sontag imagina como os habitantes do Norte que encontra "parecem tão singularmente e diretamente envolvidos com a virtude da coragem e com o ideal de uma vida nobre e corajosa", quando "vivemos numa época marcada pela descrença no esforço heróico".[6] Foi como se os vietnamitas em combate que esses escritores encontraram estivessem realizando um sonho *americano*, há muito tempo perdido; suas virtudes são recuperadas, como de fato foram, e entregues de volta ao leitor americano como lições para auto-aperfeiçoamento. Observando seus anfitriões, Sontag reflete: "*Não é* simples ser capaz de amar calmamente, de confiar sem dúvidas, de ter esperança sem se achar ridículo, de agir corajosamente para cumprir tarefas árduas com recursos ilimitados de energia." Na sociedade americana, analisa ela, "poucas pessoas são capazes de imaginar, ainda que levemente, todos esses objetivos alcançáveis — ainda que apenas em suas vidas particulares".[7] Mesmo em *O outro lado* (1965), um livro com uma agenda política direta, o historiador Staughton Lynd e o ativista Tom Hayden evocam outro ideal mítico do passado americano: "Quando dizemos que nossa maior lealdade não é aos EUA, mas ao ser humano", escrevem eles, "nós nos referimos a uma parte perdida da tradição americana."[8] Essas afirmações refletem o grau do estranhamento que tomou conta de intelectuais americanos naqueles anos, não apenas no caso da intervenção no Vietnã, mas em toda a cultura. E elas estão cheias de saudade, como uma criança em relação a um pai que morreu.

"Alguém que não é escritor, não é orador e não é ativista de movimento pacifista deveria ir?", imaginou Carol em Praga, onde seu grupo havia se reunido para planejar a viagem. E durante a visita de duas semanas ela perguntou a si própria se estava pronta para deixar a organização da cidade para trabalhar com um movimento que estava se expandindo mas que carecia de "uma perspectiva política e não levava à construção de bases organizadas permanentes". Ela estava "animada", mas não queria "perder a cabeça e entrar num esquema pacifista tolo". Também não queria ser varrida pela intriga de uma organização subversiva que realizava explosões não letais em prédios do governo (geralmente no banheiro das mulheres), e que estava relacionada à escalada de Nixon na Indochina e ao aprisionamento de negros radicais. Mas Carol mostrou ser uma repórter perspicaz, dedicando-se à alegação de Hanói de que a desenfreada destruição de escolas, igrejas, hospitais e mercados era deliberada, com os mesmos cuidados nos argumentos e na observação que tinha o correspondente do *New York Times* Harrison Salisbury, que visitou o Vietnã do Norte no fim de dezembro de 1966.

Carol observou que funcionários vietnamitas da Comissão de Crimes de Guerra (que foi levada mais a sério em Hanói do que na sede do Tribunal de Crimes de Guerra Bertrand Russell, em Paris) argumentavam que os ataques eram deliberados por três motivos:

1. Os EUA têm muitos planos de reconhecimento e sabem o que estão atacando. (Não muito convincente, uma vez que os vietnamitas também tendem a reduzir a confiabilidade do reconhecimento dos EUA e sabemos que isto não é muito preciso...)
2. Aviões americanos voam baixo o suficiente para cumprir seu objetivo. (Este é razoável, embora, levando em consideração a eficiência de unidades de rifles de autodefesa, parecesse que mais aviões voando baixo seriam atingidos.)
3. Certos alvos têm sido atingidos repetidamente. (Este, para mim, é o argumento mais convincente. Sem considerar as explicações que os EUA dão para esses alvos, eles têm sido atingidos mais e mais, e sistematicamente em algumas áreas.)

A capital distrital de Thanh Hoa, por exemplo, fora quase pulverizada depois de bombardeios repetidos, como eu mesma vi durante uma visita com uma equipe de investigação do Tribunal de Crimes de Guerra Bertrand Russell. O mesmo é válido para a cidade têxtil de Nam Dinh, levando Harrison Salisbury a imaginar (a propósito de "uma cidade tão obscura que teríamos que procurar no mapa de um país cujo nome a maioria de nós não conseguiria pronunciar"): "Que significado concreto pode ser extraído dessa destruição? A que propósito militar isto está servindo?"[9]

O relato de Carol McEldowny é uma enumeração de mortes de civis e destruição de alvos civis que, na maioria dos casos, estavam longe de estradas, pontes, fábricas e depósitos de petróleo listados entre os alvos oficiais do Pentágono. Também é uma introdução ao que poderia ter sido chamado de sociedade civil se todos os setores da sociedade vietnamita não tivessem sido mobilizados para a autodefesa, a ajuda mútua e a produção avançada. E a autoconfiança, devo acrescentar a partir da minha observação de uma casa de conserto de máquinas transferida para dentro de uma montanha em Hong Gai, que possuía sua própria comissão administrativa, grupo cultural, equipe de primeiros socorros e milícia armada de rifles, formada de trabalhadores. A milícia atirou em aviões da Sétima Frota que voavam baixo e os derrubou ocasionalmente, mas raramente. Bombardeiros americanos eram mais vulneráveis a milícias de adolescentes armados de rifles no interior quando os aviões desciam para tentar destruir a mesma ponte atingida dia após dia — varrendo moradores de vilarejos próximos como feno num ciclone.

Efeito colateral, é como isso seria chamado agora. Mas tendo estudado manuais da força aérea antes de partir para o Norte em janeiro de 1967, eu sabia que o raciocínio militar para tal destruição ia muito além disso.* O objetivo era criar pânico e o caos em popula-

---

*"Um alvo militar é qualquer pessoa, coisa, idéia, entidade ou localização selecionada para destruição, inação ou para ser tornada sem uso com armas que reduzirão ou destruirão a vontade do inimigo de resistir." Manual da Força Aérea dos EUA, Fundamentos de Sistemas de Armas Aeroespaciais, 1967.

ções civis, plantando sementes de desconfiança para os objetivos de guerra do governo. A idéia era de que um regime totalitarista não poderia sobreviver à pressão da descentralização, de modo que quando se forçavam sedes administrativas, fábricas, escolas e hospitais a quebrar e se deslocar para o interior, tornava-se mais fácil derrubar o governo central. Como os americanos erraram ao avaliar seus opositores! A descentralização serviu apenas para ativar a histórica capacidade de luta dessa antiga sociedade agrícola. Como muitos homens em idade militar estavam envolvidos no Sul, camponesas cujos dentes eram pintados de preto, o que é uma tradição, dirigiam comissões administrativas locais, enquanto adolescentes dos dois sexos operavam baterias antiaéreas móveis. Funcionários de Hanói se curvavam educadamente a líderes rurais. "Eu tenho dito a vocês que precisamos de qualquer maneira vencer esta guerra porque estamos lutando pelas coisas mais elementares", disse o primeiro-ministro Pham Van Dong à equipe do Russell. E nós acreditamos nele, porque tínhamos visto a mesma firme determinação nos olhos de quase todos que havíamos encontrado, inclusive muitos dos feridos — embora, é claro, em mim eles viram uma americana, a única americana de meu grupo.

Numa guerra de povos, o bombardeio de alvos civis também tinha a intenção de interromper os recursos humanos em esforços de resgate e reclamação que poderiam, de outra maneira, ser usados em operações ofensivas — deslocar homens e material, por exemplo, para o caminho de Ho Chi Minh, em apoio a operações do Vietcongue no Sul. "Eles são inteligentes. Sabem que as pessoas são o recurso para todo *matériel*", disse Pham Van Dong; e ele acrescentou, referindo-se à introdução pelo Pentágono de aviões B-52 tanto no Norte quanto no Sul: "Bombardeios maciços não são destinados a matar guerrilheiros."[10]

Mas foi a análise de Hanói sobre os objetivos americanos no Sul da Ásia, como foi apresentada ao grupo de McEldowny pelo coronel

Ha Van Lau, que atraiu minha atenção hoje. Ouvi falar de algo parecido, e da mesma fonte, porque vi muito do simpático coronel Lau durante o mês em que viajei com uma equipe de investigação do Tribunal de Crimes de Guerra. Mas a análise não tinha o mesmo significado que tem para mim agora. Eu teria considerado o amplo objetivo atribuído à intervenção americana no Vietnã uma hipérbole política, com a qual eu concordei mas sem entender completamente.

"A natureza do imperialismo dos EUA", tema do discurso, foi algo que eu de início associei às repúblicas das bananas contra as quais meu pai argumentava nos anos 1950, quando ele conversava com seus amigos de negócios em coquetéis. Um traço do antiimperialismo de fim do século XIX, o antiimperialismo de Mark Twain, persistia em nossa casa; junto com um pouco do socialismo que emanava do irmão mais novo de minha mãe, tio Jack, que se tornou trotskista na juventude. Alguns estudos me ensinaram a ver o imperialismo nos termos marxistas clássicos, se não como o último estágio do capitalismo, então como o mais avançado. Mas não me fixei em como a ligação entre a acumulação de capital e a expansão foi forjada na bigorna do anticomunismo. E não acho que entendi o amplo objetivo imperial que os EUA perseguiam até então.

Em Nova York, no fim dos anos 1960, eu era uma estudante do "novo imperialismo", com especial interesse nas maneiras como Washington usava a ajuda externa e o desenvolvimento econômico no Terceiro Mundo para quebrar a resistência de culturas indígenas à modernização, ou para subornar uma insurgência que estivesse brotando. Eu estava intrigada com os anos iniciais e liberais da Guerra do Vietnã, os anos Kennedy, quando todo o problema começou. Não sou alguém que acredita que, se Kennedy tivesse vivido, teria nos tirado de lá. Lembro-me dos discursos favoráveis à guerra: "Que cada nação saiba, quer ela deseje nosso bem ou nosso mal, que vamos pagar qualquer preço, suportar qualquer fardo, enfrentar qualquer dificuldade, apoiar qualquer amigo e nos opor a qualquer inimigo para assegurar a sobrevivência e o sucesso da liberdade", o que soa com um fervor marcial semelhante ao do presidente Bush. Mais eloqüente, é verdade, e pronunciado por um presidente que declarou em seu discurso de posse: "Se uma sociedade livre não pode ajudar as muitas que são pobres, não pode salvar as poucas que são ricas." Mas isso era apesar de tudo uma visão global com a qual Paul Wolfowitz podia viver muito bem.

John F. Kennedy foi, na verdade, o primeiro presidente a bater na dura estrutura de *détente** da Guerra Fria, e não Ronald Reagan ou George W. Bush. Descarregando a doutrina militar de Destruição Mútua Assegurada (MAD), baseada na paridade nuclear, e substituindo um programa provocativo de "resposta militar graduada" cujo ponto inicial era combater guerrilheiros na Indochina, Kennedy pode ter estabelecido o estágio de guerra permanente que enfrentamos hoje, se não fosse pela derrota americana no Vietnã. Eisenhower, é claro, introduziu a ação secreta como um caminho para lidar com o problema da retaliação maciça em golpes que os EUA realizaram na Guatemala e no Irã. E Eisenhower pôs a Baía dos Porcos em movimento.

A Indochina era a nova fronteira de Kennedy na Ásia, cujo encanto, é claro, não era novo; por trás da obsessão com o Vietnã está o vasto fantasma encoberto da China, um peixe solto, nadando livremente no mar da Guerra Fria. A China era a Moby Dick da América, disse Mao ao jornalista americano Edgar Snow no final de 1964. No Vietnã, Mao viu a América como o capitão Ahab lutando para atingir por trás da máscara o leviatã que o insultava — o que não era muito diferente do que o secretário de Estado Dean Rusk viu na escalada da missão dos EUA. Ninguém naquele governo, ou no seguinte, enten-

---

*Termo que se refere à redução da tensão entre dois países, aplicado inicialmente para EUA e União Soviética; em francês, "relaxamento". (*N. do T.*)

deu que o Vietnã, com tanta ajuda de seus aliados em disputa quanto podia obter, estava lutando pela independência nacional, e havia lutado contra um invasor poderoso após outro durante um milênio. Como testemunho da incrível ignorância de Washington temos o *post mortem* de Robert McNamara, *Em retrospecto: a tragédia e as lições do Vietnã*. Mas não foi só a história do Vietnã ou da Indochina que o governo americano não percebeu, foi a história em si: a forma como o peso e as indicações de acontecimentos passados se prolongam no presente e no futuro, particularmente os acontecimentos que se dão longe de casa.

Na Indochina, enquanto isso — primeiramente no Laos e depois no Vietnã do Sul — Kennedy agiu para que o poder americano se livrasse da sensação de morte instalada sob a proteção nuclear de Eisenhower. Queria testar o entusiasmo dos EUA com um novo tipo de guerra, com novos armamentos e uma doutrina militar mais flexível, capaz de inserir as forças americanas em campos de batalha distantes. Se isso soa familiar, deveria. Eis Bush fazendo campanha em 2 de dezembro de 1999: "Nossas forças no próximo século precisam ser ágeis, letais, prontamente deslocáveis, e exigindo um mínimo de apoio logístico. Precisamos ser capazes de projetar nosso poder sobre longas distâncias, em dias ou semanas, em vez de meses. Em terra, nossas forças pesadas precisam ser mais leves. Nossas forças leves precisam ser mais letais..." Letal é a palavra operacional em 2003; e no Afeganistão e no Iraque, a assinatura da visão de Rumsfeld tem sido o esquadrão de combate do Pentágono, as equipes de caça ao inimigo, a inteligência unificada, as comunicações e as armas de precisão, numa mistura ainda não planejada na época de McNamara.

Em sua dissertação *Por que a Inglaterra dormiu*, em Harvard, Kennedy se valeu da visão de mundo que dominou a política externa de seu governo. Com seu foco na necessidade de "choques" para acordar a democracia adormecida para os perigos à espreita lá fora, antecipou um ensaio popular nos círculos neoconservadores: *Enquanto *os EUA dormem: auto-ilusão, fraqueza militar e a ameaça à paz hoje* (2000), de Donald e Frederick Kagan, respectivamente pai e irmão de Robert ("Poder e fraqueza") Kagan. "Os EUA estão em perigo", escrevem os Kagan, dando o tom da preparação para o combate. "Se nossos líderes não mudarem sua política de segurança nacional, a paz e a segurança que seu poder e sua influência têm assegurado desde a Guerra Fria vão desaparecer." E em todo lugar: "A ausência de 'competidores amigos globais' não torna o mundo mais seguro no futuro previsível — apenas o torna incerto e difícil de entender."[11] Os dois livros descendem de *Enquanto a Inglaterra dormia*, de Winston Churchill, que indicou as sombrias implicações do fracasso da Grã-Bretanha ao desempenhar o papel de pacificadora nos anos 1920 e 1930, e explorou a predileção de democracias pelo isolacionismo e a estabilidade — traços americanos antiquados que Mary McCarthy celebra em *Hanói*.

Em sua primeira grande declaração sobre defesa, o presidente Kennedy ressaltou a advertência para uma nova política externa que acabasse de maneira justa com a paranóia, do tipo que é acompanhada de uma postura militar agressiva e do aumento de gastos militares. "A segurança do mundo livre pode ser ameaçada não apenas por um ataque nuclear, mas também por sermos lentamente corroídos na periferia, sem levar em conta nosso poder estratégico", disse ele, "por forças de subversão, infiltração, intimidação, agressão indireta e não observável, revolução interna... ou uma série de guerras limitadas." Eu já citei isso, mas merece uma repetição.

Por volta de 1966-67, o conflito no Vietnã havia atingido um nível completamente diferente daquele que os homens de Kennedy haviam promovido no início dos anos 1960. Ainda "limitada", a guerra havia deixado as precipitadas promessas de contra-revolução e pacificação para trás, e agora parecia mais uma guerra terrestre convencional nojenta no Sul; consumindo mais e mais soldados e armas, causando um número cada vez maior de mortes de americanos e inimigos e apoiando, em Saigon, um regime afundado em lama após o outro.

Em Hanói, no início de janeiro de 1967, referindo-se a articuladores militares dos EUA, Pham Van Dong disse a Harrison Salisbury: "A situação é muito ruim. Pior do que nunca. E agora eles estão enfrentando um impasse. O que são obrigados a fazer? Aumentar sua força no Vietnã do Sul? Quanto? Onde vão lutar? E como obter vitórias?" Quando Salisbury indicou os recursos aparentemente inesgotáveis da América, Pham Van Dong (para quem, McCarthy pensava, "bombas eram uma intrusão de baixo grau na cena política que ele concebera, como os antigos, como um amplo proscênio")[12] respondera observando que a escalada não era uma estratégia. Os EUA haviam escalado uma, duas, três, quatro vezes. Por que a vitória deveria vir depois de uma quinta escalada?

Os dois haviam discutido a guerra aérea no Norte, o que o primeiro-ministro caracterizou como uma derrota para os americanos, tanto no sentido da propaganda — a opinião mundial se voltara contra os bombardeios — como no sentido militar: os contínuos bombardeios não haviam afetado materialmente a situação no Sul. Há muito a dizer sobre isso agora que sabemos alguma coisa sobre as delicadas relações que existiam entre Hanói e a Frente de Libertação Nacional. Poderíamos começar com as mudanças irreversíveis realizadas pela Ofensiva Tet, em 1968 ("World-History" novamente), não apenas nos EUA, com a saída do presidente Johnson da política e a súbita queda do apoio popular a novas escaladas. Mas dentro do Vietnã, onde os ataques inesperados a postos avançados dos exércitos dos EUA e dos vietnamitas do sul, inclusive rebeliões de guerrilheiros em Saigon, corromperam profundamente o regime do Sul e chocaram o Pentágono. Isto também marcou uma mudança da guarda no Sul; e a Ofensiva Tet foi o último grito de vitória dos vietcongues, que sofreram muitas mortes, das quais nunca se recuperaram completamente. Daí em diante, a liderança estratégica passou para as PLAF (Forças Armadas para Libertação do Povo), e Hanói enviou mais soldados e suprimentos, incluindo unidades antiaéreas e de tanques, para a densa rede de ferrovias que serpenteavam o Laos, o Camboja e as montanhas centrais do Vietnã do Sul.

Daí em diante, também, o governo dos EUA começou a planejar seu tortuoso recuo no Vietnã com um passo para a frente e dois para trás. Assim, em 1972 — o ano em que um ataque de diplomacia inteligente da parte de Henry Kissinger pôs ele e Nixon face a face com Mao Tsé-tung e Chou En-lay em Pequim, e as negociações para a paz no Vietnã entraram no terceiro ano em Paris — Nixon pôs aviões B-52 no centro de Hanói (o "bombardeio de Natal") principalmente para acalmar os nervos do presidente Thieu em Saigon. Era bem sabido que tais ataques não tinham efeito algum sobre os termos das negociações da NLF. Em vez disso, os ataques maciços marcaram o início de um agora padrão familiar em que a maior superpotência recorria ao impacto destrutivo absoluto de seu armamento para cobrir as falhas de sua doutrina estratégica e a pobreza de seus esforços diplomáticos. Se Johnson, McNamara, Rusk, o general Westmoreland e os outros haviam aprendido alguma coisa, era o que os comandantes americanos do teatro coreano já haviam dito a eles, que era não lutar em terra numa guerra na Ásia. Depois do Vietnã, isso foi atualizado para evitar guerras terrestres, e ponto.

Pham Van Dong, enquanto isso, lembrou a Salisbury que aquela era uma guerra de povos, e guerras de povos eram necessariamente longas. "Quantos anos você diria?", perguntou Dong, sorrindo — "Dez, vinte — o que você acha de vinte?" Salisbury, que, como muitos visitantes, esperava levar para casa provas de uma suavização dos termos de Hanói para uma reconciliação — cuja premissa central era a de que os EUA reconheceriam a soberania e a independência vietnamita, como seria estabelecido nos Acordos de Genebra — respondeu enfraquecido que achava que aquele "seria um bom ano para pôr fim à guerra". Mas o primeiro-ministro falou sobre como a geração mais nova já estava se preparando. "Nossa história é a de uma nação muito orgulhosa", lembrou a seu convidado, referindo-se às invasões dos mongóis, três vezes derrotados, assim como dos chineses. "Agora, quantas vezes o Pentágono quer lutar?", perguntou. "Portanto, por quantos anos a guerra continuará depende de você. Não de mim."

As reflexões de Salisbury sobre essa conversa são dignas de observação, principalmente quando se considera que isso aconteceu oito anos antes de Saigon cair — mais rapidamente do que Hanói esperava, por ter compreendido bem a tirania que o fator credibilidade exercia sobre as mudanças políticas em Washington. Quando foi dado o impulso, em abril de 1975, no terraço da embaixada dos EUA e nos deques de seus navios de guerra, ninguém ficou mais surpreso do que os soldados que avançavam do Norte ao descobrirem que a resistência caíra abruptamente. Ao mesmo tempo, eram sete anos e mais 20 mil soldados americanos mortos depois de Lyndon Johnson e Robert McNamara jogarem a toalha (em 1968) e passarem as operações de limpeza e cobertura para o governo Nixon.

"Valeu o esforço?", pergunta Evan Thomas, editor da *Newsweek*, numa recente análise sobre a defesa de Henry Kissinger, *Pondo fim à guerra do Vietnã*:

> Por que o governo Nixon não se retirou do Vietnã imediatamente, poupando os EUA, sem falar os povos do Vietnã, do Camboja e do Laos, de mais agonias de guerra?
>
> Kissinger argumenta, persuasivamente na minha opinião, que simplesmente sair do Vietnã era uma opção fraca. O "efeito dominó" era real. Não o efeito dominó previsto em 1950 — a queda de todo o Sudeste da Ásia nas mãos dos comunistas — mas em vez disso, escreve Kissinger, o incentivo dado pela retirada dos EUA do Vietnã à aventura de soviéticos e cubanos na África, à invasão soviética do Afeganistão e à agressão de radicais islâmicos no Oriente Médio.
>
> Kissinger tentou, com hesitante sucesso, principalmente depois de Watergate, preservar a credibilidade americana.[13]

Salisbury, enquanto isso, estava certo de que Pham Van Dong havia exagerado a força do Vietnã do Norte. Não achou que o equilíbrio no Sul era tão forte quanto o que Hanói mantinha, e sabia que as conseqüências econômicas dos bombardeios no Norte eram mais sérias do que o primeiro-ministro reconhecia. "Mas, acima de tudo, eu não acreditava que ele exagerara gravemente a situação. Era uma espécie de raciocínio fragmentado", ele pensou, e "até então, baseado nos resultados atuais, o equilíbrio entre este país pequeno, atrasado e subdesenvolvido e a principal potência militar do mundo havia sido notavelmente regular."[14]

No fim, a pílula amarga que Washington teve que engolir foi a de que os EUA haviam se esforçado demais no Vietnã, e não seu inimigo "pequeno e atrasado". E nem os esforços de Kissinger haviam impedido os efeitos de outro fator dominó que Evan Thomas levanta: o efeito em ondas de *face perdida, controle perdido*. Kissinger, a propósito, já estava ocupado em 1975 estabelecendo um oleoduto iraquiano para Israel, e lançando assim o Projeto Haifa, pelo qual os EUA garantiriam para Israel recursos de petróleo e suprimento de energia em tempos de crise.[15] "O petróleo é uma mercadoria importante demais para ser deixado nas mãos dos árabes", disse ele. Quanto à derrota no Vietnã, estando profundamente identificado com a superioridade militar americana — como estão Kissinger e Thomas, assim como muitos americanos — este acontecimento foi uma afronta terrível. A perda do Vietnã foi uma crise de ordem diferente daquela do 11 de Setembro, não apenas porque, os EUA investiram tantos anos, tanto sangue, riqueza e *credibilidade internacional* para impedi-la, mas porque, em cada bifurcação da estrada, Washington optou pela escalada, freqüentemente aumentando o número de mortes de inimigos mas no fim caindo inteiramente sobre as ruínas de seus objetivos. O que nos leva à discussão de Ha Van Lau sobre a natureza do imperialismo americano.

O grupo de Carol McEldowney havia preparado algumas perguntas para o encontro com Lau, do qual também participaram dois ministros do Gabinete: o chefe da Corte Suprema, Pham Van Bach, e o ministro da Saúde, Pham Ngoc Thach. Este trio, todo ele originalmente do sul da Zona Desmilitarizada, e interessantemente representativo, liderava a Comissão para Crimes de Guerra, e ocasionalmente foi observado *en plein air* por visitantes como Mary McCarthy, que os encontrou em 1968 do lado de fora do Thong Nhat Hotel com a bela filha vietnamita-francesa do ministro da Saúde. Eu me deparei com o diminuto Pham Van Bach no início de 1967, sentado sozinho no café dos diplomatas em Hanói, com um casaco Mao *navy* azul e calças largas, lendo um jornal sobre uma xícara de chá. O salão estava cheio de apreciadores de chá que evitavam participar de um ataque aéreo. Encontros como esse levaram Mary a pensar na Florença renascentista, "onde os notáveis tomam ar ao entardecer na rua principal",[16] e eu me lembrei de correr para Mircea Eliade numa tarde chuvosa no Jimmy's, uma taberna popular no Hyde Park de Chicago.

As perguntas de McEldowney eram as seguintes: Como o Norte interpretou os objetivos de guerra americanos? Qual foi o propósito da guerra aérea? O que o Norte achou que seria o último estágio da escalada? Eram perguntas estranhas para serem feitas ao outro lado, mas os americanos sempre as faziam, como se em Hanói fossem encontrar respostas que em casa permaneciam escondidas. Não como hoje, quando assessores jurídicos como Richard Perle e Michael Ledeen lembram repetidamente a pessoas que não querem ouvir que invadir o Iraque é uma precondição para reordenar o equilíbrio de poder no Oriente Médio em favor dos EUA. Como Ledeen disse outro dia, dirigindo-se ao Instituto Judaico para Assuntos de Segurança Nacional (Jinsa), "o tempo da diplomacia está no fim; é hora de um Irã livre, uma Síria livre, um Líbano livre".[17] As alegações de posse de armas de destruição em massa e de ligações com a al-Qaeda são feitas para criar um medo em massa e envolver os especialistas num debate infrutífero — exatamente como o "estamos-combatendo-o-comunismo-no-Sudeste-da-Ásia" manteve o fogo ardendo no Vietnã muito depois de ficar óbvio para Washington que aquela guerra de libertação nacional não era aplicável em qualquer outro lugar do planeta.

Americanos que tiveram qualquer pensamento sério em relação à guerra acharam difícil entender exatamente o que os EUA estavam fazendo no Vietnã. O Vietnã do Norte não cometera atos de agressão contra os EUA ou contra seus aliados. Não havia quaisquer recursos naturais significativos para os negócios americanos cobiçarem — não como o petróleo no Iraque, cuja distribuição sob os auspícios da ONU deveria dar a Washington um instrumento poderoso para dominar outras nações. O trabalho barato e o mercado potencial do Vietnã só se tornariam atraentes muito mais tarde, em 1993, quando multinacionais dos EUA se sentiram fora da corrida de investimentos no mais recente Tigre Asiático (prematuramente, como se veria), e o presidente Clinton finalmente suspendeu um embargo econômico pós-guerra. Então o que era aquilo? *Imperialismo*, disseram radicais, mas como o imperialismo funcionou num mundo bipolar?

O coronel Lau começara analisando os argumentos oficiais de Washington para bombardear o Vietnã do Norte: proteger o Sul da agressão do Norte etc. E depois se deslocou rapidamente para o "verdadeiro objetivo a longo prazo". Nas observações de McEldowney: "Os EUA querem dominar o mundo sob a bandeira do anticomunismo, e para fazerem isso precisam interferir nos assuntos de outras nações. Muita atenção tem sido dada ao Sudeste da Ásia, especialmente desde a fundação da República Popular da China depois da Segunda Guerra Mundial. O plano dos EUA era primeiramente dominar a Indochina e depois o mundo."

Não foi feita qualquer menção ao equilíbrio de poder com a União Soviética, que o presidente Kennedy tinha, de qualquer modo, abertamente desprezado. Quando Kruschev estabeleceu uma base de mísseis em Cuba em 1962, e depois se ofereceu para retirá-la se os EUA removessem suas bases de mísseis da Turquia, Kennedy recusou, estabeleceu um bloqueio naval, e Kruschev retirou seus mísseis.

Moscou se mostrava incansável, também, mas Washington não deu qualquer clemência — quer dizer, publicamente. Privadamente, Kennedy concordara com uma compensação parcial na Turquia. Mas as notas de McEldowney não mencionam nem a União Soviética nem o comunismo. Apenas que "sob a bandeira do anticomunismo" Washington nutriu um objetivo estratégico mais amplo. Com a chegada da China como potência experiente agora se mantendo fora tanto da esfera de influência americana quanto da russa, os EUA procuraram reordenar o equilíbrio de poder no Pacífico buscando o controle da Indochina.

De acordo com Lau, isto exigiria três passos: primeiro, para entrar na Indochina, a América havia apoiado os franceses na Primeira Guerra da Indochina ("ajudando colonialistas franceses em sua repressão"). O passo seguinte, então em andamento, era a "ocupação do Vietnã do Sul, para usá-lo como trampolim e base militar neocolonialista"; o terceiro era "ocupar o Vietnã do Norte, depois Laos e Camboja". O objetivo era cercar a China a partir do sul — não diferentemente do atual plano no Iraque, onde o Pentágono deseja manter várias bases militares como trampolins para ações contra Estados árabes vizinhos que são vistos como ameaças à segurança de Israel e à hegemonia econômica dos EUA na região.

O primeiro passo, de acordo com Lau, fora derrotado em três frentes: na batalha de Dien Bien Phu, em 1954, onde o Vietminh* derrotou o Corpo Expedicionário Francês apoiado pelos EUA; em Genebra, mais tarde naquele ano, onde houve reconhecimento internacional ao direito do Vietnã à independência e a uma eventual reunificação; e com a criação da República Democrática do Vietnã (RDV) socialista, em 1945. Antes de ir para o próximo passo na tentativa de ocupação, o coronel Lau (que fora chefe de relações diplomáticas em

---
*Liga para a Independência do Vietnã, criada em 1941 para libertar o Vietnã da França e se opor à presença japonesa. (N. do T.)

Genebra) destacou as circunstâncias básicas que alimentaram a ação americana para a dominação do mundo: o fato de que os EUA haviam saído da Segunda Guerra Mundial com o mínimo de destruição — de fato, como os verdadeiros vitoriosos — e a formação do campo socialista.

O segundo passo, a partir de 1954, começou com um esforço de cinco anos para criar um Estado "neocolonial" separado no Vietnã do Sul, numa violação dos Acordos de Genebra. A velha forma de colonialismo era impossível porque a opinião pública pós-guerra condenava isso. Assim começou a fase de "marionete do governo e do exército", primeiramente com o impopular presidente católico Ngo Dinh Diem (até 1963, quando a CIA o abandonou a seus assassinos). O regime de Diem foi pontuado por intervalos periódicos de "denúncias contra comunistas", nos quais todos aqueles que eram a favor da paz e da reunificação — de acordo com Genebra, a reunificação era para ter sido decidida em 1956 em eleições em todo o país — estavam sujeitos a repressão extrema. As vítimas incluíam simpatizantes e famílias do Vietminh (forças de Ho Chi Minh) que haviam permanecido em suas aldeias depois do reagrupamento, em 1954. Os anos 1959-60 marcaram o início de uma "Rebelião Geral", quando a FNL e Hanói começaram a coordenar o conflito político e o conflito armado.

"Nem uma família deixou de ser atingida pelo terrorismo", li eu em meu próprio relato de uma apresentação semelhante. "Prisões em todos os lugares, pessoas em SVN vivendo tempos muito obscuros. HVL permanece no mapa, indicador à mão, corre para o Delta [Mekong]. 'Um dia marcharemos por todo o caminho até Saigon sem oposição', diz ele." Eu me lembro de como a previsão de Lau parecia remota na época. O Vietnã do Sul se tornara uma grande base militar americana. O agente laranja e as operações de terra arrasada haviam destruído tantas plantações de arroz, que o Sul estava *importando* arroz do Texas. Mas eu sabia que ele estava certo.

Aldeias vietcongues suspeitas foram destruídas e camponeses desobedientes se agarraram a Vilas Estratégicas, também conhecidas como vilas Vida Nova. Isto foi quando o Vietnã pela primeira vez atraíra minha atenção, quando eu lecionava "Política e a Língua Inglesa", de Orwell, em Chicago, em 1963, e usava as reportagens de guerra do *Chicago Tribune* como um laboratório. As "Vilas Estratégicas" me lembraram os campos de concentração, enquanto meus estudantes, na maioria descendentes de muçulmanos negros, foram lembrados do novo programa de Chicago, "Cidades Modelos", que dividiu bairros negros e forçou habitantes a se submeterem a projetos de rígido patrulhamento de casas. De qualquer modo, sabia-se que algo nojento estava acontecendo por trás daquelas palavras de vodu. Em círculos democráticos, entretanto — e lembre-se, esta era uma guerra democrática, embora antiimperialistas da velha-guarda, como os senadores democratas Wayne Morse e Ernest Greuning, fossem os primeiros congressistas a se oporem a ela — as vilas Vida Nova evocavam visões de excelentes vilas asiáticas onde o comunismo e a pobreza haviam sido varridos, e simples camponeses receberam um impulso para o progresso por meio de novas latrinas e sementes importadas.

Construir uma nação era mais do que uma cobertura para o programa de contra-insurgência (CI). A "Guerra Especial", como Lau chamou as operações do CI, que aconteceram como esquadras de proteção armada ao lado de projetos de desenvolvimento rural. Para os liberais da Guerra Fria, construir uma nação era uma tentativa de resolver o impasse entre a política vietcongue de "terra para os lavradores" e a monopolização de privilégios e da riqueza por um regime de Saigon que tinha apenas desprezo pelo interior e por suas exóticas seitas religiosas, inclusive a prática majoritária do budismo. Construir uma nação era uma parte da solução da Terceira Força, à qual muitos também eram atraídos (como Alden Payle em *O americano tranqüilo*). Kennedy tinha um *slogan* para isso: "Aqueles que tornam uma revolução pacífica impossível tornam a revolução violenta inevitável." Mas as revoluções pacíficas do governo carregavam dentro delas grandes helicópteros, pistolas Gatling e M-16 prontos para serem vomitados quando a resistência organizada se espalhasse muito.

Em 1963, construir uma nação dera lugar a algo mais sombrio. Não funcionara no Vietnã essencialmente pela mesma razão que a reconstrução não funcionará no Iraque. Os interesses dos construtores se chocaram com os interesses da nação, cuja população, na maior parte, era a favor do *slogan* de Ho: "Nada é mais precioso do que independência e liberdade." No Vietnã do Sul, construir uma nação tivera sucesso ao criar a infra-estrutura para uma escalada militar. A importante rodovia de pista dupla norte-sul foi transformada numa "auto-estrada", relatou o coronel Lau; portos foram ampliados; o aeroporto Tan Son Nhut, de Saigon, foi transformado numa base aérea gigante e bases semelhantes foram construídas em Bien Hoa e Danang, tudo sob o pretexto de "desenvolvimento". Os EUA haviam aprendido cedo que estavam ali para uma guerra longa, mas nem Kennedy nem Johnson haviam tirado a medida do outro lado — exatamente como o Pentágono fracassou em calcular o nível de organização política entre os insurgentes iraquianos, ou em reconhecer a memória histórica que parece estar unindo uma sociedade diferente em torno do ódio ao império.

O ano de 1963 foi um marco, disse Lau, referindo-se à derrota de 3 mil soldados fantoches com armas modernas por 200 guerrilheiros na vila de Ap Bac, menos de cinqüenta quilômetros ao sul de Saigon. Ap Bac, que precedeu a primeira série de golpes em Saigon, atraiu a atenção de Neil Sheehan:

SAIGON, 6 de jan. (UPI) Furiosos assessores militares dos Estados Unidos declararam hoje que soldados da infantaria vietnamita recusaram ordens diretas para avançar durante a batalha de quarta-feira em AP Bac e que um capitão do Exército americano foi morto quando, fora da linha de frente, implorava a eles que atacassem... Um assessor dos EUA disse amargamente: "Essas pessoas (os vietnamitas) não vão ouvir — elas cometem os mesmos erros repetidamente, do mesmo modo." (*The Washington Post*, 7 de janeiro de 1963)

"O problema não eram os homens", disse o coronel Lau sobre os regimes de Saigon, "mas a política americana que deu origem a cúmplices." A mesma política presumivelmente explicou a falta de agressividade dos soldados da infantaria do governo.

Em Ap Bac, os vietnamitas haviam aprendido uma lição da Introdução à Guerra do Povo, em que os guerrilheiros levam os inimigos às profundezas do interior que controlam, depois cercam suas bases e os atacam um a um, cortando-os, como dedos da mão, dos campos de suprimento próximos à cidade central e aos portos. Em 1967, os EUA estavam defendendo quase 60 postos militares avançados no Sul, com cada vez menos sucesso à medida que o ano avançava. Defendendo uma zona aérea e um vale isolados em Khe Sanh, em maio de 1967, quase metade dos soldados americanos em combate foram mortos (160) ou feridos (746) numa campanha de doze dias relatada por Jonathan Randal ao *New York Times*.

Dez meses depois, os morros vermelhos e pelados de Khe Sanh ainda estavam sob cerco. John Wheeler enviou esses parágrafos pelo telégrafo da AP em 8 de fevereiro de 1968:

> Do lado de fora, explosões aleatórias enviaram milhares de projéteis que romperam sacos de areia e atingiram áreas desarrumadas de salas e tendas já danificadas muito tempo atrás, destruídas e abandonadas por uma vida de medo e imundície no subterrâneo.
>
> Esta é a vida no Anel V, termo dos franco-atiradores para a parte interna do olho do touro. Em Khe Sanh, o Anel V para os atiradores norte-vietnamitas cobre organizadamente os *bunkers* da

Companhia Bravo, 3º Batalhão de Reconhecimento. Em três semanas, mais da metade da companhia fora morta ou ferida.

Um olhar vazio no rosto de alguns não é incomum em Khe Sanh, onde os comunistas fizeram 1.500 disparos de foguetes, artilharia e morteiros num único dia.

À noite, os homens no *bunker* de [Richard] Noyes (um soldado de 19 anos) se sentam e conversam, cantam, jogam cartas, fazem quase qualquer coisa para não ficarem sozinhos com seus pensamentos. Durante a noite, quando mais de mil tiros atingiram Khe Sanh, Noyes se voltou para um companheiro e disse:

"Cara, será realmente decente voltar para casa e nunca ouvir palavras como morteiros, foguetes, rifles e toda essa coisa. E o primeiro sujeito que me perguntar como é a sensação de matar, eu vou..." Uma pausa. E então: "Você sabe, meu irmão quer que eu vá caçar patos quando voltar para casa. Cara, eu não quero ouvir nem tiro de estilingue quando sair daqui"...

O soldado Richard Morris, 24, de North Hollywood, Califórnia, começou a tocar um violão. Duas das favoritas aquela noite foram "Five Hundred Miles" ("Quinhentas milhas") e "Where Have All the Flowers Gone?" ("Onde foram parar todas as flores?")

Uma dura ênfase acompanhava o verso que dizia: "Onde foram parar todos os soldados? No cemitério, cada um deles. Quando finalmente aprenderão? Quando finalmente aprenderão?"

Esta era a reportagem de guerra americana sem interferências.

Os comunistas de Hanói tendiam a pensar em "planos passo-a-passo", segundo os quais objetivos estratégicos eram planejados durante longos períodos, e numa variedade de frentes de batalha. É difícil imaginar tal prática nos Estados Unidos, onde os objetivos da política externa (raramente a substância) são interrompidos a cada quatro ou oito anos por um novo governo. Um grupo de interesse com tendência a decretar um objetivo estratégico a longo prazo que parta de uma prática estabelecida, como o unilateralismo parte do mulilateralismo, teria que exercer um tipo de liderança profunda capaz de se opor aos ventos de mudança da política externa. Na história americana, procura-se em vão precedentes da trama que hoje domina, e que começou em 1975, dentro do governo Ford, quando Rumsfeld foi primeiramente secretário de Defesa; e que depois floresceu com Reagan e nutriu sua visão de mundo unipolar baseado na supremacia militar americana absoluta durante quatro governos.

Tal liderança, com seu componente secreto, seu refúgio em relação a organizações de frente (centros de especialistas, páginas de opinião, programas de entrevista na TV), lembra o Partido Comunista americano, o que não é surpreendente quando se considera que um ramo da árvore genealógica neocon tem raízes nas batalhas sectárias em Nova York nos anos 1930. Esta é a geração de avós: Irving Kristol, Norman Podhoretz, Midge Decter, Jeanne Kirkpatrick e Sidney Hook. (Hook, já morto, ajudou-me a me livrar do cargo de assistente de ensino na Universidade de Nova York, depois que pedi a ele para analisar a proposta da *Viet-Report* que eu estava divulgando. Fazer política no período profissional era a ordem, sem falar em estar do lado errado do caminho político.)

O livre pensador Dwight MacDonald costumava dizer: Esfregue um linha-dura anticomunista e você vai encontrar um ex-linha-dura stalinista. Foi a dureza da linha e o amor à intriga e ao poder que marcaram a mudança. Hannah Arendt encontrou o tipo perfeito em Whittaker Chambers, o ex-comunista convertido em informante do FBI que enviou Alger Hiss para a prisão. Revendo as memórias de Chambers, *Testemunha para Commonweal*, de 1953, ela observou que como muitos ex-comunistas, ele tinha pouco interesse na vida política do partido. "Ele olhou por baixo daquilo e escapou pelo aparato onde comandos são dados e obedecidos... nos bastidores da política comunista oficial."[18]

É fascinante como o *éclat* de pertencer ao Partido Comunista podia morrer no cais do macarthismo nos anos 1950, e quão rapidamente isto produziu um grupo de carreiristas de segunda geração ávidos para servir ao Estado imperial. "Era um enorme prestígio... para as pessoas que pertenciam ao Partido", relembrou em 1966 o crítico Malcolm Cowley. "Eles eram ouvidos como se tivessem estado em encontros onde a palavra vinha do Monte Sinai."[19] Monte Sinai era Moscou, a capital administrativa de outro país, cuja grande massa de terra e cujos recursos enormes há muito tempo assaltavam a imaginação de intelectuais americanos e diplomatas também. Pense no esforço do secretário de Estado William Seward para ganhar a América russa depois da Guerra Civil. Seward viu a Rússia como uma espécie de molde às avessas dos EUA, ou uma vasta extensão — problemática, misteriosa, tantalizando sua obscuridade bizantina, cuja ponte de terra siberiana repousa submersa nas águas gélidas do Alasca.

Na virada do século passado, o teórico econômico Charles Conant, editor da influente *Banker's Magazine*, previu que em outra geração a Rússia emergiria como principal concorrente da Inglaterra e dos EUA na dominação comercial e militar do mundo. Foi a forma de governo altamente centralizada e absolutista da Rússia czarista, acreditava ele, que ofereceu a ela vantagens distintas sobre uma democracia na luta para controlar países subdesenvolvidos. Conant na verdade queria que os EUA estudassem as técnicas de centralização da Rússia, assim como a Rússia, pensava ele, deveria aprender com os EUA uma maior liberalização interna. Em 1900, ele anteviu os dois países se deslocando mais perto um do outro enquanto um assimilaria o melhor do sistema do outro.

Talvez não seja surpreendente o fato de que muitos americanos que entraram no Partido Comunista nos anos 1930, e o repudiaram mais tarde, tenham reentrado no centro da política americana sem o penteado ideológico desarrumado. No nível em que eles deram sua lealdade à União Soviética, onde partido e Estado eram um só, e não às tradições radicais americanas (embora outros comunistas o tenham feito), foi preciso não muito mais do que um pouco de fé para mudar sua fidelidade a Franklin Roosevelt ou Henry Luce, ou mesmo a Albert Wohlstatter, grão-mestre da análise estratégica na Rand Corporation e mentor de Richard Perle, quando visões de uma ordem mundial mais poderosa surgiram diante dos olhos.

O anticomunismo se tornou a linha-mestra de estrategistas americanos durante décadas, não apenas porque o comunismo ameaçava liberar a energia contida dos pobres, mas também porque perpetuava a crença na natureza essencialmente agressiva da União Soviética. O medo do "Império do Mal" alimentou a promoção da Iniciativa de Defesa Estratégica, ou Guerra nas Estrelas, pelo governo Reagan; e a manutenção dos maiores níveis de gastos militares. Não importava que desde 1975 os gastos militares soviéticos tivessem começado a diminuir, como analistas da CIA descobriram em 1983. Mesmo em 1984, quando Gorbachev começou a fazer uma série de cortes drásticos no orçamento militar que ajudou a derrubar o regime, figuras do governo Reagan — Paul Wolfowitz, Scooter Libby, Douglas Feith, Richard Perle e Michael Ledeen, que supervisionaram aumentos anuais no orçamento da defesa de mais de 8% (*seis vezes o da URSS*) — convenceram a si próprios, e a outros, de que os soviéticos estavam prontos, não para uma agressão territorial, mas para novas explosões de gastos militares. O anticomunismo não hesitaria, reiterou o secretário de Defesa de Reagan, Caspar Weinberger, em suas memórias, enquanto "houvesse duas superpotências", uma das quais com a estrutura governamental e a força militar da União Soviética.[20]

E quando a superpotência desmoronou, que império obscuro ocuparia seu lugar? Das duas superpotências de Caspar Weinberger, os EUA há muito tempo possuíam força militar superior, fato do qual poucos historiadores discordam hoje. Nada no arsenal soviético ou na "estrutura" de governo poderia superar os planos e gastos da defesa nacional nos Estados Unidos. Mas depois da abertura de Nixon à

China, e depois do Vietnã, a Washington política havia se voltado para a Moscou enfraquecida para fomentar a corrida que orientava o Estado militar-industrial: não mais a corrida para proteger as colônias desertoras do mundo, ou a corrida para a Lua, mas principalmente a corrida das armas e o impulso para lançar um sistema unilateral de mísseis de defesa com base no espaço.

Um amigo meu se lembra de assistir na televisão ao pálido Sr. George Bush anunciando a queda do Muro de Berlim, e portanto o fim do Império do Mal. O que há de errado nessa imagem?, imaginou ele, observando o presidente golpeado que parecia se comportar como se o planeta tivesse se aberto e engolido um milhão de pessoas, ou como se um grande aliado tivesse caído — o que, num certo sentido, acontecera. Como os EUA perseguiriam seus interesses hegemônicos sem o menino ferido do comunismo? Durante trinta anos o Mundo Livre fora ensinado a pensar em termos políticos de democracia *versus* totalitarismo, EUA *versus* URSS. Cada subordinado, da Guatemala ao Camboja, era treinado (geralmente na Escola das Américas, na Geórgia) nos princípios da Doutrina de Segurança Nacional da Guerra Fria, que os ensinava a ver conflitos locais e regionais dentro do contexto da luta global contra o bloco soviético. A oposição política a juntas governantes representava "ameaças ao Estado", e os movimentos de libertação eram "braços da subversão comunista".

O problema da perda do bode expiatório era real — para alguns, uma crise quase teológica — e persistiu para Bush Jr., que confessou durante sua campanha presidencial que não sabia ao certo quem era o inimigo. "Quando eu estava chegando, com o que era um mundo perigoso", disse ele, "sabíamos exatamente quem eram eles. Éramos nós contra eles... Hoje não estamos certos sobre quem são eles, mas sabemos que eles estão lá." Dirigindo-se ao Conselho de Relações Externas em fevereiro de 2002, Dick Cheney admitiu que antes do 11 de Setembro ele também estava confuso com esta questão. "Quando o grande inimigo dos EUA desapareceu, muitos imaginaram que nova direção nossa política externa tomaria. Falamos, como sempre, de problemas a longo prazo e crises regionais mundo afora", disse ele, "mas não havia qualquer ameaça única, imediata, global com a qual qualquer grupo de especialistas pudesse concordar. Tudo isso mudou cinco meses atrás. A ameaça é conhecida e nosso papel está claro agora." Comentando essas declarações, Frances Fitzgerald observa que o que os dois homens estavam dizendo era "que o principal objetivo da política externa americana era confrontar um inimigo — e que um sucessor valioso da União Soviética finalmente havia surgido, na forma do terrorismo internacional".[21]

O terrorismo era o sucessor natural do comunismo para uma política externa calcada na tradição de inimigos a serem confrontados; podia ser apresentado como uma conspiração cujos tentáculos repousam escondidos sob qualquer rocha que obstrua o caminho de interesses do governo difíceis de defender. Assim o governo Bush se agarrou ao enorme apoio interno que o presidente recebera depois do 11 de Setembro para perseguir seus objetivos originais, alguns dos quais, como o ataque ao Iraque, originalmente eram justificados como parte da guerra contra o terrorismo. Sob o manto do combate ao terrorismo no Afeganistão e no Iraque, os EUA poderiam da mesma forma perseguir seus interesses geoestratégicos de dominar a Ásia Central, o mar Cáspio, o Cáucaso e o Oriente Médio, devido a seus vastos depósitos de petróleo, a maioria não absorvida no caso dos antigos territórios soviéticos. Mas havia outro interesse estratégico, mais distante, que é o de que, como a Indochina, essas regiões ficaram órfãs devido à dissolução de antigos impérios, e portanto são potenciais presas — especialmente as sete repúblicas no coração da Ásia — para a única grande potência remanescente no mundo, que é a China.

Cercar a China a partir do oeste pode ser o maior objetivo por trás da proliferação de bases militares que o Pentágono tem construído em Uzbequistão, Cazaquistão, Quirguistão e Geórgia. Uma olhada no mapa é algo instrutivo. Não apenas a China mas também a Rússia estão atualmente cercadas pelo sul e, agora que os blocos soviéticos juraram lealdade ao governo Bush, pelo oeste também. "Washington não pode saber hoje se a Rússia ou, neste caso, a China serão neutras, amigas, inimigas ou partes de uma aliança hostil no futuro", dizem os autores de um relatório de um centro de especialistas de direita sobre os planos nucleares dos EUA determinados assim que o presidente Bush assumiu o poder. Por este motivo eles defendem que os dois países sejam observados de perto.[22]

O que vale a pena notar na leitura de Ha Van Lau sobre o objetivo a longo prazo dos EUA no Vietnã é que já em 1967 ele viu o anticomunismo como um disfarce para um avanço em direção ao império que se manifestaria por meio de um padrão de implantação de bases militares nos países que cercavam potências rivais. A preocupação dos EUA com a China era na verdade algo que o Vietnã claramente compartilhava. Os visitantes americanos freqüentemente eram atingidos pela ênfase que seus anfitriões davam à longa dominação do Vietnã pelos chineses. "Vocês têm que entender que na maior parte de nossa história nunca pensamos nos americanos", Norm Fruchter se lembra de ter ouvido. "Os chineses são o gigante com o qual nos preocupávamos."[23] A literatura popular era, e continua sendo, cheia de relatos sobre rebeliões lideradas por heróis e heroínas vietnamitas contra invasores chineses — como a batalha épica de Bach Dang, que ouvi de um jovem intérprete que a narrava com tanto sentimento enquanto "passávamos a noite sobre rodas" (expressão vietnamita para dirigir um carro a noite inteira), que no fim do relato nós dois estávamos chorando. Na história, invasores chineses estão preparados para a vitória; seus grandes navios de guerra concentrados na foz do rio Bach Dang, que o nosso fraco sedã soviético acabara de cruzar numa ponte flutuante. Os vietnamitas atraem os navios rio acima, onde há plantações. Quando a maré desce e os navios inimigos são obrigados a recuar, eles são atacados e afundam. Quando aconteceu isso?, perguntei, pensando nos bambus com os quais os vietcongues fazem alçapões escondidos em áreas da floresta sobre buracos, como armadilhas para soldados descuidados. No século X, ele respondeu.

Novecentos anos depois, um Vietnã reunificado, liderado pelo Partido Comunista de Ho Chi Minh, buscou uma relação comercial com os EUA para contrabalançar a influência estratégica da China. De fato, vinte anos depois do fim da guerra, estrategistas do Vietnã pareciam se preocupar mais com a capacidade dos EUA de manter seus próprios interesses estratégicos no Pacífico do que com a influência subversiva da cultura materialista que existia por trás do comércio ocidental. Imagine minha surpresa quando, numa terceira viagem ao Vietnã, em outubro de 1995 (a segunda foi com minha família, em 1994), uma jovem acadêmica do Centro para Estudos Norte-Americanos, em Hanói, perguntou-me se era verdade, como ela ouvira falar, "que o papel dos EUA estava diminuindo na Ásia depois da Guerra Fria". Se estava, preocupava-se ela, "o que os Estados Unidos planejam fazer para recuperar seu papel na Ásia no futuro?". Seguindo uma linha de política externa que a própria China perseguira um século antes — de "equilibrar os bárbaros" — o Vietnã precisava de uma genuína presença americana no Pacífico para verificar as ambições chinesas.[24]

Agora que Donald Rumsfeld anunciou sua intenção de tirar alguns milhares de soldados tanto da Coréia do Sul quanto do Japão, e que tenta nomear Pequim para reinar na Coréia do Norte, este antigo medo do gigante do norte — compartilhado hoje pelas incertezas lançadas pelo império hostil sob o comando de George Bush — vai aterrorizar o Sudeste da Ásia.[25] O que, suspeita-se, é exatamente o que Washington deseja.

ESSA GUERRA AMERICANA

29 de janeiro de 1967

A cidade de Thanh Hoa foi bombardeada hoje às 12h05. Enquanto almoçávamos, ouvimos os aviões a cerca de 6 km de distância. Corri para apanhar o gravador e entrei no abrigo. Gravei o som dos aviões, o "whompf" da artilharia antiaérea e o choque das bombas. Também foi gravada nossa conversa dentro do abrigo, o som dos pássaros do lado de fora e um menino pequeno correndo com seus pais para o abrigo, gritando *My by my! My by my!* [Aviões americanos! Aviões americanos!] e *John-son, John-son*, como as bombas são conhecidas. Mais tarde, às duas, deveríamos seguir de carro até a cidade de Thanh Hoa. Iríamos ao posto de primeiros socorros, onde estavam alojadas vítimas de ataques anteriores que haviam sido retiradas do hospital de Thanh Hoa um dia antes. Não saímos às duas, e sim esperamos enquanto homens da comissão [de Crimes de Guerra] local iam na frente para ver se o caminho estava livre após o bombardeio. Tu Van [o fotógrafo] foi com eles. Às três aproximadamente, tivemos que ir para o abrigo novamente. Gravei os mesmos sons.

Não saímos até quase seis. A estrada estava cheia de pessoas que vinham da cidade. Camponeses vinham carregando macas. Famílias inteiras carregavam nas costas esteiras enroladas e outros pertences. Carros de boi estavam cheios de crianças, panelas e comida. Uma unidade da milícia local carregava mais macas. Tivemos que parar os jipes e saltar para caminhar até um ponto, porque a estrada fora atingida e caminhões se acumulavam por aproximadamente meia milha. Enquanto andávamos, a cidade de Thanh Hoa surgiu. Primeiro o cheiro de queimado, depois a própria fumaça, depois as ruínas. Primeiro o hospital da província, bombardeado muitas vezes antes, e agora completamente derrubado. Aqui, bombas de objetivo geral parecem ter sido usadas — e não napalm — porque os destroços estão secos.

Num caminho estrada abaixo, casas haviam sido derrubadas. A própria estrada estava cheia de buracos, mas era possível atravessá-la. Subimos de volta nos jipes e seguimos devagar entre multidões de pessoas que corriam para fora da cidade. Haviam nos dito que Thanh Hoa fora evacuada meses antes — desde que tiveram início os bombardeios diretos, em 18 de abril de 1966. Obviamente muitos permaneceram ali — muitos deles crianças.

Paramos novamente e seguimos a pé. Os destroços se tornaram cinzas acesas. De repente, até onde eu podia ver, o chão estava em chamas. Onde ficavam as casas, agora cinzas pretas ardiam. Brasas vermelhas se amontoavam em todo lugar. Caminhamos para o posto de primeiros socorros onde deveríamos ter nos reunido horas antes. Em seu lugar havia um campo de brasas queimando. Fora atingido por bombas de objetivo geral primeiramente às três e imediatamente depois por napalm (incendiárias). Nada ficara em pé. Uma cama destroçada estava de cabeça para baixo, um aviso de "Raio X" pendia. A maioria dos pacientes (vítimas de bombardeios anteriores) fora retirada bem na hora. Alguns haviam sido atingidos. Tu Van nos diz que fotografou um corpo, um corpo destroçado, sem braços e pernas.

Nós continuamos. Num lado da estrada podíamos ver áreas queimando onde antes havia casas. Um homem velho e uma mulher apareceram de repente, saindo do escuro. Cada um deles ocupava uma casa e havia procurado abrigo a tempo, salvando sua vida. Cada um deles vira suas famílias indo embora meses antes. Disseram-nos que pegariam os poucos tijolos que restavam e começariam a construir uma nova casa bem longe, mas ainda na província de Thanh Hoa.

Caminhamos por 200 ou 300 metros de destroços que queimavam. Eu não seguira a advertência de Dong, e não usava meias, e as cinzas queimavam meus tornozelos.

Virando uma esquina, chegamos a uma área destruída que não estava queimando. Estava cheia de crateras. No meio da estrada, um buraco bem pequeno, de aproximadamente 60 centímetros de largura e um metro de profundidade. Fora feito por um míssil, disseram-nos. A cerca de seis metros de distância havia um abrigo, com a entrada destruída e pedaços de pano presos nas paredes de barro. Duas crianças haviam sido incineradas lá dentro pelo calor do míssil.

Cerca de 50 metros atrás havia uma enorme cratera; pelo menos 20 metros de diâmetro, 18 metros de profundidade. Fora feita por uma bomba de 2 mil libras. Nove casas haviam sido destruídas a partir de suas fundações e restavam apenas xícaras e vasos quebrados, sobre os quais pisamos. A cerca de nove metros de distância, dois telhados de palha pendiam em cima de árvores altas. Ninguém foi morto ou ferido aqui. As casas haviam sido evacuadas.

Caminhamos por um prédio de pedras de tamanho médio. Ali o cheiro de carne queimada tomava conta. Mas não era carne humana. Ali ficava o armazém geral, onde a carne fora posta em exposição poucas horas antes. Uma ala era um posto de primeiros socorros, e os instrumentos enegrecidos estavam no chão.

Àquela hora nosso grupo havia aumentado para pelo menos 30 pessoas. A maioria das pessoas de fora do grupo, entretanto, mal olhava para nós, e continuava empilhando tijolos silenciosamente, cavando, amontoando louças quebradas, pedaços de móveis etc.

Perguntei ao presidente da Administração do Distrito a distância entre esta parte da cidade de Thanh Hoa e a ponte de Ham Romg, que é bem grande. Ele disse 8 km. O lugar onde vimos primeiramente os acres de destroços queimando ficava a 12 km [além da ponte].

No jipe, voltando, Phan [nosso guia] me disse o quanto Pat e Diane [desconhecidas] tinham querido ir a lugares como aquele. Não tinha sido possível garantir a segurança delas suficientemente, ele me disse. "Nossos amigos são muito preciosos", disse ele, "para arriscar suas vidas à ameaça de bombas. Não temos muitos amigos no mundo. Somos gratos àqueles que nos compreendem. Alguns acham que somos um povo belicoso — temos que *gostar* de guerra para termos lutado contra agressores estrangeiros por tantos anos. Mas isto não é verdade. Somos um povo pacífico. Sabemos que nada é mais precioso do que independência e paz. Por isso precisamos lutar por isso, até termos isso."

Ele disse a Tariq [Ali, outro membro da equipe de investigação] que gostou do que ele disse em seu brinde em Hanói — que Tariq se sentiu envergonhado por não ter lutado, que ele e muitas outras pessoas simpáticas ao povo do Vietnã não fizeram sacrifício algum. "Aquele é um sentimento correto", disse Phan. "Nos faz sentir muito queridos."

— agenda do Vietnã não publicada, 23 de janeiro-12 de fevereiro, 1967

Quando escrevi isso, "esqueci" que os pacientes que haviam sido mortos no posto de primeiros socorros haviam sido levados para lá para nos encontrar.

"CONSTRUIR UMA NAÇÃO" NO IRAQUE: UMA PREVISÃO

18 de maio de 2003

Mesmo no Iraque, onde não há nenhuma história de séculos de reação a invasores, nenhum líder ou líderes unificadores, nenhum partido para unir e mobilizar as massas, nenhuma floresta para se esconder e nenhuma grande potência simpatizante para dar apoio, o programa de reconstrução americano deverá provocar firme resistência à ocupação dos EUA, seguida de uma presença militar americana ampliada, mais resistência, e assim por diante. A tentativa de criar "Nosso Novo Bebê" a partir dos destroços de guerra, por meio de "um dos maiores projetos de construir uma nação que os EUA já realizaram", com o qual Tom Friedman se entusiasma, deverá terminar com as megaconcessões dadas à Halliburton e a suas subsidiárias, juntamente com a Bechtel e a bem-conectada Fluor Corporation. Juntas, elas vão construir e servir a bases militares e campos de construção, e consertar e ampliar postos de gasolina e oleodutos danificados. O petróleo assume o primeiro lugar na guerra iraquiana, superando a segurança civil, e superando o cumprimento de promessas feitas aos curdos. Os EUA já rejeitaram uma oferta de curdos étnicos por uma participação formal nas gigantes estatais de petróleo no norte do Iraque. Em vez disso, a estrutura do Ba'ath deve permanecer intacta, com as grandes divisões de petróleo ocupadas pela antiga equipe de Saddam. Isto tem como foco a produção *uber alles*, em parte porque os planos dos EUA de financiar as dívidas de sua guerra e do pós-guerra fora dos negócios do petróleo iraquiano têm incomodado bastante líderes curdos, que esperavam entrar na indústria de petróleo.

Enquanto isso, a segurança inadequada tem assustado e afastado empresas menores que há pouco tempo brigavam por "contratos para a construção da nação" no Iraque pós-guerra. Uma firma de telecomunicações dos EUA que tentou instalar um sistema de transmissão para celulares em Bagdá — onde três semanas depois da "libertação" ainda não há nenhum telefone e nenhuma força policial — espera no Kuwait por garantias de proteção. Nem todo mundo espera, entretanto: o jornalista Peter Maass visitou o Ministério do Petróleo em 8 de maio, quando passava um comboio de um veículo de combate Bradley e vários Humvees blindados cheios de metralhadoras de calibre 50. Escoltava um único SUV com dois civis que trabalhavam para a KBR. A mais antiga e maior das subsidiárias da Halliburton, Brown & Root, construiu as bases aéreas dos EUA e portos no Vietnã do Sul (e o fez sem escoltas militares).

Se Washington continuar a impor seu governo interino escolhido a dedo num país cuja maioria xiita — que sofreu durante muito tempo — está ocupada se mobilizando em torno de vários líderes — entre eles o aiatolá Muhammed Bakr al-Hakim, que se opõe à ocupação americana e é a favor de um governo eleito que represente todos os grupos étnicos e religiosos [morto um mês depois] — deverá se ver enfrentando uma situação semelhante à que Kennedy confrontou em 1960. Movimentos de oposição genuínos serão levados à subversão e incentivados a atravessar fronteiras à procura de aliados e de apoio, enquanto ações pacificadoras dos EUA vão descambar para uma guerra aberta contra o povo iraquiano. A palavra-chave já caiu no vernáculo de relatos noticiosos americanos e britânicos. Até mesmo exilados iraquianos a estão usando. Falando sobre o repentino colapso da primeira equipe de reconstrução americana, liderada pelo general Jay Garner em 10 de maio, o líder curdo Massoud Barzani, membro do governo-à-espera do Pentágono, adverte que "se continuarmos nessa confusão, a vitória maravilhosa que tivemos vai se tornar um atoleiro".

Ao mesmo tempo, muitos iraquianos questionam a credibilidade dos exilados que voltaram com mentiras patrocinadas pelo Pentágono, embora alguns estejam mais perturbados com o patrocínio estendido ao odiado partido Ba'ath, no qual muitos seguidores do governo do segundo time, não apenas no Ministério do Petróleo, estão sendo convocados de volta ao trabalho. A "vitória maravilhosa" sobre Saddam Hussein não parece tão maravilhosa para um número cada vez maior de pessoas nas grandes cidades, onde bandidos dominam as ruas e a infra-estrutura da sobrevivência diária — água, coleta de lixo, distribuição de alimentos, serviços emergenciais de saúde, proteção policial, sem falar em escolas, empregos, pensões — tem sido destruída por uma combinação de danos da guerra e saques sistemáticos que se estendem a ornamentos, canos de esgoto, material de construção e documentos do governo. Se protestos iraquianos contra o rompimento da lei e da ordem continuarem a ser dispersados à força por soldados americanos — enquanto são ignorados pedidos para garantir áreas para covas coletivas e para proteger hospitais, laboratórios e universidades de mais destruição — as atuais manobras para obter vantagem política entre xiitas e sunitas já existentes no volátil terreno do Iraque pós-Saddam darão lugar a medidas desesperadas.

A queda para o caos e a violência que se seguiu ao "fim" dessa guerra — uma guerra que simplesmente ficou sem inimigo como um carro fica sem gasolina, e parou — é realmente chocante. "Se não fizermos alguma coisa no futuro próximo, provavelmente isto explodirá na nossa cara", diz um oficial americano em Bagdá, onde os tiroteios acontecem quase a cada hora. A velocidade com que os acontecimentos vão ficando fora de controle — ou atingindo outro *niveau*, diria Ha Van Lau — lembra aqueles calendários de filmes antigos em que as páginas passam na fumaça e voam para marcar a passagem do tempo. Transições que demoraram anos para acontecer depois de invasões anteriores agora se dão em questão de dias. Assim, duas semanas e meia depois de o general Garner chegar a Bagdá para recuperar serviços "o mais rapidamente possível" — prometendo que os americanos "não vão ficar além do tempo em que forem bem recebidos" — ele foi substituído por um protegido de Kissinger e chamado especialista em contraterrorismo: Paul Bremer III. "Pretendemos promover uma entrega bastante efetiva, eficiente e organizada", diz Bremer (não fica claro se ele está se referindo à entrega feita pela equipe de Garner à sua própria equipe, muito maior, ou à entrega do Iraque, pelos americanos, a um governo iraquiano interino). Dois dias depois, "lorde Bremer da Mesopotâmia", como o *Wall Street Journal* carinhosamente o chama, anuncia que os saqueadores serão eliminados imediatamente, e dois dias depois se corrige, dizendo que eles serão "neutralizados".

Barbara K. Bodine, ex-embaixadora para o Iêmen que falava árabe e cuidaria da reconstrução da região de Bagdá, também teve seu nome anunciado; assim como Margaret Tutmiler, funcionária do setor de comunicações subordinada ao general Garner, que veio da indústria de relações públicas e trabalhava com o ex-secretário de Estado James Baker III no governo do primeiro presidente Bush. Na tradição "rigor, obrigado, madame" de demissões corporativas, a demissão de Bodine aconteceu numa ligação feita tarde da noite para o telefone que fora instalado em seu escritório apenas horas antes. Ela e Tutmiler foram embora dois dias depois.

As estimativas do Pentágono sobre quanto tempo os soldados americanos vão ficar no Iraque variam de "mais de um ano" (Rumsfeld) a "o que o futuro dirá, um ano, dois, três... o que está à frente não é exatamente possível saber" (Tommy Franks). O general Franks fez essa observação um dia depois de o tenente-general do Exército David D. McKiernan, comandante das forças terrestres aliadas, dizer que seus soldados não podiam garantir segurança total num país do tamanho da Califórnia com apenas 25 milhões de pessoas (comparação que não foi verificada naquele estado). Com a 1ª Divisão Armada baseada na Alemanha entrando naquele momento no Iraque, e com o atraso na partida da 3ª Divisão de Infantaria, a principal força que invadiu Bagdá, o número total de soldados americanos — atualmente 140 mil — vai aumentar, exatamente como Colin Powell recomendou desde o início. Estas são unidades para combates pesados, não pacificadoras e mal preparadas para o policiamento de instituições civis ou para atirar em saqueadores (que, conforme tem sido dito, são na maioria muito jovens e muito pobres).

Como esperado, o aumento da presença militar provocou o maior protesto político contra a presença americana até então, um protesto também contra os planos de Washington para o futuro governo iraquiano. Em 18 de maio, 10 mil muçulmanos xiitas e sunitas marcharam pacificamente em Bagdá sob os olhares atentos de organizadores xiitas, muitos deles armados com rifles de assalto, e de atiradores militares americanos posicionados em telhados ao longo da rota. A multidão carregava cartazes e faixas nos quais se lia "Não à administração estrangeira" e

"Não, não, não EUA". Eles não precisariam se preocupar com a "administração estrangeira", uma vez que num momento crítico da política americana pós-guerra, Paul Bremer agora anunciava que não haveria qualquer governo interino; e no dia seguinte se corrigia, dizendo que a "entrega" do país a uma administração iraquiana nativa poderia acontecer em um ano ou mais.

Que a "entrega" esteja caminhando mais lentamente do que as autoridades americanas esperavam não é surpresa. Significativa é a velocidade em que o conflito entre invasor e invadido está ocorrendo. A intensidade da resistência iraquiana organizada forçou os EUA a abandonar o estágio "neocolonial", pelo menos por enquanto, e se deslocar imediatamente para a administração direta pelos militares americanos.

Bremer está reduzido a promessas para pôr fim a saques e combater a ilegalidade, exatamente como seu predecessor; enquanto novos conflitos explodem entre curdos e muçulmanos no Norte, entre patrulhadores "pacifistas" e desempregados iraquianos em todo lugar. Quando a presença militar americana aumenta, as primeiras mortes pós-guerra já começaram a acontecer; três soldados americanos morreram em 18 de maio, em circunstâncias misteriosas que o Pentágono considerou "acidentais". Mortes de iraquianos não são relatadas pelo CentCom (Comando Central), mas fontes independentes calculam que 3.400 foram mortos.

As infelizes negativas de Rumsfeld de que haja um colapso da sociedade civil já não são levadas a sério, nem por seus fãs. Não é engraçado chamar tais condições de "desarrumação" e esperar que "outros possam reconhecer isto e aceitar isto, e pôr isto num contexto histórico". Quando lhe perguntaram, numa entrevista coletiva do Pentágono, o paradeiro de Osama bin Laden, alguns dias antes de explosões mortais em Riad, em 12 de maio, e Casablanca, em 16 de maio, ambas atribuídas à al-Qaeda, Rummy lançou um olhar estranho para seu chefe do Estado-Maior, Richard Myers. "Por que não o encontramos?", perguntou; e se esquivou: "O mundo é um lugar grande... Ou ele está vivo, ou está vivo e seriamente ferido, ou está morto. Quem sabe?"

Em breve vão lhe fazer a mesma pergunta em relação a Saddam Hussein, outra criatura do lago de infinitas potencialidades com o qual o império americano lida. O que ele dirá então? E se as armas de destruição em massa ainda não foram encontradas, aqueles gases mortais e agentes biológicos que o presidente Bush invocou repetidamente na marcha para a guerra — "se sabemos que Saddam Hussein tem armas perigosas hoje, e sabemos, faz sentido esperar para confrontá-lo enquanto ele se fortalece e desenvolve armas ainda mais perigosas?" (7 de outubro de 2002); "Informações secretas reunidas... não deixam dúvida alguma de que o regime iraquiano continua a possuir e esconder algumas das armas mais letais já desenvolvidas" (17 de março de 2003) — e então?

O PENTÁGONO ESTÁ PRESO À GUERRA ERRADA?

14 de julho de 2003, AlterNet.org

"Parem de atirar em volta do alvo", critica o *Wall Street Journal*: "Os EUA enfrentam uma guerra de guerrilha." E de fato enfrentam. Mas uma estranha paralisia ainda atinge o comando militar dos EUA. Enquanto o número de soldados americanos mortos ou feridos em emboscadas se multiplica a cada dia, o secretário de Defesa Donald Rumsfeld e o pro-cônsul Paul Bremer continuam a falar de "remanescentes" e "*bitter-enders*" que não cumprem o programa, mesmo enquanto se espalham nas fileiras relatos de que há uma campanha de resistência bem organizada no Iraque.

Quando Saddam Hussein falou em março sobre deixar os americanos entrarem nas cidades iraquianas, especialmente Bagdá, e fazer a vontade deles, estava falando sério. Afinal de contas, seu governo vinha treinando civis em técnicas de combate e distribuindo armas de fogo, inclusive rifles AK-47 e lançadores de granadas de propulsão, um ano antes da invasão; e os articuladores americanos sabiam disso. Mas o Pentágono, preso a um cenário diferente — onde a guerra de guerrilha urbana estava para começar imediatamente depois de os tanques dos EUA entrarem na capital — não entendeu a mensagem. Quando pesadas operações de combate foram seguidas de uma acentuada calmaria, comandantes americanos pareciam esquecer a advertência de Saddam. Agora o primeiro-sargento William Taylor, com base perto de Tikrit, cita a calmaria como um período em que os insurgentes "uniram suas células".

Na verdade, o Pentágono tem se alimentado de sua própria informação errada. Diferentemente das fracassadas armas de inteligência que a Casa Branca cinicamente usou para vender a guerra, os líderes militares americanos parecem ter acreditado no que seus analistas e exilados iraquianos disseram a eles. Saddam, disseram as fontes, não tinha capacidade de participar de uma campanha de resistência no estilo de guerrilhas porque estava acostumado a comandar um governo e não uma insurgência: "Este não é um homem isolado como Osama bin Laden, que está querendo continuar vivo numa caverna por um longo período e ser afastado do mundo exterior", disse o vice-presidente Dick Cheney no Meet the Press pouco antes de a guerra começar. "Este é um homem que está acostumado a seus palácios e seus luxos." De fato, alguns altos funcionários de certa forma esperavam uma rendição iraquiana até mesmo antes de os soldados americanos entrarem no Iraque.

Pelas estimativas do Pentágono pré-guerra, esta seria uma guerra diferente. As forças de ocupação seriam rapidamente reduzidas a 40 ou 30 mil soldados. Contingentes pequenos de soldados de paz seriam mantidos para proteger a reconstrução da infra-estrutura do Iraque, incluindo oleodutos e outras instalações para petróleo, e a construção de quatro bases militares americanas permanentes (uma delas, chamada de "cidade da inteligência", já em andamento no norte). A guerra em si era planejada para derrotar o regime Ba'ath e abrir caminho para um governo compatível com o interesse a longo prazo da América no Iraque, que é (ou era) usá-lo como base de operações para fazer pressão política sobre nações de importância central para os planos de Bush de dominar o Oriente Médio. Portanto, era importante para os objetivos estratégicos dos EUA chocar e apavorar não só os iraquianos, mas uma comunidade árabe mais ampla, com o espetáculo assustador da tecnologia militar dos EUA.

Intelectuais de defesa no Pentágono falam de transformar a arquitetura psicológica do mundo islâmico. Analistas neocon, em particular, temem que a retirada dos EUA de Beirute, em 1983, seguida de retiradas da Somália e do Afeganistão, sugira que os Estados Unidos — embora militarmente poderosos — sejam incapazes de ações determinadas. Em Beirute e na Somália, soldados americanos se retiraram depois de sofrerem baixas mínimas (baixas são sempre "mínimas" em tais formulações), enquanto no Afeganistão os EUA interromperam as operações depois de tomarem algumas grandes cidades, aparentemente porque não tinham interesse em se envolver num conflito mais prolongado. A invasão americana do Iraque foi planejada para mudar percepções islâmicas, para provocar a ira e convertê-la num medo maior.

Portanto, há uma amarga ironia no fato de que o primeiro pilar da política para o Oriente Médio a cair no Iraque ocupado seja a credibilidade do poder americano. Os iraquianos expressam surpresa, frustração e fúria com o fato de que meses depois de a "vitória" ser declarada, a "Autoridade" — como é chamada a Coalizão da Autoridade Provisória — seja incapaz de estabelecer a ordem em Bagdá. Saques e sabotagem continuam; a eletricidade funciona apenas em intervalos; os sistemas de água e esgoto permanecem danificados; a distribuição de comida é pontual; e os serviços médicos, sobrecarregados com o crescente número de mortes em combates, estão próximos do colapso. Enquanto isso, não há qualquer emprego para uma grande força de trabalho desempregada, o que inclui centenas de milhares de soldados iraquianos desmobilizados e funcionários do escritório ba'athistas demitidos pela Autoridade, sem pagamento.

Por que eles estão aqui?, devem perguntar os iraquianos, enquanto aumentam as filas sem esperança diante dos portões com barricadas dos palácios de Saddam, onde vivem os americanos. É difícil imaginar uma série de condições mais adequadas para a conversão de cidadãos desesperados em partidários da resistência. Além do mais, quando se considera que o número de mortes de civis a partir da guerra de três semanas é estimado em 7 mil, com mortes de militares passando de 10 mil, e um total de baixas não fatais de 50 mil — tudo isso, se considerados famílias e amigos atingidos, chegando a milhões — tem-se uma outra condição para alimentar a insurreição. A maioria dessas mortes aconteceu em áreas sunitas do Iraque Central, onde os bombardeios americanos foram mais pesados, e onde a atual oposição é mais forte. É bem possível que a resistência no fim das contas reduza os "*bitter-enders*" ba'athistas (que agora incluem — outra amarga ironia — o próprio Saddam), principalmente se elementos da volátil maioria xiita no Sul entrarem na briga, juntamente com o número cada vez maior de não-iraquianos.

Não é de se estranhar que muitos soldados americanos estejam desmoralizados e irritados. Alguns escreveram a seus congressistas, requisitando repatriação. "A maioria dos soldados esvaziaria suas contas nos bancos só para obter uma passagem de avião para casa", diz uma dessas cartas, citada semana passada no *Christian Science Monitor*. E outra: "A maneira como temos sido tratados e as contínuas mentiras contadas a nossas famílias em casa têm nos deixado arrasados." E outra: "Nos sentimos como peças de um jogo no qual não temos qualquer voz."

Naturalmente o Vietnã está aparecendo freqüentemente em relatos vindos das linhas de frente. O comando dos EUA certamente fez alguns movimentos familiares. O general Tommy Franks, que está de saída, enfrentando perguntas afiadas da Comissão de Serviços Armados do Senado, em 9 de julho, admite que o atual número de soldados americanos no Iraque, cerca de 148 mil, permanecerá lá num "futuro previsto", enquanto o secretário Rumsfeld dobrou os custos militares estimados para US$ 3,9 bilhões por mês. Enquanto isso, as promessas dos EUA ao Iraque encobrem uma mentira que parece mais óbvia cada vez que Bremer sufoca outra tentativa de autogovernança que não esteja limitada a hospitais, água ou usinas de energia elétrica. O Conselho Governante, escolhido a dedo, também não é um substituto da representação interna. Washington não quer o surgimento de um Iraque independente e democrático, porque uma das primeiras ações de um novo governo seria ordenar a saída dos EUA.

Mas há grandes diferenças entre o Iraque e o Vietnã, a começar pelo fato de que no Iraque os EUA não têm qualquer apoio local. Não há qualquer exército de brinquedo ou regime amigável como havia no Vietnã do Sul; e nenhum programa de contra-insurgência com coordenação entre inteligência, pacificação e braços militares, com o objetivo de separar guerrilheiros da população e recompensar esta. Tais operações não estavam nos planos, que tinham a "Operação Liberdade Iraquiana" essencialmente como uma demonstração de força cujo resultado seria saudado por uma população agradecida, pronta para ficar de lado enquanto a Halliburton e a Bechtel erguessem um novo Iraque.

A mistura de falsidade e má-fé que alimenta a aventura iraquiana dos EUA provavelmente é maior do que era no início da guerra do Vietnã. Mas a grande diferença é que agora todo o Iraque está sob ocupação militar. A maior autoridade interna é o general David McKiernan, enquanto Paul Bremer, prefeito de Bagdá *de facto*, reporta-se diretamente ao secretário Rumsfeld. Milionário do Texas e ex-oficial do Exército, Roger "Bulk" Walters governa o sul do Iraque, e um oficial de carreira do Exército que serviu no Vietnã e na Somália, W. Bruce Moore, comanda o norte. Os iraquianos, um povo educado com alguma experiência em império, dificilmente vão se ajoelhar diante desse tipo de administração negligente de estilo corporativo.

O que a equipe de Bush enfrenta no Iraque é mais do que uma guerra de guerrilha. É o primeiro estrago na campanha mais ampla no Oriente Médio em que o Iraque era o ponto de partida. Esta é a visão que há uma década intoxica articuladores de defesa como Paul Wolfowitz, Richard Perle, Douglas Feith e Kennedy Pollack. É o sonho de impor uma Pax Americana ao mundo árabe que tem como modelo a ordem imperial britânica imposta numa era anterior. E não inclui um mau começo sangrento.

A visão aparece como o fantasma de Banquo na edição de julho/agosto de *Foreign Affairs*. Em seus artigos, Kenneth Pollack, ex-diretor para Assuntos do Golfo Pérsico do Conselho de Segurança Nacional; Max Boot, autor de *As selvagens guerras da paz*; e Andrew Moravcsik, professor de governo em Harvard, celebram a indomável vitória no Iraque. Para Pollack é a "total vitória militar americana e britânica na Operação Liberdade Iraquiana", enquanto Boot diz que "a vitória dos EUA no Iraque faz a *blitzkrieg* alemã parecer positivamente incompetente em comparação", e Moravcsik conclui que "os falcões americanos estavam certos. A intervenção unilateral para forçar a mudança do regime pode ser um modo eficiente de lidar com Estados hostis. Em assuntos militares, há apenas uma superpotência — os Estados Unidos — e ela pode continuar a fazer isso sozinha, se tem que fazer isso. É hora de aceitar esse fato e avançar".

VERDADE NA MENTIRA

11 de agosto de 2004, AlterNet.org

Esta não é a primeira vez que falsas alegações ajudam os EUA a ir à guerra contra outro país. Mas pode ser a primeira vez que tanta mentira sobre outra nação resulta num desastre, precisamente no tipo de envolvimento militar para o qual os americanos estão menos preparados para lutar.

Durante a Guerra Fria, a CIA alimentou articuladores políticos com falsas informações sobre Estados-alvos e grupos-alvos o tempo todo. Não que analistas soubessem que os fatos estavam errados — sabiam e não sabiam. Exatamente como os neocons na "bat-caverna" — como o ex-chefe de contraterrorismo da CIA Vince Cannistraro chama o Escritório de Planos Especiais do Pentágono — podem ter ou não sabido que estavam sendo conduzidos por provas fajutas sobre armas, fornecidas por exilados iraquianos. O que importa nesses casos não é necessariamente a verdade. "Inteligência", lembra-nos o general Richard Myers, "não significa que algo é verdadeiro." O que importa é se a inteligência faz a estratégia de segurança de uma nação avançar, e as políticas que decorrem disso.

O presidente Bush forneceu uma interessante variação sobre esse princípio em sua última entrevista coletiva, na qual, em resposta a perguntas sobre o fracasso no estabelecimento de ligações entre Saddam e a al-Qaeda, disse: "Olhem, na minha linha de trabalho, o melhor é sempre produzir resultados... para, vocês sabem, aplacar os críticos e os cínicos em relação às intenções dos Estados Unidos, precisamos produzir provas." Provas, em outras palavras, não significam necessariamente estabelecer a validade das intenções, mas vender a um público em dúvida um curso de ação que o governo já escolheu por motivos que ele não compartilha.

Durante a Guerra Fria, a missão da CIA no Terceiro Mundo, inclusive no Oriente Médio, permaneceu corretamente constante por quarenta anos. Era, principalmente, determinar se movimentos de oposição locais que desequilibravam o poder numa região específica eram de inspiração comunista. Agentes estrangeiros eram treinados para pensar em termos ideológicos de democracia *versus* totalitarismo, de EUA *versus* URSS, e para avaliar conflitos locais no contexto da luta global contra o bloco soviético. Assim, governos foram derrubados e regimes pró-americanos, instalados, entre eles o Irã em 1953 e a Guatemala em 1954, principalmente com o argumento de que um desafio local aos interesses vitais dos EUA (reforma agrária nas plantações de café da Guatemala e nacionalização do petróleo do Irã) era resultado direto da penetração soviética.

Era uma estratégia que, com as evidentes exceções de Cuba e Vietnã, dois países que realmente eram liderados por comunistas, tendia a funcionar. Mas o segredo da liderança americana era menos sua capacidade de esmagar comunistas do que seu desejo de exercer poder dentro de estruturas e alianças multilaterais, o que às vezes incluía acordos velados com Moscou.

O que permanece dessa estrutura na doutrina Bush é a substituição do terrorismo pelo comunismo, por conseguinte a alegada conexão do Iraque com a al-Qaeda e suas supostas armas de destruição em massa.

O desafio simples que o Iraque deveria ter sido se tornou um pesadelo para as forças dos EUA, cujos líderes civis continuam a transmitir uma história em quadrinhos fantasiosa sobre o poder americano, tão distante da realidade, enquanto levantam questões sobre competência. "Vamos enfrentá-los e impor nossa vontade sobre eles, e vamos capturá-los ou... matá-los, até impormos nossa lei e nossa ordem neste país", disse Paul Bremer em julho. "Vamos dominar a cena..."

De acordo com Rand Beers — assistente especial do presidente para combate ao terrorismo até recentemente renunciar ao cargo — Washington subestima o verdadeiro inimigo que é o terrorismo. A obsessão com o Iraque criou sérias fissuras nas alianças contraterrorismo dos EUA, acredita ele. Também está criando uma nova geração de recrutas da al-Qaeda. Como resultado da guerra, alega Beers, "as questões difíceis, de longo prazo, tanto em casa quanto no exterior têm sido evitadas, negligenciadas ou escondidas..."

A questão do Iraque tem algo mais: petróleo, a estabilidade do dólar, a segurança do principal aliado dos EUA, Israel. O inimigo no Iraque também não é o regime de Saddam, do qual era fácil prescindir. "A cada dez anos mais ou menos, os EUA precisam pegar algum país pequeno e detestável e jogá-lo contra a parede, apenas para mostrar ao mundo que fazemos o serviço." Esta observação, feita por Michael Ledeen uma década atrás ao American Enterprise Institute, tem a virtude de destacar dois retratos singulares da estratégia de segurança nacional dos EUA. Primeiro, os inimigos que miram são fracos, tanto econômica quanto militarmente; e segundo, o poder que projetam é baseado na força, a força militar necessária para vencer o fraco de modo a assustar o forte.

"É como o valentão do parque", diz Ian Lustick, professor de ciência política na Universidade da Pensilvânia e autor de *Unsettled States, Disputed Lands* (*Estados perturbados, terras disputadas*). "Ele bate em alguém e todo mundo se comporta."

O objetivo a longo prazo da estratégia de segurança nacional é assegurar aos EUA o domínio global, impedindo o surgimento de potências rivais. Portanto, o raciocínio para a campanha militar no Iraque não era o de que Saddam Hussein representava a maior ameaça no Oriente Médio, mas, ao contrário, o de que ele era o mais fraco, o menos popular e, por conseguinte, o mais fácil de despachar. A invasão tinha o objetivo de demonstrar a vontade política dos EUA de ir à guerra unilateralmente e seu comprometimento com isso.

Agora um inimigo verdadeiro surgiu na forma do próprio movimento de oposição iraquiana, que está determinado a desafiar a aposta de Washington de fazer do Iraque um paraíso para empresas livres.

O Iraque é um teste, assim como foi o Vietnã em outro contexto estratégico, devido ao plano do Pentágono de tornar o país uma base para intervenções unilaterais ao longo do Golfo. O plano, raramente declarado pela Casa Branca, emergiu em 30 de julho, quando Bush afirmou que "um Iraque livre ajudará a mudar os hábitos de outras nações", tornando os EUA "mais seguros".

Em todo caso, o escândalo das informações forjadas está mal colocado. Culpar a comunidade da inteligência pelas provas falsas que o governo usou em seus argumentos para invadir o Iraque foi um mau passo de Bush. E sua decisão de aceitar a responsabilidade por divulgar o falso negócio de urânio entre Níger e Iraque mostrou que ele entendeu isso.

O apoio popular à guerra nunca dependeu tanto da lógica do argumento quanto da crença de que o argumento existia, qualquer que fosse, e de que Saddam era um vilão que correspondia aos crimes cometidos no 11 de Setembro. Apresentar provas de que o argumento está cheio de falhas, enquanto Saddam perambula livre e guerrilheiros atacam soldados americanos, apenas faz aumentar a aura de decepção e incompetência que rapidamente está se fechando em torno deste governo.

Cada semana traz novas brechas na parede do privilégio executivo, que vão desde o desenrolar da política de regulamentação sobre propriedade de mídia defendida pelos líderes republicanos até a incapacidade de Bush de proteger Condoleezza Rice de acusações no Congresso de mentir em sua avaliação sobre informes da inteligência pré-11/9 na Casa Branca. É só uma questão de tempo antes de uma amarga avaliação do futuro do conflito iraquiano feita pelo influente Centro para Estudos Estratégicos e Internacionais (CSIS), em Washington, mostrar os "críticos e cínicos" de Bush para um público mais amplo. Citando vinte e seis "problemas evitáveis", o especialista militar do CSIS Anthony Cordesman escreve: "Se essa situação não mudar logo, e radicalmente, os Estados Unidos poderão acabar fazendo uma terceira guerra do Golfo contra o povo iraquiano... Está longe de ficar claro que os Estados Unidos podem vencer esse tipo de guerra assimétrica."

Enquanto isso, os militares estão lutando para se ajustar à nova realidade. Em 6 de agosto, o chefe do Estado-Maior do Exército, John Keane, anunciou que o Exército está planejando deslocar uma "força experimental", que reúne as Forças Especiais, a infantaria normal, a polícia militar e soldados para assuntos civis. O objetivo será combinar habilidades de contra-insurgência com forças de pacificação num pacote. Uma volta no tempo ao Vietnã. Mas, como no Vietnã, falta chegar ao coração do problema, que é a presença americana no Iraque.

7
A ECONOMIA POLÍTICA DA MORTE I

Nada é mais importante diante da guerra do que cortar impostos.

TOM DELAY, líder da maioria na Câmara dos Representantes

É hora de olhar mais de perto o relacionamento entre poder e violência, ou *"la agresión"*, como propõe o escritor espanhol Pep Subiros em "Utopias Imperiales", um pequeno e interessante ensaio no *El Pais*. Falando de uma lógica perversa de impérios, junto com a obsessão dos EUA por segurança depois do 11 de Setembro, e da subseqüente guerra no Iraque, Subiros argumenta que "não há poder mais precário do que aquele sustentado por agressão contínua e força bruta". E em seguida: "nenhuma arma é tão 'inteligente' quanto um ser humano fanático cheio de ódio e inclinado à vingança."[1] Esta última é inspirada nos bem-sucedidos ataques da al-Qaeda ao Pentágono e ao World Trade Center, e poderia ser confrontada citando a gentil distração das agências de inteligência. Subiros apresenta um forte argumento para a fragilidade da Pax Americana quando volta sua atenção para a economia em tempo de guerra.

Uma "economia virtual", como ele a chama, vive uma "imensa ficção" de riqueza e poder, carece de direção, está fecundando uma catástrofe e recompensa apenas uma estreita elite financeira dentro dos Estados Unidos à custa de outras elites no exterior.[2] Por esses motivos, e especialmente o último (ele não é o primeiro europeu a observar como o governo Bush tem recorrido a instituições multilaterais como o Fundo Monetário Internacional e o Banco Mundial para fazer acordos de petróleo e gás), os interesses globais dos EUA estão acompanhados de uma guarda pretoriana muito mais disposta ao confronto.

Os danos cortam o caminho de duas maneiras. Enormes gastos militares roubaram da economia doméstica sua capacidade de cumprir obrigações públicas fundamentais, serviços básicos do tesouro, e remenda o que resta de uma esfarrapada rede de segurança para uma crescente subclasse. Isto nós sabemos, e podemos imaginar a facilidade com que o povo parece se ajustar à redução geral dos padrões dos serviços de saúde, educação, e os mecanismos de proteção ambiental, já reduzidos em comparação aos da Europa; juntamente com a perda de empregos (3,2 milhões desde março de 2001, quando a recessão começou), de fundos de aposentadoria, e até de serviços policiais e proteções da Guarda Costeira dos EUA que eram fornecidas a comunidades costeiras antes que essas agências fossem ligadas à Segurança Interna. O *Wall Street Journal* relata que "os EUA estão vivendo o mais prolongado retrocesso no mercado de trabalho desde a Grande Depressão. Deixaram para trás uma ampla gama de trabalhadores — de jovens a idosos, e desde aqueles que abandonam os estudos depois de concluírem o ensino médio até os de nível superior".[3]

De fato, o senso de falta de poder e o medo de impedir um desastre, que o governo Bush habilidosamente tem cultivado na massa, alimentam-se, em parte, da crescente ansiedade criada por perdas na economia doméstica. Para muitos, o sonho americano, transformando-se em pesadelo, reforça a imagem pessimista que o presidente tem do mundo, *e ajuda a vender sua mensagem de dominação do mundo*. "Nunca esquecerei o ferimento sofrido por nosso país nem aqueles que o infligiram", proclamou Bush por ocasião do 11 de Setembro. "Não vou capitular, não vou descansar, não vou ter piedade ao enfrentar essa luta pela liberdade e segurança do povo americano."⁴ Com seu falso desespero e sua bravata vazia, este é um grito insano no deserto de boas intenções: *Não vou... não vou... não vou...* Mas as palavras tocam uma ferida mais profunda e politicamente inexpressiva que muitos americanos têm suportado no colapso das tradicionais expectativas para o futuro.

Bush fala de maneira direta sobre os novos objetivos. O orçamento para 2004, declara, "atende aos desafios enfrentados por três prioridades nacionais: vencer a guerra contra o terrorismo, proteger o país e gerar crescimento econômico a longo prazo".⁵ Mas nenhum desses objetivos tem um fim ou mesmo um plano, a não ser o "crescimento econômico", que está amarrado com uma corda grossa aos crescentes cortes de impostos em corporações e investidores abastados, e cuja lógica não convence ninguém, nem mesmo os ricos. Um relatório autorizado pelo Departamento do Tesouro juntamente com o orçamento, mas suprimido depois de o Congresso aprovar um corte de impostos de US$ 350 bilhões, mostra que além do déficit de US$ 450 bilhões* em 2004, os Estados Unidos enfrentam um futuro de déficits de orçamento federal cada vez maiores — enquanto a geração *baby boom* envelhece — cujas terríveis conseqüências não têm sido enfrentadas. Nos próximos dez anos, só os cortes de impostos vão acrescentar US$ 1 trilhão ao déficit.⁶ O Tesouro federal, que já esteve cheio, tem sido saqueado. Era uma missão impossível; e até mesmo o taciturno presidente do Federal Reserve, Alan Greenspan, foi levado a protestar contra o que chamou de "ensurdecedor" silêncio de Washington em relação à futura situação de pressão. Mas o governo Bush passou por cima disso, considerando sem dúvida que se tivesse restado

---

*Agora mais de US$ 500 bilhões.

dinheiro, este seria usado para financiar programas sociais sem utilidade para setores favorecidos da economia.

Cada uma das três prioridades de Bush é destinada, com efeito, a garantir a saúde financeira de padrinhos das fortunas políticas do governo, principalmente os senhores da guerra das indústrias de energia e defesa que se alimentam da "economia virtual" e servem como patrões e beneficiários da mesma forma. Entre os trinta membros da Junta de Política de Defesa do Pentágono (DPB), pelo menos nove são diretores ou funcionários de empresas que ganharam *US$ 76 bilhões em contratos de defesa* em 2001 e 2002.[7] Estes incluem o general reformado Jack Sheehan, vice-presidente do Bechtel Group, uma empresa de engenharia gigante que fechou o primeiro contrato de "reconstrução de capital", de US$ 680 milhões, para reconstruir o Iraque, e permanece distribuindo punhados de contratos subsidiários a entidades corporativas, nem todas elas americanas. Na outra ponta do espectro está o destacado James Woolsey, chefe da CIA no governo de Bill Clinton e vice-presidente da comissão do Gerenciamento de Investimentos Crescentes, um fundo de investimentos com base em Nova York que comercializa tecnologias de segurança nacional e é dirigido por um obscuro financista de origem paquistanesa chamado Mansoor Ijaz.[8]

Woolsey, cujas conexões com o Oriente Médio não são atípicas, é um adepto das participações em programas de entrevistas na TV para defender os objetivos militares dos EUA nos tons sangrentos do Apocalipse. Quando lhe perguntaram se a explosão de um caminhão-bomba na sede da ONU em Bagdá, em 19 de agosto de 2003, indicava que uma guerra mais ampla estava a caminho, ele replicou: "Esta sempre foi uma guerra mais ampla. Sempre foi relacionada a ditadura, islamismo e armas de destruição em massa e terrorismo vindo do Oriente Médio... Esta é realmente uma grande luta... assim como a luta contra os nazistas, esta é uma guerra para a morte."[9]

Jim Woolsey é um propagandista. A conexão Bechtel é mais significativa; porque reflete uma parceria institucional entre a indústria de defesa e o governo — tanto o secretário de Defesa de Ronald Reagan, Caspar Weinberger, quanto seu secretário de Estado, George Schultz, vieram da Bechtel — que percorreu um longo caminho a partir do "complexo industrial-militar" para o qual Eisenhower advertiu quarenta anos atrás. Então foi uma questão de espalhar influência em lugares importantes onde assuntos de guerra e paz estavam em jogo; e por bons motivos as implicações antidemocráticas do crescente poder dos lobistas da indústria têm preocupado tanto liberais como conservadores (alguns, pelo menos) durante décadas.

De fato, o perigo ainda é comumente medido pelo dinheiro que leva políticos a uma atitude corporativa por um sistema de armas de muitos milhões de dólares ou a um contrato caro para limpar um campo de batalha distante. James Ridgeway observa que a Bechtel deu US$ 1,3 milhão em contribuições de campanha durante o ciclo 1999-2000, principalmente a republicanos.[10] Alianças de trabalho continuam sendo feitas nos campos livres e fáceis de financiadores (especialmente republicanos) de partidos, nos jogos de golfe, nos jogos de tiro ao alvo, nas caças ao pato, onde alianças sociais são forjadas, e sem isso os negócios não são feitos. Visto sob um ponto de vista de sistemas, porém, tem havido uma transformação. O favorecimento ao velho estilo tem amadurecido, ao mesmo tempo que tem sido institucionalizado no Pentágono nos últimos anos. E, hoje, no escritório do vice-presidente Dick Cheney, onde a política de energia é estabelecida, os favorecimentos atingiram um nível mais alto de eficiência.

Com todos os três ramos do governo atualmente dominados pela ala conservadora do Partido Republicano, essas parcerias têm sido amplamente admitidas pelos irritantes intermediários e reguladores tradicionalmente enraizados no Congresso e na Suprema Corte. Lobistas ignoram a fantasia democrata de que eles estão pressionando por programas num mercado aberto onde todos os que chegam são bem-vindos para argumentar seus interesses. Agora que eles estão livres para chegar ao ponto principal, a conversa na sala dos fundos mudou. Numa conferência em 1999 organizada pelo Projeto para o Novo Século Americano, Bruce Jackson, vice-presidente da Lockheed que foi chefe de finanças e chefe de arrecadação de fundos na primeira campanha presidencial de George W. Bush, vangloriou-se de que iria pessoalmente "escrever a plataforma republicana" sobre defesa se o governador do Texas chegasse à Casa Branca.[11]

Enquanto isso, o orçamento de US$ 2,2 trilhões de 2004, com um aumento de 4,2% em relação aos gastos de 2003, incluiu um pedido de US$ 41 bilhões para a Segurança Interna, portanto, dobrando os fundos de um departamento pouco funcional em comparação ao que era dois anos antes, e beneficiando um próspero grupo de empresas de seguros — que pode ou não incluir a Trireme Partners, do ex-presidente do DPB Richard Perle, outro nome com ligações com o Oriente Médio, "cujo principal negócio", de acordo com uma carta de intenções, "é investir em empresas que lidam com tecnologia, bens e serviços de valor para a segurança e a defesa do país".[12] Ao mesmo tempo, a apropriação de US$ 41 bilhões, para a proteção confiável a serviços de segurança, bem como a gigantes farmacêuticas em alerta para inoculações em massa, fica drasticamente longe do financiamento de medidas antiterror que o governo tem imposto a governos estaduais e locais. "Estamos pedindo a nossos bombeiros, policiais e guardas da costa e das fronteiras que façam bem mais com bem menos do que já pedimos alguma vez a nossos soldados", observou o assistente especial do presidente para combate ao terrorismo, Rand Beers, que se demitiu do governo Bush em abril de 2003, indignado com a falta de uma genuína preocupação com as necessidades de segurança nacional interna.

Os gastos com a defesa, que saltaram 4,3%, para US$ 373 bilhões, incluem aumento da assistência militar a vinte e cinco "países da linha de frente" que têm participado da guerra contra o terror. Dinheiro devido, se poderia dizer; mas olhando à frente, suspeita-se de que eles precisarão disso, especialmente o Paquistão e as Filipinas, devido à ameaça sempre presente de reações. Quatro líderes de uma tentativa de golpe, em 27 de julho de 2003, contra o governo Arroyo, em Manila, foram treinados pelas Forças Especiais dos EUA. Receberam treinamento de tiro, combate noturno e contraterrorismo, e haviam lutado contra o grupo separatista islâmico Abu Sayyaf, na Ilha de Basilan.[13] Quanto ao Paquistão, apesar de provas de que o general Pervez Musharraf fez um acordo com o presidente Bush para *não* prender Osama bin Laden depois da guerra afegã, por medo de incitar problemas com radicais islâmicos em seu próprio país, o fracasso na tentativa de capturar Bin Laden — que em agosto de 2003 estaria se escondendo em Baluchistão, província no norte do Paquistão — favoreceu a sobrevivência das forças da al-Qaeda.[14] Considerando relatos naquele mesmo mês sobre recrutamento aberto pela al-Qaeda e pelo Talibã na cidade de Quetta, em Baluchistão — juntamente com invasões de grupos rebeldes no sudoeste do Afeganistão — parece que houve uma reação ao acordo dúbio que Bush fez com Musharraf. O acordo para ignorar Bin Laden em troca da ajuda do Paquistão para destruir o regime talibã durante a campanha afegã permitiu o restabelecimento do poder talibã suficientemente disseminado, levando Hamid Karzai a propor uma participação talibã numa futura coalizão de governo. E em fevereiro de 2004, percebendo problemas em sua campanha presidencial, o presidente Bush enviou o Time 121, grupo de ação de cobertura do secretário de Defesa Rumsfeld, às montanhas Hindu Nesh, para capturar Osama bin Laden.

O Departamento de Estado relata um aumento substancial nos gastos com assuntos externos para dar "assistência em segurança" aos países que aderiram à campanha antiterror. US$ 4,7 bilhões foram reservados para o contraterrorismo, comparados a US$ 2 bilhões para programas ligados à "guerra contra a pobreza". US$ 1,3 bilhão desta última quantia vai para a Conta Desafio do Milênio (MCA), um fundo inicialmente fixado em US$ 5 bilhões, em março de 2002, destinado a um seleto grupo de países considerados pelo presidente nações que estão "governando com justiça, investindo em seu povo e estabelecendo a liberdade econômica". O fundo foi cortado ainda mais na Câmara para US$ 800 milhões sem interferência da Casa Branca, cujas promessas de ajuda, como a multibilionária promessa do Estado da União de combater a Aids, geralmente são derrubadas de seu pedestal quando abandonadas às vicissitudes do Congresso dominado por republicanos. Vale a pena, porém, observar de perto a MCA, o que revela o plano original de Bush para reestruturar a ajuda externa: "reformar as condições para a ajuda dos EUA", como explica um memorando da Fundação Heritage, "na medida em que as exigências de trabalho mudaram a situação".[15] Primeiramente, o plano busca incluir empresas do setor privado como "parceiras no desenvolvimento" e operar independentemente da burocracia existente para a assistência, por meio da Corporação Desafio do Milênio.

A MCA incorpora uma fórmula familiar. É a santíssima trindade de privatização, desregulamentação e liberalização do comércio que levou ao colapso a economia argentina em dezembro de 2001, e que favoreceu um tipo de desenvolvimento invertido na América Latina, segundo o qual nações empobrecidas, já dependentes do Banco Mundial, do FMI ou do Banco de Desenvolvimento Interamericano, têm perdido gradativamente o controle sobre seus recursos nacionais. Hoje, bancos comerciais como o Citigroup (antigo Citibank) e o J.P. Morgan Chase (antigo Chase) — que lucraram com as regras do governo nos anos 1980 e 1990, emprestando dinheiro a empresas com autoridade para descobrir represas, projetos de energia, companhias telefônicas e similares "com problemas", ou fazendo contratos e lançando ações para levantar dinheiro a longo prazo para criar novos negócios — em geral se retraíram em relação a essas aventuras. Eles não liquidaram as contas; ou, como na Argentina, os bancos e suas casas de corretagem já não são bem-vindos. Na maior parte, os investimentos não resultaram nos bens ou serviços prometidos, e desde então eles têm sido levantados principalmente pelo Banco Interamericano de Desenvolvimento, que busca envolver capitalistas de risco da Espanha e do Chile ("Capitalistas exploradores", como são chamados na Bolívia).

Como acordos feitos na década passada, a MCA associa ajuda ao desenvolvimento de países carentes de capital a "indicadores de governo" favoráveis a investidores: adesão ao império da lei, mercados nacionais abertos etc.[16] Mas planeja estender a fórmula de livre comércio a uma nova série de economias-alvos, presumivelmente mais favoráveis às regras do setor privado. Portanto, a fórmula que atrasou a América Latina e foi rejeitada no Sudeste da Ásia está sendo usada pelo presidente Bush como condição para a ajuda externa no Golfo.

Se falta substância a este exercício de "poder suave", é porque o coração da doutrina de Bush está em outro lugar — com "firme poder", e prevenindo guerras fazendo outras. E guerras preventivas mudam a definição de soberania de um modo que mina as perspectivas de fomentar economias periféricas. Se grupos terroristas por definição não estão sujeitos a impedimentos — porque como entidades subnacionais podem passar de país a país — os Estados Unidos precisam estar preparados para lutar em todo lugar, a qualquer hora, para destruir uma ameaça concreta ou potencial. Então, como podem os investidores, e muito menos os governos regionais, contar com as condições sociais e políticas estáveis que tradicionalmente servem de base para o crescimento?

A resposta é: eles não podem; e se reações iniciais à zona de livre comércio que o governo Bush tem promovido no Oriente Médio são alguma indicação, eles não estão contando. Num fórum econômico ocorrido em Shuneh, Jordânia, no fim de junho de 2003, Robert Zoellick, representante do Comércio dos EUA, apresentou planos para uma Área de Livre Comércio do Oriente Médio (Mefta), e acenou com a possibilidade de uma ajuda econômica de US$ 1 bilhão a países que cooperarem. O representante de Washington em Bagdá, L. Paul Bremer, chegou para agenciar as oportunidades para empresas privadas no Iraque, onde os Estados Unidos planejam privatizar quase tudo, não apenas a produção de petróleo (cuja privatização vem mais tarde, depois de a infra-estrutura arrasada ser protegida e modernizada com gastos públicos), mas também a purificação da água, as telecomunicações, transportes, serviços postais etc. Participantes árabes, entretanto, na maioria proprietários de fábricas em Jordânia e Líbano, não estavam comprando nem as promessas de Bremer nem a Mefta. O problema era maior do que a nojenta guerra do pós-guerra no Iraque — era o acordo de comércio já assinado com a Jordânia, que permaneceu como um modelo perturbador para futuros acordos com outros Estados árabes.

Como a maioria dos acordos desse tipo, a Nafta inclusive, o acordo de comércio com a Jordânia beneficia elites locais, ou tem a intenção de beneficiar (empresas de transporte de carga mexicanas ainda estão esperando que os EUA deixem seus enormes caminhões cruzarem a fronteira, como prometido de acordo com a Nafta). Mas muitas elites da área do Golfo são dependentes de petróleo, e o petróleo é comercializado livremente apenas em mercados mundiais sem barreiras alfandegárias significativas. Por que os empresários da região se comprometeriam com uma zona de comércio que não oferece qualquer benefício adicional? Alguns fabricantes libaneses têm demonstrado interesse em expandir as exportações para os EUA, mas os EUA cobram 17% de imposto de importação sobre roupas e outros produtos têxteis libaneses. Pior, segundo o acordo com a Jordânia, Washington exige que pelo menos 7% de todas as exportações livres de impostos para os EUA tenham origem em Israel[17] (uma variação do velho princípio mercantilista segundo o qual você pode exportar para os EUA desde que os exportadores usem produtos americanos em vez daqueles de seus competidores). Com termos como esses, e nenhuma indicação de que eles serão significativamente modificados para um regime de comércio numa ampla área, o governo Bush tem mostrado que não está seriamente interessado em negociar acordos comerciais viáveis no Oriente Médio.

Há muito tempo os EUA têm imposto a países desenvolvidos tarifas maiores, em média 13%, que as da UE, cuja média de tarifas comparáveis é de 2%. Isto ajuda a explicar por que receitas obtidas com importações de Bangladesh, por exemplo, são mais ou menos equivalentes àquelas obtidas com importações da França, embora as importações da França sejam doze vezes maiores.[18] A verdade é que, junto com o abandono pelo governo Bush de acordos internacionais para controle de armas e acordos multilaterais de segurança herdados da Guerra Fria, as vacas sagradas do desenvolvimento econômico e do livre comércio têm, com efeito, baixado de nível também. Com a doutrina de preempção, o próprio conceito de estado e de santidade de suas fronteiras se tornou uma presa da distopia imperial — que é em parte o motivo pelo qual a equipe de Bush nunca de fato planejou seriamente a manutenção da paz no Afeganistão ou a construção do Iraque como nação.

Os EUA desdenham a "longa cauda" de cargas e compromissos que grandes potências costumeiramente assumem antes de grandes ações militares. Vencer é tudo, e depois, então, lucrar com os estragos. Portanto, o Pentágono está parado no Iraque não apenas porque é incapaz de estabilizar o campo de batalha e estabelecer uma autoridade política e um ambiente regulamentado que permitam negócios, mas porque não conseguiu imaginar um sério obstáculo pós-guerra além de catástrofes que não ocorreram, como incêndios disseminados em campos de petróleo e grandes fluxos de refugiados. Especialistas do Departamento de Defesa nunca estudaram o país que esperavam dominar, ou ouviram as vozes que desafiaram as premissas por trás de uma visão de conquista e transformação tão distante da realidade do mundo árabe como qualquer capítulo da história das incursões ocidentais no Oriente Médio. Não é surpresa que o governo não tenha conseguido criar um pacote de ajuda em tempo de guerra ou um acordo comercial (além daquele pendente com o Marrocos) que tenha alguma chance prática de sucesso.

Mesmo o interesse estratégico do governo no petróleo do Oriente Médio tem afundado na sodômica cama de uma política externa fantasiosa, e na prolongada ocupação de um Iraque hostil. O petróleo deveria financiar a reconstrução pós-guerra, cujo custo inicial fora calculado em US$ 2,4 bilhões, antes de saltar para US$ 100 bilhões e, em seguida, de acordo com uma estimativa do CSIS em agosto de 2003, para US$ 200 bilhões, até que no fim do verão — depois de Paul Bremer reconhecer que, devido às repetidas sabotagens em oleodutos iraquianos, levaria meses, se não anos, para a produção de petróleo do país alcançar os níveis pré-guerra — números tão altos quanto US$ 500 bilhões começaram a circular na imprensa.

O petróleo iraquiano não chegará perto de cobrir os custos de consertos e proteção de oleodutos antiquados, e muito menos de cobrir as inchadas despesas com a reconstrução, que terão de ser arcadas da mesma maneira com que Washington geralmente financia gastos de déficits: com aumento de empréstimos, principalmente de investidores estrangeiros. E isso significa que os mercados de ações vão continuar financiando as crescentes dívidas americanas; ou, pondo de outra maneira, que investidores estrangeiros continuarão cobrindo as obrigações do governo com indústrias de defesa que são seus mais poderosos credores — embora, é claro, não seja assim que aliados dos EUA ou futuros concorrentes, como a China, vêem isso. Do ponto de vista deles, se os EUA acumulam uma fatia ainda maior das economias do mundo, é para financiar o consumo americano, que, por sua vez, garante maiores exportações para os EUA. Principalmente no Leste da Ásia, financiar as dívidas americanas ainda é algo justificável, se garantir acesso irrestrito ao mercado americano.

De acordo com Niall Ferguson, autor de *A ascensão e o legado da ordem mundial britânica e lições para o poder global*, pedidos de financiamento internacional ao Tesouro dos EUA agora chegam a cerca de US$ 8 trilhões de seus bens financeiros, o que é resultado de maiores déficits na balança de pagamentos dos EUA, totalizando quase US$ 3 trilhões desde 1982. E se os investidores escolherem reduzir suas apostas na economia americana, pergunta ele, e trocar seus dólares pelo cada vez mais dinâmico euro?[19] Uma pergunta importante. Impérios não são construídos com dívidas, diz Stephen Roach, economista-chefe do Morgan Stanley que argumentou que a explosão da bolha de bens dos EUA no fim dos anos 1990 revelou a fraqueza fundamental de um "mundo centrado nos EUA". "Uma economia americana que não guarda dinheiro pode continuar a financiar uma expansão nunca vista da superioridade militar dos EUA?", pergunta ele hoje; e responde com um "retumbante não".[20]

De fato, tanto investidores americanos quanto europeus já começaram a vender ações externas e a trazer dinheiro para casa, principalmente para saldar dívidas. Até então o movimento é mais dirigido a países emergentes, como o Brasil, que já foi a vanguarda da colonização. Mas a tendência na Europa pode se inverter, e castigar a economia dos EUA. De acordo com a *Economist*, isto já está acontecendo; o investimento externo direto total nos EUA caiu impressionantes 77% (para US$ 30 bilhões) entre 2001 e 2002.[21]

O maior interesse estratégico da equipe de Bush no Iraque, que já se voltara para o euro em novembro de 2000, era pôr o Iraque de novo a bordo; e assegurar o acesso americano ao petróleo da região do Golfo a preços favoráveis, portanto minando o poder da Opep. A idéia era não apenas atender a crescentes necessidades de energia, mas controlar a distribuição de petróleo e gás para potências européias rivais, e para a Rússia e a China. Como resultado, o principal foco da nova estratégia de segurança nacional — preservar a hegemonia americana resistindo ativamente ao surgimento de centros de poder alternativos (quer dizer, o poder **do euro**) — poderia ser buscado com oportunas aplicações de pressão econômica. É uma teoria sofisticada — em teoria; uma expressão da política de força de Kissinger, principalmente quando se está preparado para escavar a economia global; mas isto também caiu em tempos difíceis.

Na hierarquia de objetivos que está por trás dos sonhos imperiais dos EUA, nem a liberalização do comércio, nem o desenvolvimento econômico externo e menos ainda a prosperidade doméstica estão em níveis muito altos. Mesmo a Segurança Interna foi reduzida de US$ 41 bilhões para US$ 29,4 bilhões depois de o Congresso interferir, em setembro de 2003. (Os gastos com a defesa, em contraste, foram de US$ 373 bilhões para US$ 368 bilhões, uma queda menor.) Quanto mais os EUA afundam na areia movediça do combate no grande Oriente Médio — do norte da África ao Levante, do Golfo Pérsico ao Afeganistão — mais graves são os danos que esses tradicionais indicadores de poder americano vão suportar. Haverá os habituais altos e baixos para os profetas econômicos ruminarem; principalmente aqueles que sustentam (com a Mãe Coragem) que "guerras são inerentemente estimulantes [porque] são financiadas com empréstimos do governo, o que aumenta a demanda..." Como a Stratfor* baseada no Texas e autora dessa observação, eles vão citar John Maynard Keynes em defesa da idéia, e achar "irônico e ridículo que democratas agora ataquem a economia keynesiana enquanto os republicanos a adotam".[22]

Enquanto isso, uma mudança dessa dimensão acarreta profundas implicações para a estabilidade futura dos Estados Unidos — cujos negócios, afinal de contas, são negócios. Ou eram. Agora que tanto a indústria de defesa quanto a de energia — tendo se livrado de todos os vestígios de regulamentação — consideram o governo dos EUA seu melhor cliente, elas se plantaram no leme para guiar o navio do país. Já não resta muito governo para defender os interesses de insti-

---

*Strategic Forescasting, Inc., empresa privada de inteligência. (*N. do T.*)

tuições menores, incluindo outros negócios, ou o bem-estar de meros cidadãos, *ou a verdadeira segurança da nação*. No passado, a prosperidade americana tradicionalmente acompanhava a expansão armamentista dos EUA em novos mercados — primeiro, depois de "vencer o Ocidente"; depois, com a derrota da armada espanhola em Cuba e nas Filipinas, por meio da ocupação de postos no Pacífico, e abrindo mais o comércio da China; e então construindo o Canal do Panamá, portanto ligando o comércio por mar dos EUA de costa a costa, e cortando o caminho para o café e as bananas da América Central. Depois das vitórias americanas na Segunda Guerra Mundial, os Estados Unidos investiram na Europa arrasada pela guerra, e colheram os frutos nos anos que se seguiram. Mesmo hoje, mais da metade dos investimentos externos diretos dos EUA estão baseados na Europa — comparados com um insignificante 1% no Oriente Médio.[23]

Em cada caso, oportunidades econômicas ampliadas foram estabelecidas por ocasião de intervenções militares, embora a face pública da guerra tradicionalmente seja de surpresa e horror diante da inesperada infâmia dos inimigos, sejam eles índios saqueadores ou o "Açougueiro" Weyler, da Espanha, em Cuba, ou um vilão verdadeiro como Hitler. O "mito da 'superpotência relutante'", como chama Andrew Bacevich em *Império americano*, que é "o padrão do mal estimulando os Estados Unidos a agir".[24] Os dois grandes impulsos por trás da política externa americana — a constante necessidade de expandir mercados e o uso de força militar para proteger objetivos políticos — em geral têm seguido de mãos dadas. Na verdade, só com a intervenção dos EUA no Vietnã o motivo econômico ficou para trás. No Vietnã, os EUA estavam envolvidos num "novo tipo de guerra", como se dizia. Precursora do Iraque neste sentido, a guerra tinha a intenção de redesenhar o mapa geopolítico do Sudeste da Ásia em favor dos EUA, e de demonstrar a Moscou e Pequim que a capacidade militar dos EUA de vencer guerras de guerrilha de libertação nacional era incontestável.

Como o Iraque — que alguns economistas chamam de "Vietnã monetário", porque responde por quase 15% dos déficits de orçamento anuais — a Guerra do Vietnã solapou a saúde econômica da nação. Mas se a guerra no Sudeste da Ásia pôs fim às promessas que a Grande Sociedade de Lyndon Johnson estendeu a comunidades sem direitos civis, a ampla guerra no Oriente Médio, marcada tanto por cortes de impostos maciços quanto por gastos sociais reduzidos, ameaça descarrilar o Social Security and Medicare* do qual todos os americanos dependem. Se o valor do crédito na economia americana desabar, o mesmo acontecerá com as apostas que metade do mundo industrial tem feito em seu toque de Midas, e em sua infinita capacidade de consumir.

"Uma destruição do trem fiscal", talvez deliberadamente, é como o colunista do *New York Times* Paul Krugman chama o orçamento em tempo de guerra. "Não é segredo", escreve ele, "que ideologias de direita querem abolir programas que os americanos dão como certos." Em apoio a essa idéia, Krugman invoca o sério *Financial Times*, órgão britânico de opinião sobre negócios — que saudou o corte de impostos de Bush com a famosa linha: "Os lunáticos agora são responsáveis pelo hospício"— em relação ao fato de que "republicanos extremos" querem, na verdade, a destruição do trem. "Propor retalhar os gastos federais, particularmente em programas sociais, é uma proposição eleitoral trapaceira", analisa o FT, "mas uma crise fiscal oferece a perspectiva tantalizante de forçar tais cortes pela porta de trás." Krugman, que imagina quando o público americano vai acordar para o que está acontecendo, concorda.[25]

Mas esta opinião sustenta uma realidade onde principalmente o caos e a ambição se combinam. É verdade, ideologias de direita gostariam de destruir a maioria dos vestígios da New Deal e sim, americanos dão como certos seus programas sociais, assim como dão como

---

*Sistema de previdência social e saúde americano. (*N. do T.*)

certa a maioria dos privilégios e direitos, inclusive as liberdades civis, esquecendo, como disse Woodrow Wilson: "A história da liberdade é a história da resistência." Mas isto não significa que estripar a economia para servir a interesses privados ou a gatos gordos do Texas e da Virgínia seja parte de um grande plano para sabotar o liberalismo. O liberalismo é bem capaz de se virar; e de fato tem feito uma carreira sem o sacrifício público por interesses privados nos três últimos governos democratas. É o preço que liberais têm pagado, nem sempre alegremente, para se sentarem com os meninos grandes às mesas de jogo da política nacional.

Se o trem está saindo do trilho, é mais provável que seja porque o engenheiro e o condutor estão na sala da caldeira contando seus ganhos.

8

A ECONOMIA POLÍTICA DA MORTE II

O centro não segurou.

Paul Krugman[1]

Não há dúvida de que os Estados Unidos entraram num permanente estado de guerra. Uma guerra que está sendo lutada abertamente e secretamente no Oriente Médio e além. Com ela veio uma permanente economia de guerra, cujas bases nas areias erosivas da riqueza e do poder históricos dos EUA começaram a ceder. Você não ouvirá chefes de serviços do Pentágono dizerem a seus comandantes que estão se "preparando para uma grande mudança de direção. Com todas as forças se dirigindo para casa, nossa missão agora é reerguer essa força", como disse o almirante Vern Clark após a "vitória" da Operação Liberdade Iraquiana.[2] Em vez disso, os chefes estão brigando novamente, como fizeram em março de 2003, quando as longas linhas de suprimento foram interditadas pelas Fedayin, e como eles fazem cada vez que as notícias vindas dos campos de batalha são ruins, porque suspeitam que os objetivos da liderança civil, quaisquer que sejam eles, são inatingíveis.

Enquanto soldados americanos continuam a ser abatidos, e os alvos de inimigos invisíveis e não identificados no Iraque se ampliam além de oleodutos, usinas de energia e postos policiais, para incluir a sede da ONU e organizações de ajuda internacional — e, em 29 de agosto, o templo xiita do imã Ali, na cidade sagrada de Najaf, onde uma explosão matou e feriu centenas de fiéis, inclusive o próprio aiatolá Muhammed Bakr al-Hakim —, até mesmo o secretário de Defesa Rumsfeld recorreu a "estudos" confusos em público para justificar "correções de meio de percurso". Rumsfeld está se agarrando a alternativas de comprometer mais soldados americanos ao campo de batalha, bem como a argumentos para justificar um pedido emergencial ao Congresso de US$ 87 bilhões adicionais para o próximo ano fiscal (isto, além dos US$ 79 bilhões que o Congresso aprovou há seis meses). A firme oposição do secretário de Defesa a um aumento do número de soldados é comumente atribuída a seu desejo de reservar soldados americanos para o combate, e não usá-los para tarefas de policiamento. Outros observam que as forças americanas já foram bastante ampliadas, com cerca de 370 mil soldados deslocados para 120 países, e que Rumsfeld precisa manter suas opções abertas para um conflito com a Coréia do Norte. Mas existe um outro motivo, não mencionado, para a aversão ao comprometimento de mais soldados. Com sua contínua vulnerabilidade ao fogo de atiradores da crescente resistência no Iraque, e sua tendência a escrever a suas famílias e a congressistas para mostrar a verdadeira face da guerra, o fato estranho é que os soldados americanos se tornaram um inesperado calcanhar-de-aquiles no plano principal de subjugar o Oriente Médio.

A questão que Pep Subiros levanta não é se os Estados Unidos podem se permitir permanecer na ofensiva. Provavelmente não podem, por motivos tanto econômicos quanto estratégicos; mas as decisões foram tomadas, e não incluem uma saída estratégica. Nenhuma advertência do persuasivo Ferguson — de que ser a maior nação devedora do mundo leva a uma frágil Pax Americana — pode fazer muita diferença enquanto a armadura ideológica que apóia a histórica incapacidade dos EUA de se retirarem de uma proposição militar perdida permanecer firmemente no lugar. Mesmo se o regime de Bush for retirado do poder em novembro de 2004, o Congresso ainda será dominado por republicanos "extremados". E se a dominação deles tiver fim — e um presidente democrata entrar na Casa Branca em meio a uma onda de sentimento antiguerra e ressentimento populista de corrupção em altos níveis — as raízes do medo de Washington de ser apanhado com uma bandeira branca na mão estão tão profundamente fixadas na psique marcial da nação, e tão firmemente fortalecidas por um sistema de defesa faminto, que não cederiam a uma mera troca de guarda. ("É parte do padrão geral de política mal conduzida que nosso país esteja agora preso a uma economia armamentista, que foi criada para uma psicose de histeria de guerra artificialmente induzida e nutrida com uma incessante propaganda de medo." Isto é o general Douglas MacArthur, falando em 1951.)

Os principais candidatos democratas, que originalmente esperavam uma ação da ONU para sancionar uma guerra à qual muitos se opunham, embora, de qualquer modo, tenham votado a favor, estão unidos no argumento de que os EUA deveriam buscar uma bênção da ONU, pois assim forças internacionais poderiam se deslocar para resgatar os soldados americanos no Iraque. Só Dennis Kucinich pede uma retirada completa. Mas Max Boot, do *Wall Street Journal*, também promove a idéia de que os EUA não podem continuar sozinhos, e precisam buscar assistência da ONU. Democratas liberais assumirão a liderança com apoio popular para sair, argumentando que *é tarde demais*. De fato, eles já estão lá. "A realidade atingiu a ideologia no olho", escreve Christopher Marquis no *New York Times* em 31 de agosto, referindo-se ao repentino "reconhecimento amplo" de que os EUA precisam fazer uma "correção de meio de percurso". "Para os liberais, muitos do quais se opuseram à invasão", observa ele, "isto pode significar admitir que não pode haver qualquer saída rápida porque as apostas ficaram altas demais. Partir agora deixaria os iraquianos sob violentos usurpadores, e abriria um precedente que poderia assombrar Washington durante anos."

Eis como o secretário de Estado Dean Rusk colocou a questão em 1965, não muito depois de os fuzileiros navais chegarem a Danang, e os protestos contra a guerra começarem: "A integridade do compromisso dos EUA é o principal pilar da paz no mundo. Se este compromisso deixar de ser confiável, os comunistas tirarão conclusões que levarão à nossa ruína e quase certamente a uma guerra catastrófica." Substitua "comunistas" por *terroristas* e você tem o mantra que surge agora na neblina da guerra.

Para voltar aos dólares e centavos, o que Subiros sugere é que a economia em tempo de guerra gerada por "agressão contínua" *está desestabilizando a si própria*, não apenas por mirar regiões, ou porque aqueles setores da economia internacional — principalmente os interesses franceses, russos e britânicos — investiram no petróleo do Oriente Médio e em indústrias não-petrolíferas, mas por causa da economia nacional, cujos programas centrais dependem de impostos e de um dólar sadio. Quanto à parte substancial da economia americana cujos investimentos externos tradicionalmente dependem de climas políticos previsíveis, fluxo livre de fundos do Seguro de Depósito Federal e mercados assegurados, esta parte de tradição econômica já não está intacta.

Com efeito, o governo Bush está fazendo uma guerra econômica em sua própria economia, incluindo um significativo setor da classe de investidores. E está fazendo isso com um instrumento poderoso, mas arriscado, de recente desenvolvimento capitalista. É a privatização das forças armadas, da energia e da política externa por um pequeno grupo de pessoas que se movimentam para a frente e para trás entre as comissões corporativas de Halliburton, Bechtel, Lockheed-Grumman, Fluor Corporation, Philips Petroleum, Booz Allen Hamilton e outros, e nos altos escalões do governo. Na atual administração da guerra, isto inclui a maioria dos altos funcionários, liderados pelo vice-presidente Cheney, cuja antiga presidência da Halliburton deu a uma subsidiária desta, Kellogg Brown & Root (KBR), o caminho interno para contratos para os campos de petróleo iraquianos — o deputado democrata Henry Waxman relata que estão avaliados em US$ 7 bilhões. (Sem a influência política da Halliburton — cujo primeiro contrato para campo de petróleo foi assinado em dezembro de 2001, *quinze meses antes de a guerra começar* — é possível, segundo algumas pessoas argumentam, que os EUA não tivessem feito a guerra.³) Mas a troca é ainda mais profunda do que uma mera influência, como demonstra o escritor Dan Baum numa avaliação presciente dos esforços dos EUA para a reconstrução do Iraque. "A KBR não precisava de qualquer ajuda [de conexões políticas]", afirma ele. Por quê? Porque na época estava "tão ligada ao Pentágono que era capaz essencialmente de assinar o contrato ela própria".

Baum cita uma base do Exército, Campo Arifjan, que a KBR criou do nada no deserto do Kuwait, em outubro de 2002, enquanto a guerra ainda estava sendo debatida na ONU e nas ruas. Se o Exército a tivesse construído, reservistas estariam mobilizados, portanto, gerando prematura cobertura na TV de homens e mulheres deixando suas casas uniformizados, antes de o Congresso aprovar a guerra. (Graças a uma cronologia secreta de acontecimentos que vazou em 3 de setembro de 2003, sabemos que Bush aprovou formalmente "objetivos e estratégias para o Iraque" em 29 de agosto de 2002. Três meses antes disso, o Pentágono iniciou uma série de exercícios de guerra regionais chamados de "Martelo Proeminente".⁴ Mas em 17 de setembro de 2001, poucos dias depois dos ataques terroristas, Bush disse ao Pentágono para partir para o trabalho no Iraque.) "É uma decisão política usar empreiteiros", lembra um comandante de logística a Baum. "O Exército pode ter um trabalho delicado sendo feito silenciosamente." O Campo Arifjan pode parecer uma base do Exército, mas efetivamente é uma subsidiária da Kellogg Brown & Root, e o Exército, de acordo com o chefe do projeto da KBR, é, na verdade, o "cliente".⁵

Quando Dick Cheney era secretário de Defesa, em 1992, o Pentágono contratou a Halliburton para relatar a possibilidade de privatizar funções do Exército no mundo, desde construir campos e bases aéreas até fornecer alimentos, lavanderias e serviços postais. E quando isto terminou, o Departamento de Defesa escolheu a KBR para começar a implementar as recomendações. De 1994 a 2002, o Pentágono fez 3.016 contratos, avaliados em mais de *US$ 300 bilhões*, com doze das vinte e quatro companhias militares privadas com base nos EUA (PMCs), dos quais 2.700 eram divididos entre a KBR e a firma de consultoria em gerenciamento e tecnologia Booz Allen Hamilton. PMCs vendem seus artigos no exterior por meio do programa de Vendas Militares no Exterior, do Departamento de Defesa, com o qual o Pentágono paga ao empreiteiro por serviços oferecidos a um governo de outro país. Em 2002, no total, as companhias haviam realizado operações em cinqüenta países, de Bósnia a Serra Leoa e Colômbia.[6] Como advogados, algumas trabalham apenas para clientes "éticos", enquanto outras fazem dinheiro com tipos menos atraentes, e outras ainda fazem negócios com ambos — pode-se pensar em Douglas Feith no antigo Escritório para Planos Especiais, cujas operações não registradas no Oriente Médio eram feitas por Manchur Ghorbanifar, mercador de armas do Irã-Contras.

PMCs (grupo de comércio: Associação Internacional de Operações de Paz) podem alugar batalhões de comandos inteiros, ou fazer jogos de guerra com ações ao vivo, ou cumprir funções de treinamento e recrutamento para o ROTC* em mais de 200 universidades americanas, ou treinar o novo exército que os EUA prometeram ao Iraque.[7] Uma empresa de San Diego, Cubic, tem contratos com o Departamento de Estado e o Pentágono para treinar os exércitos de futuros membros da Otan na "Europa emergente": Romênia, Hungria, República Tcheca etc.[8] Esse acordo tem uma ironia especial. Primeiro,

---

*Reserve Officer Training Corps, programa de treinamento das forças americanas. (*N. do T.*)

o governo Bush sabota a autoridade global da Otan, tanto na prática quanto via Doutrina de Segurança Nacional; depois, para transformar isso numa força policial para proteger a defesa dos EUA e interesses em energia no exterior, volta-se para o setor privado para que o trabalho delicado seja feito silenciosamente.

Outro grande jogador no Iraque, a DynCorp, com base na Virgínia — que envia aviões para combater guerrilheiros na Colômbia (como faz a Northrop Grumman) — treina a polícia iraquiana e também põe em campo seu próprio pessoal, conhecido no país como Dyn-a-Cops. A DynCorp (subsidiária da gigante Computer Sciences Corp.), que tem um contrato com o Departamento de Defesa para proteger o líder afegão Hamid Karzai, viu seus lucros subirem 18% em 2002, chegando a US$ 2,3 bilhões.[9] Outras PMCs mantêm sistemas de armas e supervisionam suprimentos de combustíveis para unidades do Exército mecanizadas. De fato, a crescente complexidade do *hardware* militar tem tornado os serviços armados mais dependentes delas. Especialistas estimam que nada menos que um terço do custo mensal de US$ 3,9 bilhões para manter as forças americanas no Iraque vai para companhias privadas. P.W. Singer, autor de *Guerreiros corporativos*, calcula em 20 mil o número de trabalhadores contratados no Iraque, ou aproximadamente um para cada dez soldados,[10] algo que tende a aumentar bastante enquanto Rumsfeld lutar com reservas limitadas de soldados qualificados. E isto não inclui firmas de segurança britânicas como a Erinys, que protege instalações de petróleo iraquianas e comanda uma poderosa força armada de 14 mil membros no Iraque.[11]

Nunca uma guerra — ou uma estratégia de segurança nacional — pareceu mais perfeitamente adequada à tarefa de socorrer uma indústria. Pouco antes de a Operação Liberdade Iraquiana ser lançada, revistas de negócios se agitaram animadamente. Referindo-se à guerra que estava por vir, a *Fortune* afirmou que "não seríamos tão grossos a ponto de descrever a crise como uma oportunidade de negócios —

vidas demais estão em jogo. Mas o fato é que se os EUA forem à guerra, empresas privadas estarão profundamente envolvidas tanto no apoio às tropas durante os combates quanto em quaisquer esforços para manutenção da paz e reconstrução que se seguirem".[12]

A Halliburton, que contratou o antigo chefe do Estado-Maior de Dick Cheney em seus anos de Pentágono, David Gribben, para ser chefe de contatos com o Departamento de Defesa, permanece sendo a mola mestra dos crescentes contratos de defesa armada. Quando Cheney, que foi diretor-executivo da Halliburton de 1995 a 2000, deixou o cargo para se tornar mentor de Bush e companheiro de governo, Gribben foi com ele para dirigir as relações do novo governo com o Congresso. Na Halliburton, Gribben foi substituído pelo ex-comandante-em-chefe das forças americanas no sul da Europa Joe Lopy, um general de quatro estrelas reformado e amigo íntimo de Cheney. O nó particular do sistema de camaradas que dirige *L'Amérique d'outre mer* inclui Richard Armitage, que já foi consultor para a Halliburton. Desde que a turma de Cheney entrou no governo Bush, a KBR levou para casa bilhões de dólares por seus serviços militares, nem todos vindos do Oriente Médio, porque os Bálcãs continuam sendo um mercado movimentado, e a Ásia Central cresceu rapidamente.

O nó Lockheed-Grumman, que Bruce Jackson, ex-financiador de campanha de Bush, representa tem como centro o secretário da Força Aérea James G. Roche, que antes de ser nomeado para o cargo, no verão de 2002, foi durante dezessete anos um alto executivo da Northrop Grumman. Em outubro de 2002 ele premiou a Lockheed-Grumman com um contrato de US$ 250 milhões para fabricar 6 mil aviões de combate supersônicos Joint Strike Fighter. A ordem, que deverá render quarenta anos de trabalho e lucros, pede o desenvolvimento e a fabricação de 3 mil caças para serem usados pela Força Aérea, pela Marinha e pelo Corpo de Fuzileiros Navais. Um número semelhante está para ser vendido a outros países, como Turquia, Israel e

Canadá. Até o fim do período de Roche na Northrop Grumman, ele era presidente do Setor de Sensores e Sistemas Eletrônicos, uma divisão que agora é uma importante subempreiteira para o negócio dos caças. Nesse meio-tempo, *um dia antes da audiência para a nomeação de Roche*, a Northrop Grumman fez duas doações para o Partido Republicano: US$ 100 mil para o Comitê de Jantares 2001 do presidente e adicionais US$ 15 mil para o Comitê Republicano das Eleições do Estado Nacional.

Outro dos homens e mulheres de empresas de aviões é o secretário da Marinha Gordon England, que era presidente da divisão Fort Worth da Lockheed, que fabrica caças. Bush mais tarde o nomeou segundo-no-comando de Tom Ridge na Segurança Interna. O secretário de Transportes de Bush, Norman Mineta, deixou seu mandato de deputado para se unir à equipe da Lockheed em 1995. Subsecretário da Força Aérea, Albert E. Smith foi um vice-presidente da Lockheed que supervisionou o programa espacial da empresa. E a mulher do vice-presidente Dick Cheney, Lynne, esteve a serviço do quadro de diretores da Lockheed de 1994 a 2001.

A Lockheed esteve nas manchetes em meados dos anos 1980, quando o Pentágono descobriu que a empresa estava fabricando vasos sanitários de US$ 640. Esses escândalos provocam acusações de conflito de interesse feitas por observadores como William Hartung, do Instituto de Política Mundial, da New School. "A Constituição diz que civis deveriam estar no comando da milícia, mas o governo Bush tem posto um bocado de corporativistas e militares em comandos no Pentágono", observa ele,[13] como se o que a Constituição diz significasse alguma coisa sem um grupo de cidadãos alerta preparados para defendê-la. "A indústria de defesa é uma das principais indústrias que gozam de ligações com o governo dos EUA", diz, fazendo eco, Peter Eisner, do Centro para Integridade Pública, lamentando a "prática de longa data de abrir portas", pela qual editores-executivos da indústria entram e saem de cargos no Departamento de Defesa sem significativa supervisão pública. (E ex-soldados da Força Delta são recrutados para vender suas habilidades militares a recrutadores de PMCs por grandes quantias, enquanto ex-funcionários dos regimentos de elite Serviços Aéreos Especiais [SAS] administram e equipam firmas britânicas mais do que seus concorrentes americanos.)

Mas Hartung e Eisner dão autoridade demais ao governo. Na verdade, a porta virada é simplesmente uma reciclagem de relações de negócios estabelecidas. *A indústria e o governo funcionam como dois braços da mesma operação* — um complexo militar-industrial-congressista, se você quiser — que neste caso vende estoques militares a cartéis privados mobilizados para acumular poder em mais níveis do que os críticos reconhecem. O Pentágono, ocupado com guerras — o Exército dos EUA deslocou tropas trinta e seis vezes desde o fim da Guerra Fria —, fornece tanto cobertura quanto valor. Mas com US$ 30 bilhões, ou 8% do orçamento de defesa de 2004, indo diretamente para o setor corporativo — para empresas que são, em alguns casos, exércitos privados, dirigidos por ex-oficiais militares uniformizados — já não se pode dizer que o Estado tem o monopólio do uso da força. Os negócios estão matando também.

Enquanto isso, quando Dan Baum diz que a KBR poderia preencher seu próprio bilhete no Iraque, **ele se refere a um contrato de dez anos assinado em 2001 com o Programa de Crescimento da Logística Civil do Exército, conhecido como Logcap, que ordenou à empresa** que fornecesse uma gama ilimitada de serviços logísticos ao Exército dos EUA, principalmente no Oriente Médio. Desta maneira, a KBR continua tanto a definir as necessidades do Exército como a supri-las em contratos sem concorrência, que são feitos com mais freqüência do que nunca com a KBR. Terceirização, é como isto é chamado; e seus chefes defensores são Dick Cheney e Donald Rumsfeld. Foi Rumsfeld quem declarou em maio de 2003 que "mais de 300 mil funcionários uniformizados" estavam realizando trabalhos que civis poderiam fazer; mas ninguém realmente conhece toda a extensão da mudança, nem mesmo o Pentágono. Num relatório preliminar ao Congresso, em abril de 2002, o Departamento de Defesa calculou que o Exército havia contratado em 2001 o equivalente a algo *entre 124 mil e 605 mil pessoas.*[14]

Vender serviços militares é o lado escondido do que Rumsfeld quer dizer quando fala em "modernizar" e "transformar" o Departamento de Defesa. Isto nada tem a ver com cortar custos, mas é o fio da navalha do impulso do governo para expandir a privatização do governo; para oferecer nada menos que 850 mil empregos do governo, de acordo com uma projeção, em concorrências de empresas privadas. *Em termos orçamentários, isto é outro desvio maciço dos dólares obtidos com pagamento de impostos do setor público para o privado,* sobre o qual há pouco controle. Um relatório do Escritório de Contas Gerais (GAO), de setembro de 2002, descobriu que a efetiva supervisão do contrato da KBR nos Bálcãs foi prejudicada pela confusão do governo em torno da extensão da autoridade do GAO e pelo treinamento inadequado de auditores do Exército. De 1996 a 2000, a empresa recolhera mais de US$ 2,1 bilhões em custos adicionais para seus contratos, quase duas vezes a quantia combinada originalmente.[15] Devido à ausência de supervisão do Congresso, e ao fato de que contratos de defesa são conhecidos por excederem custos previstos — especialmente quando seguros elevadíssimos para missões em zona de guerra são acrescentados a pagamentos adicionais — os contribuintes americanos estão diante de uma conta que não podem de modo algum pagar.

E mais. Eles estão observando, ou não, um problema mais complexo: ao usar mercenários, o braço executivo pode ultrapassar limites estabelecidos pelo Congresso tanto em força militar quanto em intervenções militares no exterior. Ao mesmo tempo, assessoria e serviços de treinamento externos, juntamente com apoio logístico e operações de combate, representam uma grande ferramenta de política externa nas mãos de empresas privadas cujo interesse primário é lucro. Quando PMCs vendem serviços a um outro país, é a empresa, e não o governo dos EUA, que estabelece a relação na qual o governo estrangeiro se torna, portanto, mais um cliente de um jogo de fraude no mundo: um aliado da sorte.

Num contexto político mais amplo, a verdadeira natureza deste fenômeno escapa à vista. É o *modus operandi* de um Estado fascista privatizar instituições do governo; e mais, proteger o lugar de um partido político governante na cadeira do governo. A palavra tem sido tomada por raiva e frustração em vários alvos para deter o significado estrutural que já teve. Mas aqui, na atual privatização do Pentágono — e também da Agência de Segurança Nacional (NSA), onde a Computer Sciences Corp. mantém um contrato de US$ 2,5 bilhões em dez anos para usar seus serviços de tecnologia, *portanto, transformando 1.000 empregados da NSA em funcionários da Computer Sciences* — situa-se a oficina do regime fascista clássico.

As ramificações tanto estruturais quanto políticas da tentativa de Rumsfeld de quebrar o suporte dos serviços armados tradicionais continuam amplamente sem ser examinadas fora das forças armadas, mesmo por veteranos repórteres que acompanham o governo. "Acaba sendo exatamente a Companhia das Índias Orientais britânica", lamenta James Ridgeway, referindo-se a "corporações coloniais [que] se tornaram um instrumento da nação-Estado, neste caso para cuidar da reconstrução do Iraque. Elas, e não o governo, são os fornecedores de leis, costumes e ideais democráticos."[16] Talvez. Mas existe aí uma inversão mais profunda, que é a de que, num nível sem precedentes, a nação-Estado se tornou um instrumento da indústria de defesa — e da indústria de energia também.

Em seu décimo dia no poder, o presidente Bush lançou a secreta força-tarefa de energia que, liderada pelo vice-presidente Cheney, desenvolveu a política de energia nacional. De acordo com um relatório do GAO publicado em 25 de agosto de 2003, o secretário de Energia Spencer Abraham formulou privadamente a política de Bush "com chefes executivos de empresas de petróleo, de eletricidade, nucleares, de carvão, químicas e de gás natural, entre outras". O GAO previamente abrira uma ação pedindo acesso aos registros da força-tarefa de Cheney, e a perdeu. Agora, o Departamento de Energia divulgou *e-mails*, cartas e agendas refletindo a forte entrada de corporações, inclusive sessões privadas com Kenneth Lay, na época presidente da Enron, e o homem que financiou em grande parte a corrida de Bush para a presidência. Mas o conteúdo das trocas permaneceu lacrado. O general David M. Walker disse a repórteres que a proibição se deveu à existência de "um grau razoável de transparência e um grau apropriado de prestação de contas no governo".[17] Uma explicação incompleta, se é que houve alguma.

Entretanto, é possível reconstruir a partir de outras fontes alguma coisa do significado estratégico das reuniões pré-11/9, tanto para a política nacional como para a internacional. Um relatório, preparado pelo influente Instituto para Política Pública James A. Baker e submetido ao grupo de trabalho de Cheney em abril de 2001, afirmava que "os EUA continuam prisioneiros de seu dilema de energia. O Iraque continua a ser uma influência desestabilizadora para... o fluxo de petróleo nos mercados internacionais a partir do Oriente Médio". Este era um risco inaceitável, sustentava o relatório Baker, concluindo que uma "intervenção militar" era necessária.[18] Outras missões que chegaram a conclusões semelhantes, embora por caminhos diferentes, também foram divulgadas na imprensa. Mas não foi publicado o motivo pelo qual o Iraque era uma "influência desestabilizadora"; ou pelo qual a troca por Saddam Hussein do dólar para o euro mais multilateral no programa petróleo-por-comida monitorado pela ONU era uma reação à linha-dura de Washington com as sanções.

No *Guardian*, o parlamentar Michael Meacher — ex-ministro do Meio Ambiente que sustenta que a "chamada 'guerra contra o terrorismo' está sendo amplamente usada como falsa cobertura para a conquista de objetivos geopolíticos estratégicos mais amplos dos EUA"

— chegou perto de identificar o problema quando rastreou a tese do petróleo iraquiano e chegou ao plano preparado em setembro de 2000 pelo Projeto para o Novo Século Americano (PNAC) para a criação de uma Pax Americana global. Intitulado "Reconstruindo as Defesas da América", o plano foi apresentado ao vice-presidente Cheney; ao secretário de Defesa Rumsfeld; ao vice de Rumsfeld, Paul Wolfowitz; ao irmão mais novo do presidente, Jeb Bush; e ao chefe de gabinete de Cheney, Lewis Libby — na maioria membros fundadores do PNAC. A importância do plano, de acordo com Meacher, é que ele mostra que o gabinete de Bush pretendia desde o início assumir o controle militar da região do Golfo. "Se o conflito não resolvido com o Iraque fornece a justificativa imediata", dizia o plano, "a necessidade de uma presença substancial da força americana no Golfo transcende a questão do regime de Saddam Hussein."[19] Isto foi antes de o Iraque se voltar para o euro, o que fez a atenção se voltar para Bagdá.

Antes, a atenção se voltava para a Opep; para a liderança enfraquecida da Arábia Saudita antes do 11 de Setembro, e com ela as outras monarquias do Golfo que enfrentavam uma crescente rebeldia nas classes educadas. Mas, em 2002, a atenção estava de volta ao Iraque quando um segundo relatório do Instituto Baker concluiu: "Depois de duas grandes guerras e uma década de sanções, [a indústria de petróleo iraquiana] necessita desesperadamente de reparos e investimentos." Por trás do Instituto Baker estava o ex-secretário de Estado do governo de Bush pai, James Baker, e a Baker Hughes, empresa de serviços de petróleo com base em Houston, que disputava com a Halliburton o maciço contrato para reparos.[20]

Mas, em 2000, a ligação com o petróleo já era *idée fixe*. Um documento do PNAC foi elaborado com base no Guia de Planejamento de Defesa que Wolfowitz e Libby haviam preparado em 1992 para o então secretário de Defesa Dick Cheney. Era o documento que dizia que os EUA "precisam impedir nações industriais avançadas de desafiar nossa liderança ou mesmo de aspirar a um papel maior regional ou global". Sustentava que "mesmo se Saddam sair de cena, restarão permanentemente bases dos EUA na Arábia Saudita e no Kuwait", porque o "Irã poderá provar ser uma ameaça aos interesses dos EUA tão grande quanto o Iraque". O Guia também defendia uma aliança com o Reino Unido como "o meio mais efetivo e eficiente de exercitar a liderança global americana".

A Grã-Bretanha pavimentara a estrada anglo-saxônica para o império no Golfo, embora a construção do império não seja exatamente o que as diretrizes do Pentágono determinam. Algo mais parecido com a tomada de postos de carvão nas Filipinas um século antes, obscurecido pela preocupação com necessidades estratégicas do aliado-chefe dos EUA na região, Israel, chegou perto de indicar o que Wolfowitz e Libby estavam procurando. O Irã e o Iraque, mantendo-se fora da esfera de influência, eram os principais impedimentos à consolidação da expansão de Israel na Cisjordânia.

Mas assegurar a liderança unilateral da América num mundo que havia se tornado infinitamente mais problemático para os articuladores de defesa depois da queda da União Soviética, quando a *raison d'être* para a prontidão militar constante desapareceu, era a linha comum que ligava todos os documentos. Isto, e o direito subsidiário de enfrentar potenciais ameaças com uma ação militar unilateral, criou a base para uma expansão contínua da força militar americana. Para assegurar que a nova estratégia funcionasse sem interferência internacional, "missões para manter a paz", o PNAC declarou, exigiam "liderança política americana, e não da ONU", ou de qualquer aliança multilateral. Depois do 11 de Setembro, o argumento se tornou uma palavra de ordem: os EUA não podem deixar que a segurança de seu território seja refém de decisões de outra potência!

Este era um dos princípios de um governo que devia sua existência a uma estranha combinação de ideologias e homens de petróleo, as primeiras se curvando ao poder e estes ao dinheiro, e todos eles sonhadores em se tratando de política internacional. Foi o Guerreiro do Sol Nascente, o Wolfowitz das Arábias, quem primeiro vendeu ao presidente Bush a visão de um Oriente Médio renascido à imagem de todas as coisas boas, especialmente comércio livre e relações de cooperação com Israel. Bush era o sonhador-chefe, e em Wolfie, como ele chamava o intelectual da casa, encontrou as idéias grandes e arrojadas de ativista que os grandes presidentes da história sempre desposaram. Além disso, Wolfie era um homem que não falava com seus bolsos, como faziam os colegas de George no Texas; era um homem de fé, como o próprio Bush.

É comovente imaginar a cena em Camp David, no fim de semana depois do 11 de Setembro, quando o conselho de guerra se reuniu, e Wolfowitz, segundo relatos, não conseguia parar de falar em atacar o Iraque, até que um assessor da Casa Branca pediu a Rumsfeld que contivesse seu subsecretário. Naquele momento, num tempo virtual, um diretor de cinema faria Wolfowitz ver a luz, e como um Vulcão (ele era um dos Vulcões que assessorava governos republicanos desde Ford), ele começaria um romance com o pobre presidente, que nunca soube o que o atingiu, nem antes nem depois dos terríveis ataques de setembro, mas sentiu o cheiro de problemas de relações públicas desde o início. "Acho que ele realmente acredita nelas", disse Wolfowitz mais tarde a um repórter, referindo-se a idéias que levara a Bush sobre uma reforma árabe e uma grande sacudida no Oriente Médio.[21]

Por trás desse acasalamento, está, é claro, a antiga confusão americana sobre a qual o historiador Brooks Adams advertiu em 1900. É a presença de grande riqueza, de rosto colado com o Executivo, que exerce apenas poder privado e é incapaz de reconhecer, e muito menos de exercer, a responsabilidade pública. Enquanto isso, o que a força-tarefa de Cheney realizou, com a ajuda dos Vulcões, foi instalar a pedra fundamental geopolítica da política para o Oriente Médio, à qual a indústria de defesa e o Pentágono se colaram, como metal em ímã.

Não é de estranhar que as reuniões sobre energia tenham sido mantidas em segredo. Além das provas de sua influência sobre a decisão de ir à guerra no Iraque, espalhados pelo caminho estavam relatórios e reuniões institucionais que levaram à destruição da Lei do Ar Limpo e à decisão de permitir que usinas de energia, refinarias e outras instalações industriais vomitassem mais poluentes no ar. Este foi apenas um dos ataques ao meio ambiente global que têm sido lançados sob o mandato dos capitães da lama.

Outro camarada de Bush e Cheney do setor de energia era Anthony Alexander, da FirstEnergy Corporation, de Ohio, a empresa que ajudou a causar o blecaute maciço de agosto de 2003 nos EUA e no Canadá, por não aprimorar adequadamente seu sistema de transmissão depois da desregulamentação. Alexander, como muitos do grupo, foi um Pioneiro de Bush, tendo levantado mais de US$ 100 mil para a campanha de 2000,[22] enquanto a indústria de serviços de energia elétrica como um todo contribuiu com US$ 4,8 milhões. O pagamento da dívida, neste caso, veio uma semana depois do blecaute, quando o secretário de energia Spencer Abraham (um recordista das contribuições da indústria automobilística à campanha) se recusou a separar a modernização da rede do resto do projeto de lei sobre energia e colocá-la no *fast track*, portanto, revertendo a promessa de Bush de agir para "determinar se nossa rede precisa ser modernizada ou não".[23]

9
A ECONOMIA POLÍTICA DA MORTE III

> Queríamos algo diferente para nosso povo; não nos considerarmos uma república velha e reacionária, cheia de temores nos assombrando, temores de morrer e temores de nascer. Queremos algo mais.
>
> MURIEL RUCKEYSER, *A vida da poesia*

Em 12 de setembro de 2003, as forças dos EUA atiraram e mataram dez policiais iraquianos recém-treinados e um guarda de hospital jordaniano perto de Fallujah. Outros assassinatos em larga escala vinham sendo cometidos pelas tropas americanas dentro e nos arredores de Fallujah, bem como no centro do Iraque; e tais "acidentes", longe de serem aberrações, são parte do que representa a ocupação americana. Mas aquele ataque, logo após o qual não foi disparada uma única bala em autodefesa, detonou um barril de pólvora de fúria no meio da população sunita local. E marcou uma virada na atitude dos EUA quando a equipe de Bush, depois de recorrer à ONU em busca de dinheiro e soldados, voltou de mãos vazias (mas com uma única oferta de assistência militar feita por *Bangladesh*).

O ponto de tensão era a decisão da França e da Alemanha de que a ONU assumisse a situação de uma maneira em que os iraquianos recuperassem o controle político do país. O governo Bush queria uma autorização da ONU a uma força de paz internacional sob comando militar dos EUA, o que deixaria o controle sobre o desenvolvimento político do Iraque nas mãos dos americanos. De início, o argumento parecia controvertido; porque as Nações Unidas, sofrendo o que Colin Powell chamou de "fadiga de doadores", e ainda abalada com o ataque a sua sede em Bagdá em 19 de agosto (que matou vinte e três pessoas, inclusive o chefe da missão da ONU, Sergio Vieira de Mello), estavam rapidamente perdendo o interesse tanto em pôr soldados em campo quanto em estabelecer uma autoridade sobre a estrada cada vez mais incerta para a renovação política do Iraque — todos, à exceção da França.

No dia do massacre em Fallujah, o ministro do Exterior francês, Dominique de Villepin, apresentou uma eloqüente proposta de realizar uma "conferência internacional" logo que a soberania iraquiana fosse restabelecida, com o objetivo de "cuidar de todos os problemas ligados à reconstrução do Iraque. O objetivo seria restabelecer a coerência e eficiência da ação internacional em benefício do Iraque". Isto compreendia tanto as contribuições que os membros da ONU fariam a uma força de paz que, Villepin concordara, deveria atuar sob comando dos EUA, como a "formação do exército e da polícia" — neste caso, sugerindo que a responsabilidade pela segurança interna não seria entregue a um Iraque soberano. Mais importante, no que dizia respeito aos interesses geopolíticos (e outros) da França, a conferência "teria que definir os compromissos de ajuda financeira e *modalidades de assistência* a serem trazidos para restaurar a administração iraquiana e pô-la em ordem" (grifo meu).[1]

"Restabelecer" e "modalidades de assistência" eram termos em código que enfureciam o governo Bush, que suspeitava estarem relacionados à questão do euro; e o governo americano denunciou Villepin por fazer política fora dos canais do Conselho de Segurança. O que as palavras-chaves indicaram primeiramente foi a tomada, pelos EUA, do monopólio de controle sobre o petróleo iraquiano, e a volta do dólar (formalizada pelo presidente Bush em 22 de maio, na Resolução 1.483, da ONU); isto ameaçava jogar na lata de lixo os investimentos franceses, russos e até britânicos, juntamente com cerca de US$ 130 milhões em empréstimos iraquianos, feitos principalmente com a Rússia e a França.[2] Em segundo lugar, as palavras se referiam à posição dominante que o cartel Halliburton/Bechtel assumiu sobre a miríade de concessões ligadas à reconstrução. Com efeito, a França estava promovendo uma divisão dos saques como pagamento por ajudar os EUA a sair do buraco onde haviam se enfiado sozinhos.

Em Washington, naquele mesmo dia, Powell e Rumsfeld disseram ao Senado dos EUA que a conta da reconstrução pós-guerra provavelmente custaria mais US$ 55 bilhões além dos US$ 87 bilhões que o presidente pedira no domingo anterior. Quando senadores perguntaram como eles achavam que poderiam "encher o buraco" que isto causaria no orçamento, os dois homens, de acordo com um funcionário do Senado, "olharam um para o outro e houve uma espécie de pausa embaraçosa antes de Powell dizer 'talvez consigamos algumas centenas de milhões com a Europa e talvez uma pequena ajuda do Japão'".[3] Claramente, eles não tinham a menor idéia; ou talvez a questão não lhes tivesse ocorrido. Poucos dias depois, o diretor de equipe da Comissão de Apropriações da Câmara observou que US$ 87 bilhões eram "realmente um pagamento baixo".[4]

Brigas feias começaram a surgir em torno do tenso consenso sobre a política militar, e a confusão foi tanta que líderes começaram a contradizer uns aos outros, e a eles próprios. Primeiramente, Rumsfeld, Cheney e Paul Bremer pareciam discordar de Bush e seu braço direito feminino, Condoleezza Rice; enquanto Cheney, em reuniões a portas fechadas no Senado, pedia uma saída rápida e Bush ainda desejava um Iraque renascido, capaz de irradiar "democracia" no Oriente Médio. Tarefa para "uma geração", explicou Rice; e por um momento toda a guerra no Iraque estava sujeita a apropriações. "Estamos num longo caminho para fora da cidade" rivalizava com "Estamos aqui para um longo período".[5] Então Cheney foi chamado a dizer no Meet the Press que o Iraque continuava sendo a principal frente da guerra contra o terror, como o presidente havia declarado em 9 de setembro, e que portanto os EUA não partiriam em momento algum em breve. Mas ele estragou a mensagem usando argumentos há muito tempo desacreditados, como a "conexão tcheca", alegando que Mohammed Atta certa vez se encontrara com um alto funcionário da inteligência iraquiana em Praga. E Bush, jogando diretamente, corrigiu-se publicamente dizendo que o governo *nunca* tivera provas de uma ligação entre o Iraque e o 11/9, portanto, negando uma linha em que todos eles haviam trabalhado assiduamente para implantar na mente do público. Esta correção, pontualmente repetida por Rumsfeld, foi feita para prestar contas, porque prestar contas estava começando a importar, e críticos, nem todos eles democratas, estavam demolindo o edifício sobre o qual a guerra e o pós-guerra repousavam.

De todos os argumentos desacreditados, apenas o de antiterror permanecia — originalmente o mais "insincero" de todos, observou James Steinberg, da Brooklyn Institution — e Bush o usou tanto quanto podia. "Continuamos a enfrentar o inimigo. Estamos repelindo a ameaça terrorista para a civilização, não à margem de sua influência, mas no coração de seu poder."[6] E veja, a mão de Deus desceu do céu para cumprir a profecia. A revelação foi registrada por Garry Trudeau em "Doonesbury":*

Roland Hedley, da CNN, entrevistando um terrorista mascarado: "Então, onde sua célula tem atuado, comandante?"

Terrorista: "Chechênia, Afeganistão, Kosovo — Você escolhe... Mas então ouvimos falar sobre o desafio de Bush à comunidade da jihad,

---

*Tirinha de quadrinhos popular nos EUA. (*N. do T.*)

dizendo 'traga-os' para o Iraque. Que tipo de comandante pede fogo contra seus próprios soldados? Poucos dias depois, pegamos Bush em sua ousadia."

Roland: "Por que o atraso?"

Terrorista: "Ninguém acreditava naquilo. Eu tive que pedir que traduzissem novamente."[7]

Em 22 de setembro, buscando uma autorização da ONU, que ele sabia na ocasião que seria posta como uma folha de figo sobre sua nudez, *sans* dinheiro e *sans* tropas, Bush fez um discurso peculiar na Assembléia Geral. Todos os argumentos gastos foram apresentados, como se nada tivesse acontecido desde seu discurso no ano anterior (em grande parte para prestar contas); e nem uma única referência foi feita à sinistra realidade que os EUA agora enfrentavam no Iraque. A autoridade da ocupação está fazendo um bom trabalho no Iraque, disse ele; vocês deveriam vir nos ajudar; e se não vierem, estarão do lado dos terroristas. Ele falou de maneira nebulosa sobre "a mais clara das divisões: entre os que buscam a ordem e os que espalham o caos..."[8] Foi a resposta do partido da guerra preventiva às simplicidades perdidas da Guerra Fria, invocada tanto por neocons como por neoliberais. "O mundo de hoje também está dividido", analisa o colunista do *New York Times* Tom Friedman, "mas está cada vez mais dividido entre o 'Mundo da Ordem' e o 'Mundo da Desordem'." Este último, escreve ele, "é dominado por regimes hostis como o do Iraque e o da Coréia do Norte..."[9]

A diplomacia americana sofrera uma grande derrota, apesar do dinheiro que Washington balançou na frente de seus potenciais peões: especialmente o Paquistão, a Turquia e a Índia, cujos soldados cobiçou para sua mítica divisão multinacional. Até o Japão retirou a promessa de contribuir para a reconstrução, que agora era amplamente vista como um fardo dos EUA por não ter cumprido seus deveres com a comunidade internacional. Em dois pronunciamentos que cercaram o discurso do presidente, o secretário-geral da ONU, Kofi Annan, e o presidente da França, Jacques Chirac, afirmaram que eram as doutrinas americanas de unilateralismo e prevenção que ameaçavam espalhar o caos no planeta. Os dois líderes falaram asperamente, e foram vigorosamente aplaudidos, enquanto as observações de Bush receberam uma resposta sem brilho, mesmo na imprensa interna. Dois dias depois, Kofi Annan anunciou que a delegação da ONU no Iraque, de 600 membros, seria reduzida a oitenta e seis, e reforçaria sua segurança sob a ocupação americana que continuava a piorar. Em 29 de setembro, mais trinta trabalhadores da ONU foram retirados.

Em seu pedido de apoio internacional, o governo atingira um buraco sem fundo. Ao mesmo tempo, de suas próprias fileiras vieram os ruídos de uma denúncia capaz de atingir os trabalhos já irregulares da máquina política da Casa Branca. Em 25 de setembro, o ex-embaixador dos EUA Joseph C. Wilson IV acusou o assessor-chefe de Bush, Karl Rove, de vazar o nome de sua mulher, Valerie Plame, uma agente da CIA especializada em armas de destruição em massa, ao jornalista Robert Novak, como vingança, por Wilson ter exposto o falso acordo de petróleo entre o Níger e o Iraque, alguns meses antes. A Casa Branca, disse Wilson (que mais tarde admitiu que Rove apenas permitiu o vazamento), estava tentando intimidar funcionários do governo de modo a impedir que desafiassem a política de guerra. Esses críticos — que não eram contra fazer política via vazamentos (sem, entretanto, expor agentes secretos) — estavam proliferando nos serviços de inteligência e no Departamento de Estado.

Em 27 de setembro, o *Washington Post* citou "um alto funcionário do governo" que confirmou que "antes de a coluna de Novak [de 14 de julho] sair, dois altos funcionários da Casa Branca haviam chamado pelo menos seis jornalistas de Washington e revelado a identidade e a ocupação da mulher de Wilson". Wilson acabara de revelar ao *New York Times* sua missão no Níger para a CIA, afirmando não ter encontrado qualquer prova que apoiasse as repetidas referências de Bush a uma compra de urânio por Saddam. A explicação causara "uma briga política", e o alto funcionário não identificado dizia: "Claramente, o objetivo era pura e simplesmente vingança."[10]

A revelação intencional da identidade de um agente secreto é uma séria violação da lei federal. Além de destruir a eficiência de Plame em campo, e de pôr em perigo sua vida e possivelmente de outras pessoas, aquilo muito provavelmente destruiu qualquer operação contra armas de destruição em massa em que ela estivesse envolvida. Para os autores da Lei Patriótica, representava uma impressionante falha na segurança. E levantou a interessante questão dos motivos pelos quais a equipe de Bush decidira sabotar um esforço da CIA na guerra contra o terror.

O governo prometeu uma investigação interna para descobrir o culpado. Mas a CIA já notificara o Departamento de Justiça sobre a falha na segurança, como legalmente deveria fazer, presumivelmente depois da coluna de Novak ser publicada, em julho. Agora, com Wilson em evidência, o diretor da CIA, George J. Tenet, agia para reforçar a seriedade do caso, enquanto o procurador-geral John Ashcroft, esquivando-se de acusações de conflito de interesse feitas por democratas, escolhia o diretor do FBI, Robert Muller, para dar início à investigação. A cobertura estava sendo feita.

Ninguém perguntou por que Wilson esperou até setembro para fazer a denúncia (em 21 de agosto, ele disse num fórum público perto de Seattle que era de seu interesse "ver se conseguia ou não tirar Karl Rove algemado da Casa Branca".[11] Claramente ele havia decidido se tornar um jogador na tentativa de desmascarar um governo que até então afastava seus opositores internos como se fossem moscas. O constante aumento do número de mortes de americanos no Iraque e a frustração declarada de comandantes militares, que agora falavam do monstro de várias cabeças inimigo com certo respeito profissional

— juntamente com o poder corrosivo daqueles US$ 87 bilhões agindo no Congresso — estavam impondo seu preço. Ou pelo menos parecia que estavam. "O governo Bush não corre o risco de prejudicar sua credibilidade no Iraque", disse em editorial o *Los Angeles Times*, em 26 de setembro; "corre o risco de destruí-la." Que momento mais oportuno para atacar.

Enquanto isso, o inspetor de armas da CIA, David Kay, estimado líder do popular Grupo de Pesquisas sobre o Iraque, de 1.200 homens, sobre o qual a Casa Branca e o Pentágono depositaram grandes esperanças, voltou do Iraque de mãos vazias. Não apenas não havia qualquer prova de programas ativos de desenvolvimento de armas químicas ou nucleares, como o relatório do período refutava outra das justificativas do governo para ir à guerra: o argumento de que as inspeções da ONU não funcionavam.

> A informação encontrada até esta data sugere que a capacidade do Iraque de, em grande escala, desenvolver, produzir e suprir novas munições CW foi reduzida — se não inteiramente destruída — *durante as operações Tempestade no Deserto e Raposa no Deserto, os 13 anos de sanções da ONU e as inspeções da ONU*. [Sobre a intenção de Saddam de desenvolver armas nucleares] até esta data não descobrimos provas de que o Iraque deu passos significativos pós-1998 para realmente fabricar armas nucleares ou produzir material para fissão [grifo acrescentado].

O mesmo parece ser válido para o programa de armas biológicas e o programa de mísseis, embora Kay tenha sugerido que seria preciso saber mais sobre esses esforços.[12]

Com o relatório negativo sobre armas de destruição em massa, a principal base sobre a qual o governo apoiava sua guerra parecia desabar. E todo mundo entrou na briga, inclusive o falcão Joseph Lieberman, pré-candidato presidencial democrata, que pediu que um promotor especial investigasse o vazamento relacionado à CIA na Casa Branca mesmo antes de a líder da minoria liberal na Câmara, Nancy Pelosi, fazê-lo. Da Stratfor veio a observação amarga, a respeito de *le scandal*, de que "o único vencedor em tudo isso é Osama bin Laden. Está começando a parecer que sua análise sobre os Estados Unidos era mais perspicaz do que originalmente possa ter parecido. Os Estados Unidos são autodestrutivos. Dê apenas um empurrão e Washington vai se quebrar".[13]

No campo de batalha, debates sobre se as forças da coalizão estavam cercadas por "terroristas" vindos de fora ou por um exército de guerrilheiros iraquianos formado no país parecia de repente irrelevante. A resposta obviamente incluía as duas coisas, com grupos de resistência interna se multiplicando ao longo da semana. Era a diversidade de alvos — oleodutos, usinas de energia e sistemas de água e esgoto atacados; museus, hospitais e escolas saqueados; ataques diários a soldados americanos e britânicos, trabalhadores de assistência internacional, empreiteiros americanos, jornalistas e iraquianos que trabalhavam para americanos como policiais, tradutores e motoristas, bem como o próprio Conselho Governante, com a morte, em 25 de setembro, de Akila al-Hashemi — que semeava terror e confusão entre iraquianos tanto quanto em estrangeiros.

Nos Estados Unidos, mais observadores se lembravam do Vietnã, assim como no Iraque, onde toda tarde defensores do governo reuniam a imprensa num grande auditório do Centro de Convenções de Bagdá, no que os repórteres chamavam de "o teatro das três da tarde", depois do "teatro das cinco da tarde" em Saigon. A multidão murmurava como numa missa latina, reforçando a sensação de que a motivação por trás da guerra era pura fé:

Nas últimas 24 horas, as forças de coalizão detiveram 149 indivíduos, conduzidos durante 1.000 patrulhas e 20 operações... confiscaram 110 caminhões-trailers a diesel contrabandeados e destruíram mais de 20 IEDs (dispositivos explosivos improvisados). As forças da coalizão concluíram quatro projetos de ação civil na área de Basra...[14]

E por aí vai. As mortes de americanos por fogo hostil foram bem observadas, mas não o número cada vez maior de feridos, ou as mortes por acidente, ou os suicídios, ou as mulheres da tropa enviadas para casa grávidas, ou os soldados americanos presos por saques. Não havia — e continua não havendo — qualquer tentativa dos EUA de calcular o número de iraquianos mortos e feridos.

Apesar dos ecos do Vietnã, entretanto, o Iraque é um tipo de guerra diferente. Mais pobre, mais desesperado, sem um centavo dado por qualquer parte para obter apoio de outras nações. Os guerrilheiros mostram pouco interesse em desfazer as frágeis alianças do inimigo; ou em se aproximar de movimentos de oposição nos EUA e na Grã-Bretanha; ou em assegurar a civis iraquianos que eles, e não a Coalizão, com seu conselho fantoche, representam o verdadeiro bem-estar da nação. Não há qualquer visão articulada publicamente de uma revolução social. Uma vez que os estrategistas dos EUA deram ao Iraque a oportunidade de pôr o Islã militante diante do desafio de derrotar o império americano num campo de batalha, como esses guerreiros poderiam recusar o convite à destruição? Afinal de contas, eles não representam uma nação insurgente embrionária. Não ainda. Enquanto os EUA estão arrumando o palco para uma nova fase da resistência iraquiana — em que sunitas, xiitas e até curdos poderão se unir em torno de um objetivo comum, que é tirar os EUA do Iraque — não há qualquer Ho Chi Minh no horizonte.

Entre cidadãos iraquianos assustados, há aqueles que dizem que a solução é trazer Hussein de volta, porque "só ele traria segurança. [Se]

Saddam fizesse um discurso", disse o diretor de um pequeno hospital particular a um repórter do *Los Angeles Times* em 26 de setembro, "a segurança melhoraria." Isso aconteceu pouco depois de um ataque de foguetes quase atingir uma instalação militar dos EUA num movimentado mercado de uma cidade 50 quilômetros ao norte de Bagdá, matando nove iraquianos e ferindo muitos outros. "Gostaríamos de ver uma ação dos americanos", o homem acrescentou; mas um outro civil, ferido no ataque, disse que a única solução seria ter os iraquianos cuidando da segurança, e não iraquianos treinados pelos EUA. "Os americanos querem aplicar suas leis em nós. Elas são muito brandas", disse ele. "Há algo dentro de nós de que não gostamos, mas precisamos de uma forte autoridade central." Ele não culpou os americanos pelo ataque, mas outros em Baqubah o fizeram, enquanto outros ainda culparam os "intrusos" do Irã e da Arábia Saudita. Fontes militares dos EUA culparam aliados do antigo regime, principalmente o grupo paramilitar Fedayin Saddam.[15] Não muito tempo depois, culparam invasores islâmicos.

Não é difícil entender a destruição da infra-estrutura de petróleo do país — cuja supervisão foi transferida em 23 de setembro de Philip J. Carrol, ex-chefe da Shell Oil Co., para Robert E. McKee III, ex-executivo da ConocoPhillips. A escolha de McKee como czar da energia de Bush no Iraque causou críticas no Capitólio devido a suas ligações com a Halliburton. "O governo continua a dar a impressão de que a raposa está mandando no galinheiro", comenta o deputado Waxman. "Devido à relação próxima de McKee com a Halliburton" — ele é presidente da Enventure Global Technology, um grupo associado que atua em campos de petróleo e que pertence à Halliburton e à Shell — Waxman o considera "uma escolha estranha para fazer [a Halliburton] responder por bilhões de dólares que estão cobrando de contribuintes americanos.[16] Como McKee — que levou para casa US$ 26,2 milhões no ano passado (o que o pôs em segundo lugar na lista do *Houston Chronicle* dos cem executivos mais bem pagos) — é responsável pelo estabelecimento da política de energia na "nova" indústria de petróleo e pela enorme operação envolvendo o petróleo de um país semiconquistado, seria estranho se as forças antiocupação não atacassem oleodutos repetidamente.

Olhando de longe, entretanto, é mais difícil entender a ruína da infra-estrutura que serve de base para a vida civil. Alguns, principalmente funcionários americanos, ainda atribuem isto aos criminosos que Saddam Hussein libertou das prisões iraquianas, que estariam trabalhando com os "*dead-enders*" ba'athistas que querem despertar sentimentos parecidos com aqueles manifestados pelo ansioso diretor do hospital em Baqubah; enquanto muitos iraquianos culpam pelos danos tanto a sabotagem como a *blitz* que os EUA fizeram em abril em Bagdá e, mais importante ainda, o fato de a CPA priorizar a recuperação dos serviços públicos. Quaisquer que sejam as razões para a contínua destruição, não há como negar a rapidez com que a maioria dos sunitas e uma minoria de xiitas se uniram em torno da exigência de que os EUA saiam do Iraque. Além disso, quando se contempla o isolamento das forças guerrilheiras mobilizadas contra os Estados Unidos — sem apoio de uma grande potência, assim como o Vietnã do Norte e o Vietcongue tiveram da China e da União Soviética, juntamente com a história debilitante de conflito étnico no Iraque — é de se admirar sua capacidade de manter o monstro americano em fuga.

Depois do duro golpe de Joseph Wilson e das más notícias de David Key, a Casa Branca tentou matar dois coelhos de uma vez voltando-se contra a CIA, e contra George Tenet, em particular. Havia sangue na água, e os guardiões de Bush queriam assegurar que não era o de seu líder que mataria a crescente fome de culpar. Tenet, que supervisionara o trabalho de Kay, já assumira a culpa por Bush alguns meses antes, quando concordara em aceitar a responsabilidade por não retirar a falsa declaração sobre urânio do Discurso do Estado da União. Agora ele e sua agência eram obrigados a fazer isso de novo; e era a cabeça de Tenet que parecia pronta para rolar na repentina mudança na estratégia iraquiana dos EUA que a Casa Branca anunciou em 6 de outubro. A cabeça de Tenet, e talvez a de lorde Rumsfeld também.

A nova entidade foi chamada de Grupo de Estabilização do Iraque, e supervisionaria o "contraterrorismo" (que combinava guerrilheiros com terroristas, algo que o comando militar havia evitado), assuntos econômicos, o desenvolvimento de uma infra-estrutura política e as comunicações (relações públicas). Curiosamente, a supervisão do grupo se estendia também ao Afeganistão, o que enfraqueceu a autoridade do Departamento de Estado, justamente quando a reorganização parecia reduzir a autoridade do Pentágono no Iraque. O Grupo de Estabilização, que incluía obscuros representantes dos departamentos de Estado, Defesa e Tesouro, mas não da CIA, estaria centralizado na Casa Branca, e seria liderado pela assessora de Segurança Nacional, Condoleezza Rice. Recentemente, Rice apresentara uma versão complicada da linha "Traga-os!" de seu chefe ao afirmar no *Today Show* que "um Iraque transformado seria o sinal de morte para terrorismo [o que era] o motivo pelo qual combatentes estrangeiros estão agora indo para o Iraque... Eles claramente compreendem que a vitória da paz no Iraque, como a vitória militar que tivemos lá, significará que seus objetivos e suas estratégias serão seriamente minados".[17]

A Casa Branca fingia controlar tanto a guerra como a reconstrução, juntamente com a tarefa de reempacotar novamente múltiplas derrotas. Vazamentos direcionados asseguraram inicialmente a repórteres que, ao contrário do que parecia, o presidente estava satisfeito com o progresso da guerra e com a liderança de Rumsfeld e Paul Bremer — ambos, segundo se dizia, estavam diretamente envolvidos na formação do novo grupo. ("Não é verdade!", reagiu Rumsfeld alguns dias depois.) Na verdade, seus futuros papéis permaneceram indefinidos, assim como o de George Tenet. Foi um tiro que cruzou o Pentágono, dado por Bush e pela "Primeira Camarada" Condi Rice (como Maureen Dowd a chama). Rice, na verdade, se tornara, da noite para o dia, a mais poderosa assessora de segurança nacional desde Henry Kissinger. "Ela tem todas as ferramentas", disse a Stratfor; "tudo o que precisa agora é de uma estratégia."[18]

Para uma Casa Branca desesperada para se livrar do pesadelo iraquiano, de forma a poder se lançar nos negócios urgentes da participação numa campanha política, esta foi uma mudança estranha, como reorganizar as espreguiçadeiras no *Titanic*. Diante dos problemas do presidente, a tradição mandou o comandante-em-chefe assumir o controle da guerra, ou parecer que assumia, e então neutralizar a publicidade negativa em torno de sua pessoa e reverter o curso decrescente de seus índices. Mas se havia alguma substância na mudança, ela jogou o Salão Oval na torrente do caos e da confusão que vinha do Iraque, que fora previamente dividido em burocracias competitivas. Teoricamente, de qualquer modo, a Casa Branca, agora, prestava contas. Agachado com a Primeira Camarada e com um grupo de terceiro escalão de supervisores que incluía o ex-secretário de imprensa de sua mãe, era provável que nada surgisse com a mudança além de mais problemas.

Enquanto isso, os negócios — do tipo que brota de ligações entre o Pentágono, a indústria e o Congresso — haviam começado a balançar. O desafio de tornar o Iraque arrasado pela guerra um negócio lucrativo para a irmandade de investidores que deveriam estar prontos para a excelente abertura dos mercados do mundo árabe era um desafio ao qual o presidente e o vice-presidente haviam dado especial atenção. A política de reconstrução, na verdade — a arte que envolvia os negócios dos EUA —, sempre partia da Casa Branca; e foi responsável pelas tolices que marcaram despachos no escritório de Bremer, como a sentença aberta de um prazo no outono de 2003 para construir a nação: "Agora que o regime de Saddam Hussein foi afastado", dizia, "o povo iraquiano tem a oportunidade de entender a visão do presidente de um Iraque estável, próspero e democrático." O que levou o senador Patrick Leahy, alto democrata na Subcomissão de Operações de Apropriações Externas do Senado, a refletir que "Alguns, considerando que a civilização [do Iraque] é um pouco mais antiga que a nossa, podem considerá-la um pouco condescendente. Alguns podem pensar que o povo iraquiano pode querer que lhe perguntem se quer que um presidente americano determine como deve ser sua visão".[19]

A visão do presidente de prosperidade é a chama que arde por trás das invocações sonhadoras de um Iraque pacífico galvanizando o resto do Oriente Médio. Inspirou a abordagem de Ahmed Chalabi na ONU em 2 de outubro, quando ele implorou a líderes e investidores internacionais que depositassem "sua confiança no Iraque. Tirem dela estabilidade e prosperidade, e vocês verão isto se espalhar na região e no mundo inteiro".[20] A fé na visão fantástica levou o *Wall Street Journal* a elogiar o Iraque, contra toda a razão, como "o maior esforço de reconstrução do governo desde que os americanos ajudaram a reconstruir a Alemanha e o Japão depois da Segunda Guerra Mundial".[21]

Para dar início ao milagre, que tem tido poucos participantes além de pesos-pesados financiados pelo Estado, como a Halliburton e a Bechtel, a Autoridade Provisória da Coalizão revelou, em 21 de setembro, uma série de políticas que formalmente entregou toda a economia iraquiana a investimentos e potencial apropriação de estrangeiros. A exceção foi a indústria de petróleo, ainda de propriedade iraquiana nominalmente, embora os contribuintes americanos tenham protegido e consertado o *hardware*. A renda obtida com o petróleo — e de acordo com uma estimativa de George Soros foi obtido US$ 1 bilhão entre 12 de agosto e 2 de setembro de 2003 — foi, segundo consta, usada para financiar aspectos iraquianos da ocupação, como salários no serviço público e funcionamento do Conselho Governante e de seus ministérios.[22] De acordo com as novas leis, anunciadas pelo ministro das Finanças, Kamel al Keylini, proprietários estrangeiros poderiam controlar 100% de qualquer empreendimento no qual tivessem investido, em forte contraste com o resto do mundo árabe, onde a propriedade estrangeira é bastante restrita.

Os novos regulamentos, vindos dos quadros da CPA, convidaram investidores a entrar no Iraque, sem precisarem ser avaliados pelo governo (considerando a existência de um governo). Todos os lucros podiam ser imediatamente enviados de volta além-mar, sem terem que passar por uma instituição iraquiana. O estado real não poderia ser propriedade estrangeira, mas poderia ser arrendado por mais de quarenta anos. Índices de imposto de renda corporativo e pessoal variariam de 3% a 15% depois de uma isenção de impostos expirar em 2004. Para impulsionar o comércio, o Iraque cobraria uma tarifa de apenas 5% sobre todos os produtos importados, exceto suprimentos para assistência. A lei, Ordem 39, permitiu que seis bancos internacionais assumissem o controle total de bancos locais nos cinco anos seguintes, depois dos quais não haveria limite para a entrada de bancos estrangeiros no Iraque.[23]

A divulgação desse notável documento ("estabelecendo o clima de investimentos para o futuro mais distante no Oriente Médio", disse a CPA)[24] foi programada para coincidir com uma reunião do Banco Mundial e do Fundo Monetário Internacional em Dubai, e para antecipar a conferência de doadores em Madri, onde a Casa Branca planejava ir atrás de outro pedido de um mandato da ONU em 17 de outubro (bem-sucedido, como se viu depois) com ainda outro apelo aos aliados dos EUA por envolvimento financeiro da ONU (malsucedido). Este último era sustentado por uma concessão do governo, que concordara em ceder o controle sobre a ajuda ao Iraque em certos setores (eletricidade, esgotos e serviços de saúde) a uma agência mantida pelo Banco Mundial e pelas Nações Unidas. Ainda assim, não haveria comprometimentos substanciais com ajuda e soldados. A nova agência esbarrou em questões não resolvidas de dívidas do Iraque com a Rússia e a França e de bilhões de dólares em consertos ainda relacionados a guerras passadas, mas, mais importante, esbarrou na crescente resistência à ocupação. "Simplesmente não podemos fazer o que gostaríamos de fazer", disse um funcionário da ONU, "se a segurança não melhorar."[25]

Uma após a outra, fracassaram as negociações da administração Bush governo a governo. O secretário de Estado Powell já não tinha mais sucesso com a venda da política do governo, assim como seu colega no Pentágono no cumprimento da promessa de tornar uma guerra rápida e fácil um terreno limpo sobre o qual Bremer poderia fazer sua mágica. Para a Casa Branca, era mais fácil falar de negócios com diretores executivos. Se havia alguma dúvida de que o Iraque seria vendido a preços baixos, em vez de ser reconstruído, uma reunião de cem multinacionais organizada em Londres, em 13 de outubro, esclareceu o suficiente. As corporações — principalmente de petróleo (ExxonMobil) e bancos, mas também a McDonald's, a Delta Airlines e o American Hospital Group — discutiram oportunidades de investimento com funcionários americanos, que as incentivaram a começar a trabalhar no Iraque logo que níveis de segurança satisfatórios fossem recuperados, níveis que, apesar da recente campanha de "boas notícias do Iraque" do presidente Bush, continuavam caindo.

Patrocinada pela Aliança de Negócios EUA-Iraque, que dizia ter contatos íntimos com o Pentágono, a reunião de Londres, chamada "Fazendo Negócios no Iraque: a Arrancada do Setor Privado", era parte da "economia virtual" à qual Pep Subiros se refere: aquela que vive uma "imensa ficção" e fala várias línguas. Vide o representante de comércio de Tony Blair, Brian Wilson, discursando para os participantes da arrancada: "Quero dizer imediatamente que esse conflito no Iraque, que agora felizmente ficou para trás de nós, não dizia respeito a negócios, mas a petróleo. Dizia respeito a libertar as pessoas no Iraque e dar a elas a chance de ter uma vida livre da tirania."[26] O espantoso dessa declaração não é ela soar tola, mas a maneira organizada com que inverte os fatos, dando a eles um estranho respeito. É a verdade de cabeça para baixo, a verdade que ofende. Eles não podem respirar sem ela.

O conflito no Iraque, longe de ter acabado, na verdade decolara, varrendo as visões do presidente como lixo num furacão. "O inimigo evoluiu. [Tornou-se] um pouco mais letal, um pouco mais complexo, um pouco mais sofisticado", de acordo com o comandante das forças dos EUA e de aliados no Iraque, o tenente-general Ricardo S. Sanchez. "Enquanto estivermos aqui", acrescentou ele, "a coalizão precisa estar preparada para perdas de vida."[27]

Para repórteres independentes ainda em campo, só havia desolação. *Sobe fumaça da rua Karrada, um distrito de eletrodomésticos popular entre soldados, onde um Humvee explodiu em pedaços por uma mina ativada por controle remoto... calçadas cheias de caixas de geladeira e aparelhos de ar-condicionado; um caminhão de transporte militar e outro Humvee largados na rua, perto do veículo em chamas... alguns soldados dos EUA encolhidos atrás do caminhão.* Dois soldados feridos, escreve Christian Parenti, estão esparramados sobre o chão, enquanto um helicóptero de transporte médico circula acima, incapaz de aterrissar por causa do emaranhado de fios pendurados. Um tiroteio esporádico continua até que vários veículos de combate Bradley chegam e começam a atacar um prédio com balas de canhão de 25 milímetros. Uma cena típica. Dois civis iraquianos estão mortos na calçada e mais alguns estão feridos. Uma banca de cigarros foi destruída, seus pacotes de cigarros espalhados por toda parte. Um balconista iraquiano se apóia numa parede e chora enquanto sua loja arde em chamas. Os soldados encolhidos entre aparelhos amassados não parecem nem assustados nem corajosos, apenas cansados e paralisados. Com todo seu poder de fogo, eles raramente podem dominar combates como este (que pode ou não ter começado com uma emboscada), mas apenas enfrentá-los e ter esperança de saírem ilesos.[28]

Não muito longe da rua Karrada fica o oásis de palácios com ar-condicionado conhecido como "zona verde", que é a casa da CPA e do Conselho Governante com seus ministérios disso e daquilo. É recheado de membros do Conselho de Reconstrução e Desenvolvimento do Iraque (IRDC), estabelecido na Virgínia e composto de dissidentes apressadamente recrutados um mês antes de a guerra começar. Foi a primeira tentativa do governo dos EUA de "dar uma face iraquiana" à administração pós-guerra do Iraque; mas se tem uma face iraquiana, o IRDC tem um financiador americano. Trata-se da SAIC (Science Applications International Co.), que a AP chama de "a mais influente empresa da qual a maioria das pessoas nunca ouviu falar", e que o *Asia Times* descreve como "o mais misterioso e temido dos dez gigantes da defesa".[29]

Kamel al Keylini, o ministro das Finanças, foi tirado desses setores, que começaram a atuar sob a pressão de mestres servis que nada têm para o Iraque. Por que, cobra o Conselho Governante, a autoridade da ocupação fez um contrato de US$ 20 milhões com a Jordânia para comprar novos revólveres e rifles Kalashnikov para a polícia iraquiana se as forças americanas confiscaram centenas de milhares dessas armas dos arsenais abandonados de Saddam Hussein? A maioria estaria em boas condições e nada custaria. Outro acordo com a Jordânia, ressentida com o grande pagamento que a monarquia hachemita vai fazer com o reduzido tesouro iraquiano — e com as ligações íntimas que tinha com o regime de Saddam — irrita membros do Conselho ainda mais. Trata-se da decisão dos EUA de gastar US$ 1,2 bilhão para treinar oficiais da polícia iraquiana na Jordânia, quando o treinamento podia ser feito no Iraque a uma fração do custo. Além disso, a Alemanha e a França ofereceram treinamento gratuito.

Funcionários e empresários iraquianos denunciam que milhões de dólares em contratos e subcontratos estão sendo feitos sem concorrência, na maioria com americanos, enquanto aqueles feitos com iraquianos incluem ex-camaradas do governo de Hussein, como a poderosa família Bunnia. Enquanto isso, **Mahmoud Bunnia**, diretor da empresa que garantiu um contrato com a Bechtel para consertar quarenta e nove pontes danificadas, reclama que o trabalho teve início em apenas três delas. "É uma quantidade ridícula", diz ele, referindo-se ao dinheiro que pinga da Bechtel, e argumentando, como muitos outros, que todas as pontes danificadas foram rapidamente construídas depois da guerra de 1991, assim como as estradas danificadas. "Saddam faria melhor" é um refrão comum.[30]

"Não há qualquer transparência", lamenta Mahmoud Othnan, um membro curdo do Conselho Governante, que tem vinte e quatro membros, ao falar de pequenos e grandes empreiteiros. Othnan, que logo aprenderá — se já não aprendeu — que transparência é algo que se espera apenas de instituições subordinadas, vê um "mau gerenciamento em todos os lados" e espera que o CG possa "sentar-se com o Congresso [dos EUA] cara a cara para discutir isso" — *imagine!* — porque, declara, "somos vítimas e os contribuintes americanos são vítimas".[31] Como é irônico que o conselho fantoche esteja exigindo mais autonomia e controle sobre assuntos de Estado enquanto em Washington o Congresso está exigindo, e recebendo, cada vez menos.

O Congresso, por sinal, aprovou os US$ 87 bilhões para o cofre de guerra de Bush, aumentando os gastos militares gerais para uma quantidade equivalente ao que o governo federal gasta com educação, saúde pública, moradia, desemprego, pensões, ajuda alimentar e bem-estar, *juntos*.[32] A CPA vai continuar dolarizando contratos, muitas vezes simplesmente telefonando para empresas favorecidas e anunciando, "Tenho um contrato para você" — como um empresário americano que recebeu um telefonema desses em outubro disse ao *New York Times*.[33] Essas práticas, entretanto, embora típicas do capitalismo de camaradagem, traem o desespero que agora acompanha a venda do Iraque. Mas não foi por falta de tentativa que os EUA originalmente esperaram levar subempreiteiros ao mercado por meio de canais mais ortodoxos.

Em sua história sobre as operações da KBR no Iraque, Dan Baum relatou que grande parte dos negócios globais da Halliburton dependeria dos EUA e de subempreiteiros e clientes estrangeiros obtendo empréstimos em bancos dos EUA, *empréstimos que foram automaticamente garantidos pelo banco de promoção de comércio Export-Import do governo*.[34] Baum não explorou esse dispositivo, mas trata-se de uma fruta suculenta que o governo Bush ofereceu a Estados vassalos e à comunidade de bancos americana. Com a garantia Export-Import, empréstimos relacionados à defesa são seguros, mais seguros que a despesa capital e os empréstimos para fusão e aquisição em outros anos de crescimento rápido, e bem mais seguros que os investimentos relacionados a comércio, com muito menos empresas de risco de infra-estrutura de uso potencial para uma nação não desenvolvida. Autoperpetuando-se indefinidamente, já que conflito alimenta conflito, e livre de riscos de endividamento, os empréstimos de defesa oferecem ao governo dos EUA um instrumento para amarrar Estados clientes em alianças recompensadas presumivelmente mutuamente, enquanto ele envia novos negócios a instituições financeiras de Wall Street. A Jordânia — não exatamente um Estado cliente, mas um vassalo lutando por nobreza na Fantasia Árabe dos EUA — é um caso específico. (Quer dizer, Jordânia, a monarquia; em março de 2004, oito em cada dez jordanianos disseram que os ataques suicidas contra americanos e outros ocidentais no Iraque eram justificados.)[35]

Sem dúvida, a ferramenta facilitou muitos acordos, mas não o suficiente para satisfazer o governo, que dirigiu os MBAs de Bremer para ver que o Iraque passa por cima dos mortos para atrair investidores recalcitrantes. Enquanto isso, o presidente despachou um esquadrão de propagandistas pessoais para conseguir clientes. John Allbaugh, gerente da campanha de Bush em 2000, que passou a maior parte de sua carreira na política do Texas antes de ganhar o controle da Agência Federal de Gerenciamento de Emergência, chefia a mais destacada das novas operações, New Bridge Strategies. Allbaugh saiu do governo na primavera de 2003 para entrar na missão do setor privado de assessorar empresas à procura de negócios financiados pelo contribuinte e licenças para vender produtos no Iraque. Se Allbaugh passou a maior parte de sua carreira na arena política, John Howland, outro funcionário (e ex-presidente da American Rice Co., empresa com sede no Texas que já foi uma grande exportadora tanto para o Iraque quanto para o Vietnã no tempo da guerra), nos lembra que "há muita polinização cruzada entre aquele mundo e o que existe no Iraque hoje". De fato, o *website* da empresa observa que seus parceiros serviram nos governos de Reagan e Bush, o que os torna "particularmente adequados" para lidar com a Casa Branca, o Pentágono e o Congresso.[36]

A New Bridge Strategies se complementa com parcerias regionais que visam a lucrar com a guerra. Entre elas está o Iraqi International Law Group (IILG), que reúne L. Marc Zell, ex-sócio em direito do subsecretário de Defesa Douglas Feith, e Salem Chalabi, sobrinho de Ahmed Chalabi. O IILG preza sua capacidade de oferecer aos clientes as vantagens de contatos íntimos com a CPA e o Conselho Governante, mas é um sinal da intranqüilidade que cresce no meio da liderança iraquiana selecionada pelos EUA o fato de um membro do círculo mais idoso de Chalabi achar adequado chamar a operação de "voraz, descuidada e estúpida".[37]

O esforço de reconstrução de bilhões de dólares libertou o que um assessor americano no Iraque chama de "mentalidade de corrida do ouro" em corporações ansiosas para entrar primeiro e rapidamente. Os diretores falam das oportunidades aparentemente ilimitadas envolvidas na reconstrução de uma economia castigada por três guerras, sem falar nos doze anos de sanções punitivas. Bagdá, exclama um sócio da New Bridge, "não tem uma só marca reconhecível, nem um único oásis de qualidade, nenhum prédio de escritórios de metal, vidro e aço, ou uma loja conhecida — nada... Uma 7-Eleven com um bom estoque", exulta ele, "obrigaria 30 lojas iraquianas a fechar".[38]

Esta é uma visão que lembra uma operação especulativa em mesas de jogo nos anos de *boom* — a compra de empresas falidas, freqüentemente por diretores de empresas de investimentos que transformaram (ou tentaram transformar) suas pechinchas em negócios lucrativos para acionistas via "reestruturação" (corte de salários, demissões, associações irregulares, terceirizações). Substitua países falidos por empresas falidas e você poderá ver uma imagem maior.

Em dezembro de 2002, a Stratfor citou estimativas da Liga Árabe de que o PIB total de países árabes (US$ 712 bilhões) correspondeu a apenas 2% do PIB mundial em 2001, um pouco superior ao da África Subsaariana, estimado em 1% da economia mundial. Medindo a crise de forma diferente, o Relatório de Desenvolvimento Árabe de 2002, com assistência da ONU, concluiu que os déficits árabes em educação, representação democrática e empobrecimento de mulheres deixara a região tão para trás que o PIB de vinte e dois países árabes era inferior ao de um único país europeu: Espanha.[39]

Já quase na base da pirâmide global, o Oriente Médio, de acordo com a Stratfor, afundaria ainda mais durante e depois da guerra. As revoltas contra a política e a segurança provocadas pelas operações contra o Iraque lideradas pelos EUA, juntamente com novas ameaças da al-Qaeda, deteriam os investidores tradicionais. Mas os "grandes vencedores", previu, "serão os investidores *que estão querendo e sendo capazes de descobrir bens baratos. Estrangeiros familiarizados com a região e suas práticas comerciais, que têm contatos lá e capacidade de tolerar riscos, encontrarão muitas oportunidades de investimento em tudo, de telecomunicações a fabricação de produtos*" (grifo meu).

Num relatório intitulado "Guerra Vai Reestruturar Investimentos no Oriente Médio", a Stratfor explica como isso funciona:

> As guerras dos EUA contra o Iraque e a al-Qaeda vão devastar a já problemática economia do Oriente Médio. O investimento em indústrias que não sejam de petróleo vai diminuir na maioria dos países — o Irã é uma possível exceção — e os riscos de segurança aumentados e a crescente instabilidade política vão atormentar os destinos do FDI [Investimento Direto Estrangeiro]... Para governos e cidadãos, as conseqüências serão desastrosas — mas para investidores experientes que podem correr o risco, as oportunidades serão sublimes.[40]

"Sublime" não é uma palavra normalmente associada a oportunidades de investimento, a não ser que estas sejam uma promessa de salvação. Vendo da perspectiva da economia global atual, onde divisões internacionais em assuntos externos e estratégia militar têm afetado uma esfera econômica já importunada pela queda do dólar, espalhando deflação na Ásia, e simultâneas recessões e quase estagnação de crescimento na América do Norte, na Rússia e em boa parte da Europa, a salvação pode ser o que os intermediários de Washington estão buscando — especialmente se eles podem contar com os ombros largos da Casa Branca e do Pentágono para protegê-los dos riscos.

Para os Estados Unidos, o principal modelo de negócios no Oriente Médio é o Carlyle Group, empresa privada associada a George Bush pai e James Baker que gerencia vastas somas de dinheiro no Oriente Médio, inclusive, até recentemente, uma boa porção da riqueza da família Bin Laden. No dia em que a al-Qaeda atacou os EUA, Shafiq bin Laden, irmão de Osama afastado dele, estava participando de uma conferência de investimentos em Washington com Baker e Bush, promovida pelo Carlyle Group. As conexões são tão firmes, que imediatamente depois do ataque, quando ninguém tinha permissão para entrar ou sair dos EUA, a maioria do extenso clã Bin Laden na América foi para a Arábia Saudita. Enquanto isso, a explosão de gastos da defesa que se seguiu ao 11 de Setembro fez aumentar enormemente o valor dos significativos investimentos do Carlyle Group em empresas de defesa, que são menos conhecidas do que suas ligações com xeques sauditas.

O Carlyle iniciou suas atividades em 1987, explorando um bizarro dispositivo que permitia a empresas americanas rentáveis pedir uma boa redução de impostos comprando as perdas de empresas de esquimós no Alasca. O esquema reunia o negociador e David Rubenstein, ex-assessor de Jimmy Carter, que seria o cérebro por trás do negócio. De acordo com o biógrafo não autorizado da empresa, Dan Briody (*O triângulo de ferro: por dentro do mundo secreto do Carlyle Group*), o Carlyle se meteu em maus negócios, inclusive comprando ações da Caterair International, uma empresa que afundou sob o peso de seu financiamento. Mas apresentou os parceiros a um diretor da Caterair, George W. Bush.

O Carlyle decolou em 1989, quando contratou Frank Carlucci, ex-secretário de Defesa e ex-vice-diretor da CIA, que era capaz de abrir portas em Washington, permitindo ao grupo participar de muitos negócios lucrativos. Os contatos do grupo se espalharam no "triângulo de ferro" em que indústria, governo e militares convergem, para envolver o ex-presidente Bush, o ex-primeiro-ministro britânico John Major e o ex-primeiro-ministro da Coréia do Sul Park Tae-joon. "Todos eles", segundo a *Economist*, "lucraram com o Carlyle." Bush pai continua a ter informes de inteligência privados não disponíveis a investidores comuns, o que leva a revista a imaginar se este "conhecimento interno, e possível influência sobre, digamos, a estratégia política do governo a respeito da Coréia do Norte e da Arábia Saudita beneficia diretamente o Carlyle". Talvez houvesse menos motivos para se preocupar se houvesse "clubes rivais de ex-pesos-pesados políticos competindo dentro do triângulo de ferro". Mas não há. O Carlyle parece ser um "ambicioso monopolista sugando ex-funcionários públicos na linha de divisão política que corta o país e, cada vez mais, o mundo. Está se tornando mais ambicioso na Europa, e observando com atenção a China". E, recentemente, com a colaboração de James Baker, abriu um escritório no Azerbaijão para supervisionar negócios de petróleo no Mar Cáspio. Interesses em petróleo na Rússia o levaram a contratar dois oligarcas, Platon Lebedev e Mikhail Khodorkovsky, que haviam sido presos por Putin em julho e outubro de 2003, respectivamente, portanto, detendo planos do Carlyle de começar a controlar parte da gigante de petróleo Yukos. Logo depois disso, Bush deixou de ser assessor do Carlyle.

"O capitalismo de bens", como a *Economist* chama esse alto nível de favorecimento, "é para lugares assustadores como Rússia, China e África, não para as terras do mercado livre."[41] Mas a pura verdade é o reverso. Os chamados mercados livres são para nações subalternas, não para as ricas e certamente não para os Estados Unidos, que evitam as regras que exigem transparência e prestação de contas que esperam de seus competidores e exigem de suas presas.

Se existe um sistema de valores de base que une o reino do mercado livre, este é, como Subiros observa, o de que "o conceito de liberdade se aplica apenas aos negócios... não às pessoas". Às pessoas está reservado "um conceito de alegria baseado na maximização e constante renovação da posse de objetos".[42] Esta linha de raciocínio anima o Consenso de Washington para o mundo dos negócios que floresceu com Clinton e, de forma ligeiramente diferente, tingido pelo moralismo de Bush, aparece na atual estratégia de segurança nacional. "Vamos trabalhar ativamente para levar a esperança de democracia, desenvolvimento, mercados livres e comércio livre a cada canto do mundo", diz a estratégia; e inclui em sua linha de ação taxas de impostos marginais mais baixas e políticas de crescimento legais e reguladoras. "O conceito 'comércio livre'," argumenta,

> surgiu como um princípio moral ainda antes de se tornar um pilar da economia. Se você pode fazer algo que outros valorizam, deve ser capaz de vender isso a eles. Se outros fazem algo que você valoriza,

você deve ser capaz de comprar isso. *Esta é a verdadeira liberdade, a liberdade de uma pessoa — ou uma nação — de fazer um modo de viver* [grifo meu].

Esta passagem é citada pelo economista William Tabb em "As duas asas da águia", uma reflexão sobre a tensão bom policial/mau policial na diplomacia americana. "Para qualquer observador honesto, isto não é uma ideologia de liberdade ou democracia", escreve Tabba. "É um sistema de controle, uma economia de império."[43]

Onde os mitos do mercado livre prevalecem, organizações como o Carlyle Group e os fundos para consertos espalhados pela guerra no Iraque provavelmente vão prosperar. Mas não necessariamente em feliz justaposição; porque embora o Carlyle esteja fora das parcerias internacionais estáveis que tal visão requer, os articuladores do governo Bush estão agarrando a principal chance como se não houvesse amanhã. Na guerra contra o terror, a equipe de Bush encontrou um "escudo de impunidade", como diz Naomi Klein; "uma idéia que pode ser facilmente comprada por qualquer governo no mercado para um objetivo geral de eliminar a oposição."[44] É também uma fórmula para promover uma instabilidade constante que, se pode justificar a expansão do poder da espada, parece diminuir o poder do dinheiro.

Talvez seja um sinal da ameaça que esta fórmula apresenta a uma ambição imperial maior perseguida pelo Carlyle Group o fato de o Grande Pai ter dado um prêmio valioso — o Prêmio George Bush por Excelência em Serviços Públicos de 2003 — a um democrata abertamente contra a guerra, Ted Kennedy, de Massachusetts. ("Uma inspiração para todos os americanos..."; um homem que "lutou consistentemente e corajosamente por seus princípios...") O acontecimento levou a especulações sobre um racha entre pai e filho; com o arquiteto da Guerra do Golfo I elogiado por viver "uma vida a serviço do internacionalismo moderado e inteligente", alguém que levou o Oriente Médio "à fronteira da paz pela primeira vez na história...", enquanto "o filho parece ter se posicionado contra as realizações e crenças de seu pai... e levou o Oriente Médio ao limite de suas esperanças e possibilidades, e... os EUA a um momento da história em que enfrentamos uma guerra assimétrica de uma ponta do planeta a outra".[45]

Isto está acima do limite. Mais provavelmente, o prêmio ao senador Kennedy, que pegou Washington de surpresa, foi uma flecha lançada da asa multilateralista da águia americana, uma advertência de que os Homens Sensatos contemporâneos, contaminados como estão, viram a guerra no Iraque como uma ameaça à segurança global, à segurança global deles. Porque se são Dick Cheney, Douglas Feith e Jack Sheehan, da Bechtel — até mesmo Bremer em sua cadeira elétrica em Bagdá — que agora ocupam os três vértices do triângulo e negociam a mão da morte, são os prestigiados mafiosos do Carlyle que colherão os ventos amargos da mudança.

10

O *CONSIGLIERI* ESTÁ DE VOLTA

Há duas maneiras de considerar a instalação de James Baker na Casa Branca de Bush filho. Ou o presidente finalmente encontrou uma missão temporária que persuadiu seu antigo empregado a resgatá-lo de sua cadeira elétrica no Oriente Médio, ou Baker encontrou um trabalho, como enviado especial incumbido de reduzir a dívida de US$ 130 bilhões do Iraque, que atendeu a sua necessidade de um cargo na Casa Branca com o qual realize negociações privadas sobre petróleo e gás na Eurásia. Ou as duas coisas. Ele tem encontrado um caminho para provar que George W. Bush não é um unilateralista, mas um multilateralista (quando necessário), e, portanto, salvou uma campanha política problemática, por enquanto.

Com Baker, nunca se sabe. Ele pode estar representando seu escritório de direito, Baker Potts, que representa a Halliburton; ou a Baker Hughes, empresa de serviços de petróleo à qual foi prometida a segunda linha de contratos de restauração de campos de petróleo no Iraque, depois que a KBR, da Halliburton, pegou sua parte; ou o Carlyle Group, do qual Baker é alto conselheiro. O Carlyle é onde ex-altos funcionários do governo se juntam com poderosos líderes empresariais para levantar fundos e identificar alvos a serem controlados; um fundo seguro e gigante, com escritórios em doze países, gerenciando US$ 17,5 bilhões em bens, a maioria nos setores de energia, aeroespacial e de defesa.

Em todo caso, o trabalho de enviado especial para dívidas no Iraque a presidentes de sete nações passa perto dos interesses comerciais de Baker o suficiente para que ele renunciasse a sua parcela de participação nos lucros em "assuntos de clientes" tanto com o Carlyle quanto com a Baker Potts, devido a um conflito de interesses com suas funções oficiais.[1] É uma decisão padrão em tais missões, e irrelevante para o inestimável valor a longo prazo, para uma empresa como o Carlyle, dos contatos que Baker estabeleceu. Em sua turnê reduzam-a-dívida, ele tem tecido uma impressionante rede pelo mundo: uma rede de promessas, na maior parte centralizadas no Iraque, e confirmadas nos níveis mais altos do poder. A atenção pública, entretanto, foi rapidamente desviada para o lembrete petulante de Paul Wolfowitz, feito no dia em que a nomeação de Baker foi anunciada, de que Rússia, França e Alemanha haviam perdido seu acesso aos US$ 18,6 bilhões dos EUA em contratos de reconstrução. "É compreensível que a equipe de Bush não se precipite a dar contratos de reconstrução a França, Alemanha e Rússia", resmungou Tom Friedman no *New York Times*, "mas por que esfregar isso na cara deles se estamos pedindo a eles que perdoem as dívidas do Iraque?"[2] Ou a diretriz de Wolfowitz foi uma barganha posta à mesa como parte da estratégia de negociação de Baker — as duas asas da águia americana, cada uma delas se inclinando para apanhar uma brisa diferente, uma após a outra?

Dias antes da viagem, havia um amplo entendimento de que o ex-secretário de Estado de Bush pai fora posto em situação embaraçosa pelo subsecretário de Defesa Wolfowitz. Era em parte a fascinação da mídia com o direito radical, e a suscetibilidade dos jornalistas americanos à teoria de ocupação, na qual o bom senso do governo era (mais uma vez) subvertido por uma ideologia estranha. Comentaristas como J.M. Marshall, Jim Lobe e Paul Krugman, do *New York Times*, concordaram que Baker havia sido contrariado, e Krugman acrescentou que quando ele divulgou o lembrete, as esperanças de Wolfowitz de se tornar secretário de Estado num segundo mandato desabaram. Marshall imaginou se estávamos "tentando obter desses países uma retribuição dificultando para eles os contratos, ou tentando chegar ao mesmo tipo de acordo... para refinanciar e reestruturar a gigantesca dívida externa do Iraque".[3] Como se esses objetivos, tão próximos do estilo sujeito bom/sujeito ruim da diplomacia americana, estivessem num conflito mortal.

Lobe viu o problema como uma continuação da batalha entre neocons e realistas, voltando a 1992, quando Wolfowitz e Scooter Libby, agora o poderoso chefe de Gabinete de Cheney, co-autorizaram o Guia do Departamento de Defesa, que alarmou tanto o então secretário de Estado, Baker, sem falar no primeiro presidente Bush, que levou o então secretário de Defesa Cheney a prometer modificar o texto para salvar os empregos de seus autores. Baker, como outros realistas, de acordo com a visão de Lobe, estava "profundamente cético, para não dizer incrédulo, em relação às ambições neoconservadoras de 'refazer a face do Oriente Médio' exportando democracia. Em uma palavra, Baker se tornara um herói, ou herói o suficiente para afastar a guerra da direita. Ele era o Grande Petróleo, e veria uma mudança radical na região como "inaceitavelmente arriscada e desestabilizadora".[4]

No momento em que Jim Baker retornou à Casa Branca, as mesas foram viradas; ou parecia que haviam sido. Há muito tempo *consiglieri* da família Bush, Baker — cuja última missão em benefício da família fora assegurar votos na Flórida para a eleição de Bush (o que não conseguira como gerente da campanha de Bush pai para o segundo mandato) — defendeu um Oriente Médio diferente daquele que os neocons e falcões como Donald Rumsfeld queriam. Ele não fizera qualquer segredo sobre sua oposição a fazer uma guerra unilateral no Iraque, embora tivesse sido mais discreto do que o ex-assessor de Segurança Nacional Brent Scowcroft (que é outro assessor do Carlyle). Mas o desafio representado pela presença de Baker foi além de um arranjo pessoal para marcar pontos. "Fomos ao Iraque para mudar a dinâmica geopolítica da região", disse Marshall. "Agora, Baker, um opositor de tudo o que os arquitetos da guerra defendem, está sendo enviado para conseguir uma acomodação com os poderes do *status quo* para pavimentar o caminho para podermos partir."[5]

Por trás dessas declarações está a crença de que o presidente Bush quer sair; de que a virada anunciada em 15 de novembro era real, e de que o prazo para pôr fim à ocupação civil em julho de 2004 é verdadeiro. É uma opinião perigosamente equivocada, e não apenas porque ignora a presença contínua dos 130 mil homens do exército de ocupação dos EUA, impulsionada por um novo grupo de Forças Especiais de US$ 3 bilhões, a Força-Tarefa 121, cujos membros não vão repercutir no total de soldados. Trata-se da força secreta mantida pela CIA, com ajuda de assessores israelenses, e que inclui grupos de exilados iraquianos, milícias curdas e xiitas e ex-altos agentes da inteligência do regime do Ba'ath, e que finalmente capturaram Saddam Hussein. Na verdade, foram os curdos do grupo que acharam Saddam, e prepararam a captura diante das câmeras pelas forças dos EUA. Como o programa Fênix no Vietnã do Sul, a equipe da CIA é treinada para afugentar e assassinar insurgentes iraquianos e afegãos, permitindo, assim, que os EUA mantenham o controle sobre a direção do país quando a soberania for entregue aos iraquianos. Uma polícia secreta leal, diz John Pike, especialista militar em Washington, significa que "o novo regime político iraquiano não vai ficar fora dos parâmetros que os EUA querem estabelecer". Ele vai "reinar mas não mandar".[6]

Enquanto isso, o poder deverá permanecer com a Autoridade Provisória da Coalizão e seu grupo de indicados e lobistas republicanos em Washington e Bagdá, onde será absorvido por uma Embaixada Americana de 5 mil homens em julho — menos Paul Bremer, que, segundo rumores, será candidato ao próximo gabinete de Bush. É aí que os negócios de Bremer serão firmados, os contratos de reconstrução divididos e a privatização da economia iraquiana — o que restou depois de Bremer ceder às indústrias estatais e ao programa de racionamento de comida no país (muito arriscado mudar) — implementada. Quer dizer, se a segurança for mantida; um grande *se* sobre o qual Baker não tem mais controle do que Bush. E Bush, parece, tem ainda menos controle depois da captura de Saddam, que, longe de causar uma redução da insurgência, tornou-se uma responsabilidade da liderança americana, demonstrando como Saddam tinha pouca influência sobre a crescente resistência à tomada de controle do Iraque.

Se o governo foi forte o suficiente para enfrentar as falhas nos argumentos públicos para a guerra — a ausência de armas de destruição em massa, de ligações do Iraque com o 11/9, de qualquer ameaça iraquiana à região (e muito menos aos EUA) depois de doze anos sendo punido com sanções — ele não é forte o suficiente para tornar o país um Estado cliente dos EUA, mesmo com a ajuda britânica. E, entretanto, muitas conferências são feitas sobre como faz pouca diferença reconstruir o Iraque e pegar uma parte dos US$ 18,6 bilhões. A ocupação do Iraque entrou em outra fase crítica, com uma nova série de mecanismos para cegar, centralizada na chamada aceleração da retirada americana. De acordo com um diplomata americano anônimo, "a ideologia passou a ser subordinada à agenda de horários".[7] E a agenda é determinada pelas eleições presidenciais.

Já não vai demorar os prometidos dois anos para que sejam transformados o sistema político e as forças de segurança. Metade dos 40 mil soldados iraquianos que o governo esperava treinar para, em outubro, usar em batalhões de infantaria leves já desertou, citando falta de pagamento adequado e medo de represálias de insurgentes. Os EUA têm se concentrado, em vez disso, na polícia, que pode ser deslocada muito mais rapidamente. "Se você constrói uma polícia forte, você tem uma república", diz Steve Casteel, assessor de segurança da CPA. "Se você constrói um exército forte, tem uma república das bananas" — o que é uma boa linha de raciocínio, embora errada no caso do Iraque, mesmo quando seguida da pergunta: "você já viu a polícia liderar algum golpe?"

Quanto ao sistema político — cuja conversão para uma "democracia" secular, pluralista e guiada pelo mercado foi a contribuição dos neocons —, nunca saiu do chão. Seu verdadeiro público estava nos EUA. "Se há uma coisa que a arrumação de Wolfowitz e Baker deixa claro, é que a ideologia da Casa Branca de Bush não é neoconservadora; é ambiciosa ao velho estilo", disse Naomi Klein no *Guardian*;[8] e ela estava certa. A equipe de Bush nunca fez uma aposta séria na política do Iraque pós-guerra — assim como não interferiu nos objetivos geoestratégicos pelos quais estava lutando. "Planos para o Iraque Pós-Saddam" — um dos documentos do ex-secretário do Tesouro Paul O'Neill em seus anos Bush — é um memorando secreto discutido no início de 2001, meses antes do 11/9, que imaginava tropas de paz, tribunais de crimes de guerra e a divisão da riqueza do petróleo iraquiano.[9] Não mudou muito quando a Operação Liberdade Iraquiana estava mais perto.

A guerra no Iraque é a guerra errada contra o inimigo errado na hora errada, e o governo Bush está dando o melhor de si para esconder os fatos. Só não consegue ficar em dia com as notícias extraordinárias — como, por exemplo, a exigência do grande aiatolá Ali al-Sistani de eleições diretas em 1º de julho — a não ser com compromissos em que cede muito pouco. Em 16 de janeiro, um alto assessor do mais importante clérigo iraquiano disse: "Nos próximos dias e meses, vamos ver protestos, greves e desobediência civil, e talvez confrontos com as forças de ocupação [se elas] insistirem em seus planos coloniais e diabólicos de orientar a política do país de acordo com seus próprios interesses."[10] Dois dias depois, na véspera da tentativa de Bremer de fazer a ONU levar seu pessoal de volta ao Iraque como parte do esquema para persuadir al-Sistani a retirar sua exigência, um caminhão-bomba explodiu na entrada da CPA, matando vinte e três pessoas e ferindo noventa e cinco.

Karl Rove, e não Condoleezza Rice — nem Dick Cheney, ou Donald Rumsfeld — está com essa parte do jogo, em que o objetivo é voltar a mostrar o presidente como um homem de paz. Portanto, a Casa Branca tem fugido de uma guerra preventiva e preemptiva, tanto com o Irã como com a Coréia do Norte, e tem recuado para uma diplomacia multilateral convencional para persuadir ex-credores a esquecer as dívidas. Não que tamanha soma venha a ser paga um dia, mas o objetivo é convidar as nações que se voltaram para os objetivos do Iraque quando os Estados Unidos agiram para reestruturar — em outras palavras, reduzir — o pagamento de dívidas. Que é onde Jim Baker chega, com paradas iniciais em Paris, Berlim, Moscou, Londres, Roma, Tóquio e Pequim; e — agora que Bush ampliou a lista até o Oriente Médio — em Damasco, Cidade do Kuwait e Riad, quando ele estiver pronto. A Riad — onde Baker estará em casa, defendendo os xeques sauditas dos sobreviventes do 11 de Setembro que os processaram (um caso do Baker Potts) — são devidos *US$ 30 bilhões*, principalmente pela Guerra do Golfo I, por serviços militares prestados aos EUA.

No primeiro dia, Baker obteve promessas de França e Alemanha de reduzirem suas dívidas iraquianas com o Clube de Paris, um grupo de dezenove nações credoras ocidentais, inclusive os EUA, que coordena políticas para empréstimos problemáticos feitos por seus governos. (A dívida do Iraque com os EUA, de cerca de US$ 4 bilhões, é uma à qual o secretário de Estado Baker deu pessoalmente apoio crucial em 1989.) Mesmo países que não estavam no Clube de Paris, como Japão e China, vão manter suas regras, uma das quais é de que as negociações sejam feitas com apenas um governo soberano, eleito pelo povo, e não selecionado, de acordo com o plano dos EUA, em convenções partidárias em dezoito regiões. Não é de se estranhar que as portas da Velha Europa tenham se aberto rapidamente para Baker. Até a Rússia prometeu perdoar (com interesse) 65% da dívida de US$ 8 bilhões do Iraque. Em troca, o presidente do Conselho Governante, Abdul Aziz al-Hakim, anunciou que os negócios russos seriam "bem-vindos" em investimentos no Iraque. E o chefe do PUK curdo, Jalal Talabini, outro membro do CG, na época em Moscou, disse à imprensa que "a Rússia estava considerando abrir mão do restante se fosse beneficiada em contratos de petróleo".[11]

O petróleo do Iraque sempre foi mais importante que os contratos para a reconstrução. "Mais importante para a França do que a dívida passada seriam contratos de petróleo... a gigante petrolífera francesa Total tem negociado a exploração e o desenvolvimento de dois lugares [no Iraque]", registra o *Washington Post* em 17 de dezembro. Em Berlim, Baker obteve um vago compromisso, talvez porque o interesse em petróleo fosse menos claro. Perguntado sobre seus "incentivos", o porta-voz do Departamento de Estado dos EUA, Richard Boucher, arriscou-se a dizer que Baker podia ser "muito eficiente em relação a isso" porque estava "trabalhando com todas as ferramentas à sua disposição no governo dos EUA".[12] E, portanto, em 22 de dezembro, a oferta de contrato foi suspensa, seguida da sugestão do colunista Robert Novak de que o governo estava considerando ativamente suspender a proibição aos três países. Quando a oferta começasse a valer (em março de 2004), a perspectiva seria de que os licitantes vencedores contratassem centenas de milhares de iraquianos para trabalhar em 2.311 projetos de construção a serem concluídos em dois anos.

Como o teatro das três da tarde em Bagdá, o novo plano é cheio de números. "Números santificam", diz Charlie Chaplin em *Monsieur Verdoux*, falando da contagem de corpos de Bluebeard e dos centenas de milhares de mortos na Primeira Guerra Mundial; mas os números agora são usados de maneira diferente. "Se você põe tanto dinheiro quanto estamos pondo", diz David J. Nash, almirante da Marinha reformado que chefia o esforço de reconstrução no Iraque, "você faz a diferença".[13] Nash, ex-alto executivo da empresa de construção americana Brinckerhoff, é responsável pelo enorme balé logístico.

Num certo nível, esta é uma fórmula para o desastre. Com a expectativa de que aeroportos permaneçam sem funcionar, devido a preocupações com segurança, os empreiteiros e suprimentos que chegam estarão lutando pelos mesmos cais e estradas usados pelas forças dos EUA, que estarão no meio de seu maior remanejamento de tropas desde a Segunda Guerra Mundial. Empreiteiros vão disputar os mesmos campos de trabalho, os mesmos fornecimentos de concreto e dutos, as mesmas frotas de caminhões. Lentos comboios são os grandes alvos dos guerrilheiros, que deverão perturbar e desacreditar o esforço de reconstrução feito pelos EUA, assim como têm perturbado a ocupação militar. Os empreiteiros precisam contratar seus próprios exércitos, porque as forças dos EUA, ocupadas em defender a si próprias, não os protegerão. Mas isso dará mais trabalho a empresas particulares de segurança, outra indústria que se expandiu ao lado da crescente indústria de petróleo americana, junto com as de engenharia e construção, transportes e telecomunicações. Portanto, em outro nível, esta é uma fórmula para o sucesso. Como diz Naomi Klein, "se isto ajuda nossos amigos a ficar ainda mais ricos, faça isto".[14]

Mas se o esforço de reconstrução falhar, e a renovação dos campos de petróleo for impedida, o que nosso *consiglieri* terá realizado? Considerando a fragilidade da posição americana, por que tantos países entraram no negócio, se é que entraram? Em junho de 1992, o apresentador da ABC Ted Koppel disse no *Nightline* que "está ficando cada vez mais claro que George [H. W.] Bush, agindo em grande parte nos bastidores durante os anos 1980, iniciou e apoiou grande parte da ajuda financeira, militar e de inteligência para construir o Iraque de Saddam e torná-lo uma potência agressiva que, no fim das contas, os Estados Unidos tiveram que destruir". Não uma vez, mas duas. E na segunda rodada houve um retorno, e o segundo Bush entrou num país que estava pronto para ele.

Uma das últimas coisas que este governo tem considerado publicamente é a possibilidade de que a resistência se mostre bem-sucedida; de que os EUA sejam incapazes de assegurar os campos de petróleo ou as áreas de reconstrução, ou suas próprias tropas verdes. Voando de jato de uma capital no Oriente Médio a outra, Jim Baker poderá conseguir o que quer que esteja fazendo — construir um consenso multilateral para uma guerra que já está perdida — enquanto lá embaixo, em terra firme no Iraque, os guerrilheiros vão continuar a dar a última palavra.

EPÍLOGO

George W. Bush tem feito mais para minar o domínio dos EUA sobre o sistema global que serve de base para a estabilidade mundial do que qualquer outro presidente americano. Perdeu o respeito das potências européias; não conseguiu exercer o tradicional controle dos EUA sobre a ONU; governa com a maior dívida comercial (US$ 46 bilhões em março de 2004) e os maiores preços para importação de petróleo desde 1983; alinhou-se totalmente com a estratégia antipalestinos de Ariel Sharon; depreciou a guerra contra a al-Qaeda; e sofreu perdas táticas maciças no Iraque que deixam os EUA diante de uma derrota estratégica no confronto com o Islã radical.

No Iraque, Bush reavivou o nacionalismo que havia afundado, unindo partidários sunitas e xiitas em atos de resistência. Num nível acima disso, a ocupação provocou um novo nacionalismo pan-islâmico, que transcende divisões sectárias. O governo Bush conseguiu isso ocupando o Iraque com o objetivo primário de explorá-lo. A exploração seguiu o caminho dos objetivos mais amplos de controlar uma base de petróleo no Oriente Médio para superar a Arábia Saudita; e de controlar o Irã e a Síria em benefício de Israel. A exploração, conforme a Ordem 39, assegura a completa privatização de empresas privadas e públicas, direito total de propriedade a empresas estrangeiras, repatriação total de lucros estrangeiros. "Para muitos conservadores", escreveu o *Wall Street Journal* em 1º de maio de 2003, "o Iraque agora é um caso-teste para saber se os EUA podem engendrar o capitalismo de mercado livre ao estilo americano dentro do mundo árabe." Um ano depois, a resposta está clara.

Para os dez maiores empreiteiros dos EUA no Iraque e no Afeganistão — Halliburton, Bechtel, International American Products, Perini Corporation, Contract International, Fluor, Washington Group International, Research Triangle Institute, Louis Berger Group e Creative Associates International — todos eles alimentados com dólares de contribuintes, a estrada tem sido um inferno. Na verdade, o controle das estradas tem sido a mais impressionante derrota da coalizão. As forças dos EUA, militares e civis, têm sido incapazes de manter as linhas de suprimento e comunicação em estradas vitais que partem da capital. Os insurgentes têm explodido pontes importantes, atacado comboios para transporte de combustível e mantido uma firme média de mortes de soldados americanos, e de reféns seqüestrados. Desde 31 de março, quando quatro guardas de segurança foram mutilados na cidade de Fallujah, no oeste, cinqüenta civis foram seqüestrados e um número enorme de empreiteiros foi morto. De acordo com a Aon, corretora de seguros, o Iraque se tornou o lugar mais perigoso do mundo para fazer negócios, e centenas de empreiteiros deixaram o país, inclusive a Siemens, empresa gigante alemã, e a General Electric, cujo trabalho em estações de energia foi necessário para muitas das outras empresas.

A Halliburton, espinha dorsal da cadeia de suprimentos do Exército dos EUA, cancelou comboios de caminhões depois que ataques letais com granadas tornaram as estradas perigosas demais para viajar. Como a Fluor, empresa de construção dos EUA com contratos avaliados em mais de US$ 500 milhões, a Halliburton usa aviões para transportar equipamentos pesados e suprimentos — o que aumenta o custo dos contratos, 50% do qual são para pagar seguros e segurança. Metade da equipe da Bechtel debandou para o Kuwait e a Jordânia, e para aqueles que continuam no Iraque, a ArmourGroup, uma empresa de segurança britânica, fornece dois guardas para cada funcionário. As conseqüências de tamanha desordem estão aparecendo nas ruas de Bagdá, onde esgotos sem tratamento reapareceram e a eletricidade é mais esporádica do que era. Com as mortes e o cansaço dos iraquianos aumentando, a questão para os funcionários da coalizão é se os atrasos podem ser superados, ou se, como muitos temem, eles já comprometeram fatalmente a reconstrução.[1]

Fallujah foi um marco para a política militar dos EUA no Iraque. A recente rebelião em Fallujah, um reduto sunita, parece ter sido motivada pelo assassinato israelense do líder do Hamas, xeque Ahmed Yassin, em 22 de março. Em retaliação, um grupo islâmico local que se apresentou após a morte de Yassin matou os quatro guardas de segurança, e os moradores profanaram seus corpos.[2] Em 5 de abril, os EUA partiram para a vingança. Em todo o Oriente Médio, a visão de crianças decapitadas e filas de mulheres e idosos mortos em estádios de futebol de Fallujah, juntamente com fuzileiros navais ocupando hospitais e franco-atiradores em telhados, abrindo fogo para manter os feridos afastados, levou o jornal israelense *Haaretz* a acusar as forças dos EUA de "crimes de guerra". "A bomba de uma tonelada jogada num prédio de apartamentos em Gaza para assassinar Salah Shehadeh, e que matou também 14 civis", foi quase nada, escreveu Shohat, "comparada ao número de bombas que os americanos jogaram em casas de residentes da populosa Fallujah"[3] — o que foi chocante até alguém lembrar que assessores israelenses haviam sido levados para ensinar a fuzileiros navais, Rangers e Seals da Marinha o sofisticado currículo das equipes de atiradores e de destruição, com armas pesadas e poder aéreo devastador, tão brutalmente contratados pelas Forças de Defesa de Israel em Gaza e na Cisjordânia.[4] Enquanto isso, até comandantes britânicos em Basra perguntaram se a resposta de força maciça dos EUA à insurgência guerrilheira de baixo nível estava conduzindo-os à comissão de crimes de guerra. Quase 600 iraquianos foram mortos na cidade, na maioria civis; número obtido em quatro clínicas e um hospital, e que inclui os corpos enterrados nos campos de futebol, bem como um número desconhecido de cadáveres enterrados em casas.[5]

Uma face diferente da guerra atingiu os EUA, como quase sempre acontece. Apenas uma equipe de reportagem foi instalada junto a soldados que invadiram a cidade de 300 mil habitantes, e o trabalho daquela equipe foi compartilhado por outras redes de notícias. Durante três semanas, em abril, fuzileiros navais realizaram operações de retaliação à morte dos guardas usando tanques, artilharia, caças F-16, helicópteros de ataque e os mortais aviões C-130, num padrão de bombardeios contínuos. A única equipe de reportagem tornou mais fácil controlar a informação, mas as redes há muito tempo já haviam aprendido a reduzir as notícias de guerra a algo mais ou menos compatível com a distante violência da indústria de entretenimento. Nenhum *close-up* de corpos e nunca, de modo algum, americanos mortos — 151 foram mortos só em abril. Mas foi a repentina interrupção dos bombardeios e a rendição de aliados de Saddam Hussein — primeiramente, o distinto general Jassim Mohammed Saleh, em seu Mercedes com chofer, e depois, quando irritados xiitas do Conselho Governante associaram Saleh à repressão à rebelião xiita em 1991, o general Mohammed Latif — que marcaram a virada. A "Brigada Fallujah" ba'athista foi saudada com alívio na cidade, e rapidamente registrou recrutas entre os moradores sunitas que já haviam lutado com fuzileiros navais. Não houve operações estrangeiras em Fallujah, disse Latif — na verdade, "não há qualquer insurgente", disse ele aos americanos. Os EUA tiveram que se retirar imediatamente; engolir uma exigência de entrega de armas e rendição de estimados 200 insurgentes; e surpreendentemente isso aconteceu.[6] Foi "um microcosmo do que queremos que aconteça em todo o Iraque", anunciou o chefe do Estado-Maior Conjunto, general Richard Myers.[7] Por enquanto.

O repentino recurso da cooptação em lugar do confronto ignorou a "Análise Especial" do Pentágono que surgira uma semana antes, e que atribuíra muitos ataques aos americanos — inclusive operações de guerrilheiros em Fallujah — ao serviço secreto de Saddam Hussein, que teria planejado a insurgência antes da queda de Bagdá.[8] A mudança de direção foi atribuída a um alto comandante dos fuzileiros navais, tenente-general James T. Conroy. "Foram profissionais militares [que] usaram uma linguagem... muito semelhante à maneira como perceberam o problema", disse ele sobre os generais colhidos na Guarda Revolucionária de elite — o mesmo grupo que, de acordo com o relatório da inteligência (concluído em 26 de março), supostamente havia se dissolvido em Fallujah. Os generais pediram responsabilidade com a segurança, disse Conroy, e não dinheiro ou equipamentos.[9] O fato de que o plano tinha o apoio de autoridades da Casa Branca e do Pentágono mostrou a profundidade do desespero americano, porque os EUA finalmente haviam percebido que não tinham recursos para governar o Iraque se o pessoal ba'athista fosse excluído.

O plano também refletiu a retirada americana do apoio que recebia de Ahmed Chalabi, e de tudo que isto implicava. Chalabi, que desfizera sua aliança com Israel e estreitara seus laços com Teerã, tinha, entretanto, assegurado cargos em Bagdá para a família e amigos; de modo que quando o assessor de segurança nacional do Conselho Governante e o ministro da Defesa chamaram a força "auxiliar" de Fallujah de unidade temporária, e não um modelo para o resto do Iraque, estavam falando de Chalabi. Este foi um dos muitos rachas na liderança americana, na qual os neocons, todos presentes (exceto Perle), estavam — à maneira da administração de Karl Rove, onde todos ficavam — ocupando ainda seus cargos mas não mais traçando políticas.

Fallujah tinha um significado especial para os árabes. Como escreve Eric Margolis no *Toronto Sun*, em 1948, durante a derrota das tropas árabes por forças judaicas na Palestina, "uma brigada egípcia isolada resistiu a pesados ataques na aldeia palestina de Fallujah. O chamado bolsão Fallujah foi uma das duas únicas ações militares árabes honrosas durante a guerra árabe-israelense de 1947-49. Seus defensores, inclusive o jovem oficial do exército Gamal Abdel Nasser, tornaram-se heróis nacionais". Em Fallujah, Nasser iniciou seu livro, *Filosofia da Revolução*, que moldou a política pan-árabe para a próxima geração.[10] Em Fallujah, a retirada das tropas americanas foi considerada uma grande vitória iraquiana, acima de tudo devido à participação dos xiitas.

Em resumo, o motivo para a reabilitação da Guarda Revolucionária foi a revolta do Exército de Mahdi, liderado pelo clérigo xiita radical Moqtada al-Sadr no início de abril, primeiramente nas favelas de Bagdá e depois em Karbala, Najaf, Kufa e redutos xiitas no sul. Os EUA haviam provocado al-Sadr fechando o *Al Hawsah*, seu jornal anticoalizão, e prendendo aliados importantes. Mas os majoritários xiitas estavam cada vez mais inquietos desde que o grande aiatolá Ali al-Sistani pedira eleições diretas em janeiro, e desprezara a constituição produzida pelo Conselho Governante. Ahmed Chalabi originalmente aconselhara Paul Bremer a demitir todos os ba'athistas e o exército, decisões que logo foram desacreditadas. "Paul Bremer e seus mestres do Pentágono, longe de conduzir o Iraque para a liberdade e a democracia", disse o *Financial Times* sobre as mudanças, "apenas o levaram além do limite da anarquia."[11] Agora estava claro que só recuando de Fallujah e voltando as batalhas contra os sunitas para os generais iraquianos, os americanos poderiam se impor aos xiitas, cuja rebelião estava mais ampla e mais profunda do que os comandantes americanos admitiam. Al-Sadr havia "seqüestrado o processo político", disse um especialista iraquiano, e clérigos e políticos mais moderados não ousavam se opor a ele.

Acreditava-se amplamente entre os xiitas que os EUA estavam determinados a arrancar o Islã do Iraque para roubar seu petróleo, e a negar a eles uma voz correspondente a seu povo no futuro governo do país, crenças que tinham sua razão de ser. Mesmo a Brigada Badr, poderosa milícia que apoiava o aiatolá Sistani, estava apoiando Mahdi. Mas o acontecimento que levou os americanos a reverter o curso foi o surgimento da aliança sunita-xiita em Bagdá. Não foi a primeira desde que o sultão otomano do século XIX Abdullah II e o reformista Sayyid Jamal a-Din al-Afghani lançaram um movimento unindo as forças xiitas e sunitas contra o imperialismo europeu, mas na época nenhum alto comandante americano sabia disso. Depois de os britânicos tomarem o Iraque em 1920, houve uma revolta em larga escala que começou nas mesquitas de Bagdá, espalhou-se para o centro sagrado xiita de Karbala e chegou tão longe quanto Kirkuk, outra rebelião que era desconhecida dos americanos. Ao contrário das expectativas britânicas, sunitas, xiitas e até curdos haviam atuado juntos; mas como Niall Ferguson observou, "a teoria se torna surpreendentemente uma grande distorção" na política dos EUA. "A teoria neoconservadora... afirmava que os americanos seriam bem-recebidos como libertadores, assim que a teoria econômica pusesse a privatização" no alto da lista. Lições de história não são percebidas no excepcionalismo americano, e o precedente para a privatização acaba sendo a Europa Oriental.[12] Desta vez foram os precedentes do hiperpoder dos EUA que levaram os milicianos de Mahdi a juntar forças com os sunitas radicais no bairro de Azamiuyah, em Bagdá, e conseguir um comboio de 60 caminhões com suprimentos de ajuda a Fallujah.

A Comissão de Clérigos Muçulmanos, um grupo sunita linha-dura, divulgou um comunicado em 17 de abril anunciando seu apoio a Moqtada al-Sadr e pedindo a todos os iraquianos para "expulsar a ocupação". Agrupamentos sectários já viam suas identidades religiosas como se estivessem tomando o lugar de suas identidades nacionais. Partidos políticos xiitas, como o al-Dawa, eram muito perseguidos pelo regime de Saddam, cujo nacionalismo glorificava a civilização iraquiana através das pessoas de Hammurabi e Nabucodonosor, e buscava substituir Cairo por Bagdá como centro do mundo árabe. O al-Dawa havia cooperado com Ahmed Chalabi em suas tentativas de fazer uma aliança de partidos iraquianos expatriados, mas rompeu com o Congresso Nacional Iraquiano, de Chalabi, devido à questão da semi-autonomia para os curdos. O al-Dawa queria um governo nacional forte e centralizado, que abrangesse sunitas e xiitas, árabes e curdos. Uma visão semelhante foi apresentada por Sistani, que relembrou a Grande Rebelião de 1920, a primeira revolta nacional na história moderna do Iraque que, embora liderada por xiitas notáveis e clérigos, reuniu outros setores da população. "Divisão do povo é traição", sustentou ele.

Moqtada al-Sadr fora a Kirkuk em agosto de 2003, e novamente em dezembro e janeiro de 2004, quando tensões étnicas explodiram sobre os planos curdos de incorporar a cidade a um cantão curdo semi-autônomo. Ele reuniu 2 mil membros do Exército de Mahdi numa manifestação em apoio a 300 mil moradores xiitas turcomanos que estavam em greve, portanto usando a presença dos xiitas em todo o Iraque, até mesmo no norte, para ampliar seu palco.[13] No início de maio de 2004, al-Sadr se moveu entre suas bases em Najaf e Karbala, enquanto de início os EUA agiam na periferia das cidades sagradas, removendo números consideráveis de seus homens, juntamente com uns poucos peregrinos paquistaneses, enquanto prometia a líderes xiitas em Najaf e no Conselho Governante que não entraria no centro sagrado de Najaf, que é um centro teológico de muitas comunidades xiitas no mundo. Atacar aquela área seria um ato final de suicídio para os Estados Unidos, e poria os americanos contra o coração do Islã, provocando a ira de xiitas e numerosos árabes sunitas em todo o Oriente Médio. Mas em meados de maio, trabalhando por trás da exibição das terríveis fotografias de Abu Ghraib, as forças americanas ampliaram seus ataques a Karbala e Najaf.

Em 12 de maio, tanques, helicópteros e jatos americanos atacaram Kerbala, destruindo a mesquita Mukhaiyam, muitas lojas, o mercado central, e incendiando sete hotéis. Vinte e duas pessoas foram mortas, "militantes", disse o brigadeiro-general Mark Kimmit em Bagdá; mas atiradores dos EUA dispararam contra qualquer pessoa que se movesse. Ao entardecer, o chamado para as preces da noite foi feito da mesquita do imã Hussein, um dos templos mais sagrados do Islã xiita. Milicianos do Mahdi assumiram novas posições perto de outro lugar sagrado. Eles reconheceram a perda do controle sobre a mesquita Mukhaiyam. "Impusemos uma firme resistência", disse um jovem miliciano. Tarde da noite, as forças dos EUA penetraram em Najaf, onde al-Sadr, com seus 31 anos de idade, estava entrincheirado. À tarde, ele falou a repórteres. "Apelo aos combatentes e mujahedin em Karbala que se mantenham juntos, de modo que nenhum de nossos lugares sagrados e cidades seja violado. Estamos preparados para qualquer escalada americana e esperamos por ela", disse. Ele falou sobre o Vietnã e sobre como o povo iraquiano tem "fé em Deus e em seu profeta e sua família. Os meios para a vitória disponíveis a nós são muito maiores do que eram para os vietnamitas". Isto era problemático, mas as forças americanas em 2004 eram mais vulneráveis apenas porque eram compartilhadas pelos destroços monumentais do "capitalismo de mercado livre ao estilo americano", que não era bem-vindo no Iraque. Al-Sadr falou também sobre os abusos contra prisioneiros na prisão de Abu Ghraib, que haviam enfurecido o Oriente Médio. "Vejam como eles torturam nossos detentos. Alguém que veio para nos livrar de Saddam poderia fazer isso?"[14]

O recém-nomeado pelos EUA prefeito de Najaf disse que daria mais uma semana aos esforços dos líderes xiitas para pôr fim ao impasse na cidade. "Se vocês considerarem o movimento do exército dos EUA em termos de ganhos territoriais, então as forças dos EUA daqui a uma semana vão entrar em certas áreas da cidade, o que vai... tornar a perspectiva de um acordo pacífico muito remota", disse ele.[15] Fallujah não foi mencionada, mas em 16 de maio líderes políticos e tribais em Najaf disseram que al-Sadr poria fim ao impasse se a coalizão adiasse seu processo judicial contra ele (ele era acusado de envolvimento no assassinato, na primavera anterior, de outro clérigo, ligado aos americanos) e *estabelecesse uma força iraquiana para patrulhar a cidade*. Os xiitas esperavam salvar Najaf do mesmo modo que os sunitas haviam salvado Fallujah, se não trazendo a Guarda Revolucionária, introduzindo forças de paz xiitas. A oferta dependia de um acordo em que as forças dos EUA se retirariam de Kufa e Najaf, e as milícias de al-Sadr abaixariam suas armas. No dia seguinte, líderes políticos em Karbala designaram um major-general do exército de Saddam, mas al-Sadr não estava satisfeito.

Não é difícil prever como isso se desenvolverá. Alguns meses atrás, quando os americanos acreditavam que os xiitas recebiam suas ordens do Irã — onde Sistani nasceu — eles faziam intensas negociações com o clérigo iraniano. Agora que os xiitas radicais no Iraque se declararam, e Sistani não rompeu fileiras, e começa a ser feita uma aliança xiita-sunita contra a ocupação, a política dos EUA vai voltar à forma militar. É tudo o que os EUA sabem fazer, e vão fracassar novamente. Os grandes templos de Najaf e Karbala irão abaixo, unindo-se às ruínas dos museus iraquianos nas cinzas sobre as quais um novo Iraque será construído. E as forças dos EUA, depois de demolirem a cidadela, e talvez matarem Moqtada al-Sadr, tentarão se retirar da difícil experiência do dia-a-dia de lutar no Iraque a tempo para a "entrega", em 30 de junho, e talvez para as eleições americanas; mas vão fracassar também.

Aqueles de nós que assistem à televisão e lêem jornais serão levados a ter esperança de algo mais, que não virá. Os mitos que têm governado os Estados Unidos, começando com a Cidade sobre uma Colina* e chegando ao Destino Manifesto** e à crença de Woodrow

---

*Referência a um sermão de John Winthrop, de 1630, em que ele advertiu os colonos cristãos da Nova Inglaterra que a nova comunidade deles seria uma cidade sobre a colina, que seria vista pelo mundo, o que é associado à posição dos EUA no mundo. (*N. do T.*)
**Expressão que se refere à crença de que os EUA têm a missão divina de progredir e espalhar sua democracia e liberdade no mundo. (*N. do T.*)

Wilson de que devemos "mostrar o caminho às nações do mundo, como elas devem caminhar nas estradas da liberdade...", acabou. Explodiu a si próprio nas declamações vazias de Bush sobre como os EUA levarão "democracia e liberdade ao Oriente Médio". Na atual "história", escreve William Pfaff, o destino exaltado é de forma fatalista desafiado por nações hostis com armas nucleares; Estados fracassados, despedaçados pela ameaça de extremistas islâmicos — algo como a guerra de civilizações de Samuel Huntington. A mobilização nacional ocupou espaço, e anos de conflito estão por vir. Mas nossos principais aliados já não acreditam no mito nacional, diz Pfaff. Eles têm sido corteses em relação a isso, mesmo enquanto o ceticismo crescia. Estão alarmados com o que aconteceu ao país sob o governo Bush, e vêem que nada de bom está vindo com isso. Estão chocados com o modo como os americanos parecem estar impenetráveis em relação à noção de que o 11 de Setembro não foi o acontecimento definidor da era. A maioria deles tem tido suas guerras contra o "terrorismo" — os britânicos com o IRA, os espanhóis com os separatistas bascos, os alemães, italianos e japoneses com as Brigadas Vermelhas, os franceses com os rebeldes argelinos. Eles estão inclinados a acreditar que a condição internacional, como a condição humana, é, na verdade, exatamente a mesma, e que foram os Estados Unidos que mudaram. Estão preocupados de que líderes americanos pareçam incapazes de entender isso. "Tem sido como descobrir que um tio respeitado, e até mesmo querido, ficou esquizofrênico", diz um escritor francês. "Quando você o visita, suas palavras já não estão conectadas com a realidade em torno dele. Parece inútil falar isso a ele. Os familiares, embaraçados, estão até relutantes em falar sobre isso entre eles."[16]

É impressionante perceber como é vazio o comprometimento do governo dos EUA com os motivos apresentados para a invasão do Iraque. Não há nada sustentando isto como a Guerra Fria sustentou os motivos de Kennedy e Johnson para invadir o Vietnã. O 11 de

Setembro apenas pode ir longe demais. A substância da reconstrução, que é a privatização, nunca foi apresentada como motivo para a guerra, mas é o coração do assunto: a parceria entre a Agência para Desenvolvimento Internacional e a CIA que usaria empreiteiros privados para reconstruir economicamente o Iraque de modo a criar um clima de negócios favorável aos interesses americanos. Quando um ex-analista do Oriente Médio, americano, observou que "os iraquianos são um povo orgulhoso, e se eles perceberem que grandes multinacionais estão embolsando e etiquetando suas instituições e campos de petróleo, poderemos ter outro Nasser", ele falou tarde demais. Os iraquianos perceberam isso.

No fim, o "Confiem em mim" de Bush quase satisfez, quase deu a ele a estreita maioria de votos necessária em novembro de 2004; mas não conseguiu de forma alguma explicar as fotografias de soldados americanos rindo de prisioneiros nus, encapuzados e acorrentados. Falando de Abu Ghraib, o *Army Times* perguntou por que "a prisão não foi demolida durante a invasão, como uma estaca enfiada no coração do regime ba'athista. Mas é claro que não foi; porque Abu Ghraib foi onde os EUA puderam exercitar livremente seu desprezo pelo inimigo árabe. Cheio de pessoas de baixo nível que foram ali depositadas para serem mantidas fora das ruas, era menos uma prisão do que um palácio secreto para cometer crimes inacreditáveis contra os iraquianos. As imagens foram tão potentes porque validaram outras imagens negativas e acusações aos EUA, a Israel e ao Ocidente por ações no Iraque e na Palestina, e elas não vão desaparecer. Por isso a solução não é libertar alguns prisioneiros, ou redescobrir as Convenções de Genebra a tempo de obter a atenção da mídia — muito depois de o governo Bush considerar Genebra irrelevante para prisioneiros militares que chamou de "combatentes fora-da-lei".

No Pentágono, disse o *Army Times*, os soldados envolvidos naquela loucura foram chamados de "os seis idiotas que perderam a guerra". Mas eram "os idiotas errados", declarou em 10 de maio o jornal em editorial que circulou também no *Air Force, Navy* e *Marine Corps Times*. "Se a responsabilidade começou com eles", concluiu, "ela se estende a toda a cadeia de comando, até os níveis mais altos da hierarquia militar e sua liderança civil." Até Richard Myers e Donald Rumsfeld. Porque se há uma coisa que os soldados sabem é seguir ordens, e desde o 11 de Setembro o governo pressionou para se livrar de restrições que o império da lei impõe aos estados, tanto internamente quanto internacionalmente. Em Guantánamo, Afeganistão, Iraque e em todo lugar, têm sido negadas aos prisioneiros as proteções legais mais básicas. Isto criou o clima que permitiu o comportamento sem lei que testemunhamos.

Quanto à decapitação de Nick Berg em 11 de maio, uma coisa é certa. "Apesar da nova queda de popularidade, Bush agora parece ter uma chance melhor de sobrevivência do que tinha", de acordo com Christopher Caldwell, editor sênior do *Weekly Standard*, "melhor talvez do que Tony Blair na Grã-Bretanha ou Silvio Berlusconi na Itália. Foi a ligação com a al-Qaeda que tornou esta uma história maior para o público americano do que a tortura do prisioneiro americano, acredita Caldwell. Todas as redes de TV dos EUA abriram sua programação matinal com a execução, enquanto no *Le Monde* foi a quarta notícia mais importante em seu *website*. A identificação pela CIA do "cérebro terrorista" al-Zarqawi como autor da execução foi decisiva; porque, na mente do público, a decapitação de Berg restaurou a ligação entre a al-Qaeda e o Iraque, que era parte da justificativa para a guerra no início. Mesmo que tivesse pouco a ver com isso, Roy Blunt, congressista republicano do Missouri, pôde dizer que "sacudiu na memória de todos o motivo pelo qual estamos no Iraque e com quem estamos lidando"; enquanto Charles Schumer, democrata liberal de Nova York, pôde acrescentar que "se eles pensam que isto vai nos fazer cair fora rapidamente, estão redondamente enganados".[17] E Kerry, que está se esforçando para vencer Bush, descreveu os assassinos de

Berg como "pessoas que não têm qualquer sistema de valores", e abrandou sua denúncia de abusos em Abu Ghraib.

Caldwell quase identificou a decapitação como uma coisa arranjada, como fez Tom Englehardt quando considerou o assassinato de Nicholas Berg "horrendo além do imaginável, literalmente exibido como o equivalente da al-Qaeda a um vídeo de recrutamento ao estilo da MTV... e, certamente, quando chegou ao governo Bush, a expressão 'desejo de satisfação' ganhou novo significado".[18] Mas nenhum dos dois chamou isto daquilo, e nem eu vou fazê-lo. A citação sobre o militante al-Zargawi, nascido na Jordânia, durante meses o nome nos lábios de cada comandante americano que queria ligar a al-Qaeda ao Iraque — como o general Kimmit, que disse em 17 de maio que o atentado com carro-bomba contra o chefe do Conselho Governante, Izzadine Saleem, tinha as "clássicas marcas" de Zargawi — é suficiente para levantar sérias dúvidas sobre a procedência da terrível ação. Quanto ao assassinato de Saleem, um grupo desconhecido, o Movimento de Resistência Árabe, assumiu a responsabilidade num *website* associado à província de Anbar, uma fortaleza da resistência sunita que inclui Fallujah.

É difícil dizer quando as coisas começaram a despencar, porque a rebelião estava acontecendo pelo menos desde o atentado terrorista de março em Madri, quando a Espanha anunciou que retiraria suas tropas. Desde então, Honduras, República Dominicana, Nicarágua, Cazaquistão e Nova Zelândia partiram, enquanto as tropas da Coréia do Sul e da Bulgária recuaram para suas bases. El Salvador, Noruega, Holanda, Tailândia — e até o Japão, que prometera que suas equipes médicas e de engenharia ajudariam os EUA desde que estes oferecessem proteção contra uma rápida expansão da China — estavam cambaleando. As forças de defesa civil do Iraque, aquelas que permaneceram, haviam abaixado suas armas em Fallujah, e 10% haviam passado para o outro lado. Fontes do governo e da indústria dos EUA disseram que um policial iraquiano alertara combatentes da resistência local para a chegada de guardas de segurança.

Quatro membros do Conselho Governante haviam renunciado em protesto, e metade dos iraquianos com empregos na fortemente protegida Zona Verde estava ficando em casa. Cinqüenta e dois ex-diplomatas britânicos escreveram a Tony Blair para dizer que "não há argumento para apoiar políticas condenadas ao fracasso", enquanto, em 4 de maio de 2004, cinqüenta e três diplomatas americanos — inclusive ex-embaixadores de Qatar, Índia, Arábia Saudita, Síria e Egito — acusaram a Casa Branca de sacrificar a credibilidade dos EUA no mundo árabe e a segurança de seus diplomatas e soldados por causa do apoio inadequado do governo Bush a Ariel Sharon. Bush investira na proposta de Sharon de uma retirada israelense da Faixa de Gaza, e dera mais dois passos à frente ao endossar a continuidade dos assentamentos judeus na Cisjordânia ocupada e negar aos palestinos o direito de retornar aos territórios ocupados. A devastadora rejeição à retirada de Gaza pelo partido Likud que se seguiu foi vista como um desprezo direto ao presidente.

Esses ataques de diplomatas americanos não aconteciam desde a guerra do Vietnã, e foi uma reação particularmente incomum o fato de ex-funcionários do governo dos EUA criticarem a política para Israel, mas mais incomum ainda foi Bush se curvar a Sharon sem medir sua autoridade. Ele levou outro tombo, um dos muitos em sua sherazade no Oriente Médio, em que as histórias que lhe contaram nunca aconteceram, e as pessoas que o apoiavam começaram a romper com ele — e lá estava ele com a última coisa que compreendia, a campanha presidencial.

NOTAS

PREFÁCIO

1. Régis Debray, *Revolution in the Revolution* (Nova York, 1967), p.19.
2. April Glaspie, "Transcript of Meeting..., July 25, 1990", *New York Times International*, 23 de setembro de 1990.
3. Doyle McManus, "Iraq Setbacks Change Mood in Washington", *Los Angeles Times*, 23 de maio de 2004.
4. Center for American Progress, 24 de maio de 2004; progress Americanprogress.com.
5. Nicolas Pelham, "Saddam's Men Quietly Regroup", *Financial Times*, 14 de maio de 2004.

1
COMEÇAR DE NOVO NÃO É FÁCIL

1. Philip Stephens, *Financial Times*, 5 de março de 2004.
2. Roy citado por Jacob Heilbrunn, "Forgiving Their Own Vision of Empire", artigo de *The Rise of the Vulcans*, de James Mann, *Los Angeles Times Book Review*, 17 de março de 2004.
3. Javad Yarjani, chefe do Departamento de Análises do Mercado de Petróleo da Opep, "The Choice of Currency for the Denomination of the Oil Bill", discurso feito em Oviedo, Espanha, em 14 de abril de 2002.

4. Roula Khalaf e Guy Dinmore, "Reforming the Arab World", *Financial Times*, 23 de março de 2004.
5. Neil Dennis, "Rising Gasoline Prices Boost Crude Oil Futures", *Financial Times*, 24 de março de 2004.
6. Robert Fisk, "Happy First Birthday, War on Iraq", *Independent*, 13 de março de 2004.
7. *Financial Times*, 20 e 21 de março de 2004.
8. Naomi Klein, "Terror as a Weapon of Occupation", *Guardian*, 24 de março de 2004.
9. Ibidem.
10. Hannah Arendt, *On Violence* (Nova York: Harcourt, Brace & World, 1969), p. 87.
11. Ibidem, p. 56.
12. Elisabeth Young-Bruehl, *Hannah Arendt: For Love of the World* (New Haven: Yale, 1982), p. 98.
13. Gore Vidal, *Dreaming War* (Nova York: Nation Books, 2002).
14. Andrew Kopkind, "A Sense of Crisis" (23-30 de março de 1970), em *The Thirty Years' War* (Londres: Verso, 1995), p. 211.
15. David Lamb, *Vietnam, Now* (Cambridge, MA: Perseus, 2002), p. 255.
16. Kopkind, "The Return of Cold War Liberalism" (23 de abril de 1983), em *The Thirty Years' War*, p. 358.
17. Lamb, *Vietnam, Now*, p.177.
18. Said citado por Tomeditor aol.com, 15 de novembro de 2002.
19. Cordesman citado por Pauline Jelinek, "Pentagon Won't Give War Costs", *Arizona Daily Sun*, 11 de março de 2004.
20. "Americas' Election Batteground", *Financial Times*, 11 de março de 2004.
21. "Spanish PM-elect Vows to Pull Troops Out of Iraq", AFP, 15 de março de 2004.
22. Jelinek, "Pentagon Won't Give War Costs".
23. Ibidem.
24. William Clark, "The Real Reasons for the Upcoming War With Iraq", Information Clearing House, 20 de fevereiro de 2004.
25. Henry C.K. Liu, "US Dollar Hegemony Has Got to Go", *Asia Times*, 11 de abril de 2002.
26. Senador Tim Ferguson, "A New American Century? Not", iraqwar.com, 19 de janeiro de 2004.
27. Gerard Baker, "This Year's Will Be the Most Sustained and Serious Debate...", *Financial Times*, 12 de março de 2004.

2
COMO ERA

1. Antonia e Anthony Lake, "Coming of Age Through Vietnam", *New York Times Magazine*, 20 de julho de 1995.
2. *The Party For You*, programa oficial de 1956, Convenção Nacional Democrata.
3. Kennedy citado por Carol Brightman, "The Weed Killers", *Viet-Report*, junho-julho de 1966.
4. *The Party For You*.
5. Rusk citado em "The Weed Killers".
6. *The Party For You*.

3
FAZENDO A SEGURANÇA DO REINO

1. Robert Kagan, "Power and Weakness", *Policy Review*, nº 113, junho de 2002.
2. *New York Times*, 24 de novembro de 2002.
3. Ibidem.
4. Mandelbaum citado por Thomas L. Friedman em "The New Club NATO", *New York Times*, 17 de novembro de 2002.
5. *New York Times*, 16 de abril de 2003.
6. Jude Wanniski, "Wolfowitz and the Axis of Evil", *Jude Wanniski's SupplySideInvestor*, julho de 2002.
7. *Los Angeles Times*, 27 de outubro de 2002.
8. Jane Mayer, "Contract Sport", *New Yorker*, 16 e 23 de fevereiro de 2004.
9. *Forbes*, 6 de janeiro de 2003.
10. Hazel Henderson, "Beyond Bush's Unilateralism", InterPress Service, junho de 2002.
11. Ibidem.
12. Charles Recknagel, "Iraq: Baghdad Moves to the Euro", *Radio Free Europe*, 1º de novembro de 2000.
13. William Clark, "The Real Reasons for the Upcoming War With Iraq", Information Clearing House, 20 de fevereiro de 2004.
14. "Saudis Face Greater Difficulty in Extracting Oil", Middle East Newsline, 27 de fevereiro de 2004.

15. Sean Naylor, "The Lessons of Anaconda", *New York Times*, 2 de março de 2003.
16. Dexter Filkins, "Flaws in US Air War", *New York Times*, 21 de julho de 2002.
17. Thomas E. Ricks e Vernon Loeb, "Afghan War Faltering", *Washington Post*, 8 de novembro de 2002.
18. Kate Clark, "Revealed: The Taliban Minister, the US Envoy and the Warning of September 11 that was Ignored", *Independent*, 7 de setembro de 2002.
19. Syed Saleem Shahzad, "US Turns to the Taliban", *Asia Times*, 14 de junho de 2003.
20. *Oil and Gas International*, 11 de agosto de 2002.
21. Matthew Reimer, "Caspian Region Likely to Remain Critical for Foreseeable Future", Power and Interest News Report, 11 de janeiro de 2004.
22. Patrick Martin, "Oil Company Adviser Named US Representative to Afghanistan", World Socialist Web Site, 3 de janeiro de 2002.
23. Michael T. Klare, "Oil Moves the War", *Progressive*, junho de 2002.
24. Meyers citado em "Novak, Hunt, and Shields", CNN, 5 de abril de 2002.
25. *CounterPunch*, 10 de janeiro de 2002.
26. Jordan Green, "Halliburton: To the Victors Go the Markets", *Southern Studies*, 1º de fevereiro de 2002.
27. *Oil and Gas International*, 28 de janeiro de 2002.

4
FAZENDO ONDAS

1. "Voice of the People", *Portland Press Herald*, 13 de outubro de 2003.
2. Pariser citado por George Packer em "Smart-Mobbing the War", *New York Times*, 9 de março de 2003.
3. Tomeditor@aol.com, 10 de janeiro de 2003.
4. Todd Gitlin, "The War Movement and the Peace Movement", Open Democracy, 2 de dezembro de 2002.
5. "Rumsfeld Unmuzzled", *Maine Sunday Telegram*, 16 de fevereiro de 2003.
6. A Buzzflash Reader Commentary, de Stephen V. Kane, buzzflash.com, 10 de fevereiro de 2003.
7. Susan Sontag, "Fast-forward War", Tomeditor@aol.com, 23 de março de 2004.
8. Muller citado em AlterNet.org, 24 de março de 2003.

5
GUERRA CRESCENTE

1. Thompson citado em *St. Louis Post Dispatch*, 23 de março de 2004.
2. Reuters report, Tomeditor@aol.com, 24 de março de 2004.
3. Ibidem.
4. Eric Margolis, "The Moment of Truth for Iraq", *Toronto Sun*, 23 de março de 2003.
5. Danny Schecter, News Dissector Weblog, 24 de março de 2003.
6. David Carr, "Reporting Reflects Anxiety', *New York Times*, 25 de março de 2003.
7. Equipe e relatos eletrônicos da MSNBC, 27 de março de 2004.
8. Vernon Loeb, *Washington Post*, 30 de março de 2003.
9. Catherine Belton, "Why Not Price Oil in Euros", *Moscow Times*, 10 de outubro de 2003.
10. "The Future of Iraq", *Wall Street Journal*, 7 de abril de 2003.
11. AFI Research Intelligence Briefing, 10 de abril de 2004.
12. *New York Times*, 13 de maio de 2004.
13. *New York Times*, 9 de abril de 2003.
14. *Wall Street Journal*, 11 de abril de 2003.
15. *Maine Sunday Telegram*, 6 de julho de 2003.
16. *Wall Street Journal*.
17. *Portland Press Herald*, 10 de abril de 2003.
18. Firas Al-Atraqchi, "Before You Cheer", YellowTimes.org, 14 de abril de 2003.
19. Joel Brinkley, "American Companies Rebuilding Iraq Find They Are Having to Start From the Ground Up", *New York Times*, 22 de fevereiro de 2004.

6
RETORNO AO VIETNÃ

1. Mike Hume, www.spiked.com, 10 de abril de 2003.
2. Van Riper citado em Sean D. Naylor, "War Games Rigged?", *Army Times*, 16 de agosto de 2002.
3. Marilyn B. Young, em palestra no encontro anual da Organização de Historiadores Americanos sobre o tema "Historiadores e a Guerra"; 5 de abril de 2003.

4. Mary McCarthy, *Hanoi* (Nova York: Harcourt, Brace, Jovanovich, 1968), p. 123.
5. Mary McCarthy, *The Seventeenth Degree* (Nova York: Harcourt, Brace, Jovanovich, 1974), pp. 212-213.
6. Susan Sontag, *Trip to Hanoi* (Nova York: Farrar, Strauss & Giroux, 1968), pp. 69-70.
7. Ibidem, p. 77.
8. Staughton Lynd e Thomas Hayden, *The Other Side* (Nova York: New American Library, 1966), p. 77.
9. Harrison E. Salisbury, *Behind the Lines* (Nova York: Harper & Row, 1967), p.102.
10. Pham Van Dong citado por Carol Brightman em diário de viagem sem título do Vietnã do Norte, janeiro-fevereiro de 1967.
11. Donald Kagan e Frederick W. Kagan, *While America Sleeps*, citados em Defense Association National Network's News, vol. 7, nº 3, inverno de 2000.
12. McCarthy, *Hanoi*, p. 505.
13. Evan Thomas, "Why Were We in Vietnam? He'll Tell You", artigo de *Ending the War*, de Henry Kissinger, *New York Times Book Review*, 23 de março de 2003.
14. Salisbury, *Behind the Lines*, pp. 196-97.
15. Ed Vuillamy, "Israel Seeks Pipeline for Iraqi Oil", *Observer*, 20 de abril de 2003.
16. McCarthy, *Hanoi*, p. 301.
17. Michael Ledeen citado por William O. Beeman, "Who is Michael Ledeen?", Pacific News Service, 8 de maio de 2003.
18. Hannah Arendt, "The Ex-Communists", *Commonweal*, 20 de março de 1953, p. 597.
19. Malcolm Cowley em *Culture as History*, de Warren Susman (Nova York: Pantheon, 1984), p. 169.
20. Weinberger citado por Frances Fitzgerald em *Way Out in the Blue* (Nova York: Simon & Schuster, 1995), p. 473.
21. Ibidem.
22. Os autores incluem dois funcionários responsáveis por planejamento estratégico no Conselho de Segurança Nacional de Bush, assim como Stephen A. Cambone, vice-subsecretário de Defesa.
23. Norman Fruchter citado por Harry Mauer em *Strange Ground: Americans in Vietnam, 1945-1975* (Nova York: Henry Holt, 1989), p. 437.
24. Marilyn Young explora como isto funcionou com os EUA e o Japão na virada do século passado, em *The Rhetoric of Empire: American China Policy 1895-1901* (Harvard, 1968). Veja p. 231.

25. Na conferência de acadêmicos asiáticos em Cingapura, 21-26 de agosto de 2003, participantes de "Vietnamese Foreign Relations" ainda viram um compromisso americano com o Sudeste da Ásia como um contrapeso para as ambições chinesas na área, especialmente, uma vez que a importância econômica da China no Pacífico, antes pequena, tem aumentado rapidamente. Entretanto, de acordo com Pham Ngoc Uyen, "a tendência agressiva unilateral na política externa de Bush tem incitado preocupações passadas no Sudeste da Ásia, no Vietnã e na China".

7
A ECONOMIA POLÍTICA DA MORTE I

1. Pep Subiros, "Utopias Imperiales", *El País*, 15 de maio de 2003.
2. Ibidem.
3. Jon E. Hilsenrath, "Why for Many This Recovery Feels More Like a Recession", *Wall Street Journal*, 29 de maio de 2003.
4. Bush citado por Renana Brooks em "Bush Dominates a Nation of Victims", *The Nation*, 24 de junho de 2003.
5. Bush citado por Emad Mekay em "Global Economy", *Asia Times*, 5 de fevereiro de 2003.
6. Peronet Despeignes, "White House Shelved Deficit Report", *Financial Times*, 29 de maio de 2003. Três meses depois, a CBO aumentou o déficit orçamentário de 2004 para US$ 480, uma deficiência recorde que disse que poderia chegar a US$ 500 quando as exigências de gastos da nova guerra no Iraque fossem incluídas. "Deficit Could Top US$ 500 Billion em '04", MSNBC, 26 de agosto de 2003; "GAO Grim on Deficit Outlook", *Atlanta-Journal Constitution*, 14 de setembro de 2004.
7. Dan Baum, "Nation Builders for Hire", *New York Times Magazine*, 22 de julho de 2003. A fonte de Baum é Center for Public Integrity.
8. "Inside Story of the Hunt for Bin Laden", *Guardian*, 23 de agosto de 2003. De acordo com o *Guardian*, Ijaz tem contatos com o serviço de inteligência do Paquistão e serviu de intermediário em negociações com Bin Laden.
9. Woolsey citado em PBS Online NewsHour, 20 de agosto de 2003.
10. James Ridgeway, "Corporate Colonialism", Village Voice, 23-29 de abril de 2003.
11. Jackson citado por Geoffrey Cray, "USA: Inside Lockheed's $250 Billion Pentagon Connection", *Village Voice*, 19 de março de 2003.

12. Seymour M. Hersh, "Lunch With the Chairman", *New Yorker*, 1º de março de 2003.
13. Relatado pela AFP em 29 de julho de 2003 e citado em STRATFOR'S MORNING INTELLIGENCE BRIEF no mesmo dia.
14. "Inside Story of the Hunt of Bin Laden", *Guardian*, 23 de agosto de 2003. Uma fonte importante dessa informação é o financista Mansoor Ijaz.
15. Paolo Pasicolar, Executive Memoradum #892, Heritage Foundation, 15 de julho de 2003.
16. Mekay, "Global Economy".
17. Reese Ehrlich, "Arab Thumbs Down on Free Trade", AlterNet.org, 15 de julho de 2003.
18. Kevin Watkins, "Trade Hypocrisy _ the Problem with Robert Zoellick", Open Democracy, 27 de dezembro de 2002.
19. Niall Ferguson, "True Cost of Hegemony: Huge Debt", *New York Times*, 20 de abril de 2003.
20. Stephen Roach, "Worldthink, Disequilibrium, and the Dollar", discurso feito em Nova York, 12 de maio de 2002.
21. *Economist*, 28 de junho de 2003.
22. STRATFOR, 29 de agosto de 2003.
23. Ferguson, "The True Cost of Hegemony".
24. Andrew J. Bacevich, *American Empire* (Harvard: Harvard University Press, 2002), p. 8.
25. Paul Krugman, "Stating the Obvious", *New York Times*, 27 de maio de 2003.

8
A ECONOMIA POLÍTICA DA MORTE II

1. Paul Krugman, *The Great Unraveling: Losing Our Way in the New Century* (Nova York: Norton 2004).
2. Clark citado por Thom Shanker e Eric Smicht em "Latest Mission by Armed Forces", *New York Times*, 30 de abril de 2003.
3. Veja o *website* do US Army Corps of Engineers para detalhes do contrato; também Michael Dobbs, "Halliburton's Deals Greater than Thought", *Washington Post*, 28 de agosto de 2003.

4. Rowan Scarborough, "US Rushed Post-Saddam Planning", *Washington Times*, 3 de setembro de 2003.
5. Baum, "Nation Builders for Hire".
6. Mafruza Khan, "Business on the Battlefield", Corporate Research E-Letter nº 30, dezembro de 2002. Grande parte dessa informação foi reunida pelo International Consortium of Investigative Journalists.
7. P. W. Singer, "Military Privatization", *New York Times*, 23 de julho de 2003. Num contrato de US$2,2 bilhões com o Pentágono, o Exército iraquiano está sendo treinado pela Vinnell Corp., uma subsidiária da Northrup Grumman. Alex Berenson, "Iraq's New Army Gets Slow Start", *New York Times*, 21 de setembro de 2003.
8. Nelson D. Schwartz, "The War Business", Reason Policy Institute, RPPI.org, 17 de março de 2003 (primeiramente apareceu na *Fortune*).
9. Ibidem.
10. Michael Dobbs, *Washington Post*, 28 de setembro de 2003. Durante a Guerra do Golfo I a proporção era de aproximadamente 1 para 100.
11. *Economist*, 27 de março de 2004.
12. Schwartz, "The War Business".
13. Geoffrey Gray, "USA: Inside Lockheed's $250 Billion Pentagon Connection", *Village Voice*, 19 de março de 2003.
14. Khan, "Business on the Battlefield".
15. Ibidem.
16. James Ridgeway, "Corporate Colonialism", *Village Voice*, 23-29 de abril de 2002.
17. Mike Allen, *Washington Post*, 26 de agosto de 2003.
18. *Sunday Herald*, 6 de outubro de 2002, citado por Michael Meacher em "This War on Terrorism is Bogus", *Guardian*, 6 de setembro de 2003.
19. Citado por Meacher, "This War on Terrorism is Bogus".
20. Stephen Pizzo, "Divvying up the Iraq Pie", AlterNet.org, 8 de outubro de 2003.
21. Wolfowitz citado por Bill Keller em "The Sunshine Warrior", *New York Times Magazine*, 22 de setembro de 2002.
22. Maureen Dowd, "Who's Losing Iraq", *New York Times*, 31 de agosto de 2003.
23. "Bush Fails on Promise to Update Electricity Grid", daily.misleader.org, 15 de outubro de 2003.

9
A ECONOMIA POLÍTICA DA MORTE III

1. Dominique de Villepin, "Iraq: The Paths of Reconstruction", *Le Monde*, 12 de setembro de 2003.
2. Re Iraq's $130 billion debt, veja "Skimping on the Peace", *Wall Street Journal*, 30 de setembro de 2003.
3. Sonni Efran, Robin Wright e Janet Hook, *Los Angeles Times*, 12 de setembro de 2003.
4. *Washington Post*, 15 de setembro de 2003.
5. David Sanger, "Trying to Figure Out When to Say it's Over", *New York Times*, 14 de setembro de 2003.
6. Steinberg e Bush citados por Greg Miller, *Los Angeles Times*, 11 de setembro de 2003.
7. Garry Trudeau, "Doonesbury", *Portland Press Herald*, 26 de setembro de 2003.
8. Bush citado por Glenn Kessler no *Washington Post*, 24 de setembro de 2003.
9. Thomas L. Friedman, "Vote France Off the Island", *New York Times*, 12 de agosto de 2003.
10. Mike Allen e Dana Priest, "Bush Administration is Focus of Inquiry", *Washington Post*, 28 de setembro de 2003.
11. Ibidem.
12. John Cirincione, "The Kay Contradiction", *Carnegie Analysis and Commentary*, 3 de outubro de 2003.
13. STRATFOR, 14 de setembro de 2003.
14. Christian Parenti, "The Progress is Disaster", *In These Times*, 11 de setembro de 2003.
15. Alissa J. Rubin, "With Each Attack, US Image in Iraq Erodes", *Los Angeles Times*, 27 de setembro de 2003.
16. Waxman citado por David Ivanovich, *Houston Chronicle*, 23 de setembro de 2003.
17. Rice citada por Greg Miller em "Perception Grows that Iraq has Become the 'Central Front' in War on Terror", *Los Angeles Times*, 11 de setembro de 2003.
18. STRATFOR Geopolitical Diary, 7 de outubro de 2003.
19. Leahy citado por Alan Fram, *Los Angeles Times*, 24 de setembro de 2003.
20. Chalabi citado em Colin Lynch, *Washington Post*, 3 de outubro de 2003.
21. Citado por Stephen Pizzo em "Divvying up the Iraq Pie", AlterNet.org, 3 de outubro de 2003.

22. David Ignations, "Minding Iraq's Business", *New York Times*, 17 de outubro de 2003. Os números são retirados de "Iraq Revenue Watch", um projeto patrocinado pelo Open Society Institute, de George Soros.
23. Timothy L. O'Brien, "Iraq Offering Laws to Spur Investment from Abroad", *New York Times*, 22 de setembro de 2003.
24. "Iraq's Reconstruction: Cleaner, But Still Bare", *Economist*, 4 de outubro de 2003.
25. Steven Weisman, "US Set to Cede Part of Control Over Aid to Iraq", *New York Times*, 20 de outubro de 2003.
26. Wilson citado por Ewen MacAskill, *Guardian*, 14 de outubro de 2003.
27. Sanchez citado por Michael R. Gordon em "Reality Check in Iraq", *New York Times*, 20 de outubro de 2003.
28. Parenti, "The Progress is Disaster".
29. Pizzo, "Divvying up the Iraq Pie".
30. "Iraq's Reconstruction', *Economist*. Bechtel afirma que os US$ 680 milhões que recebe da USAID é menos de 5% de sua estimativa de US$ 16 bilhões para as necessidades de reconstrução civil do Iraque, o suficiente apenas para projetos "críticos".
31. Patrick E. Tyler e Raymond Bonner, "Iraq: Millions Misspent for Contracts", *New York Times*, 3 de outubro de 2003.
32. George Monbiot, "States of War", *Guardian*, 14 de outubro de 2003.
33. Tyler e Bonner, "Iraq: Millions Misspent".
34. Baum, "Nation Builders for Hire".
35. Salamander Davoudi, "Survey of Attitudes Makes Disturbing Reading for US", *Financial Times*, 16 de março de 2004.
36. Douglas Jehl, "Insiders' New Firm Consults on Iraq", *New York Times*, 30 de setembro de 2003.
37. Craig Gordon e Knut Royce, "Israel-Iraq Boom Ties Raise Questions", *Newsday*, 5 de outubro de 2003.
38. Ibidem.
39. Citado por Thomas L. Friedman em "Courageous Arab Thinkers", *New York Times*, 19 de outubro de 2003.
40. STRATFOR, "War Will Restructure Investment in the Middle East", 6 de dezembro de 2002.
41. "The Carlyle Group: C for Capitalism", *Economist*, 28 de junho de 2003; um artigo de *The Iron Triangle*, de Briody.
42. Pep Subiros, "Utopias Imperiales".

43. William K. Tabb, "The Two Wings of the Eagle", *Monthly Review*, julho-agosto de 2003.
44. Naomi Klein, "A Deadly Franchise", AlterNet.org, 8 de setembro de 2003.
45. Georgie Ann Geyer, "Bush, Sr.'s Message to Bush Jr.", *Boston Globe*, 18 de outubro de 2003.

10
O *CONSIGLIERI* ESTÁ DE VOLTA

1. Terence Hunt, "Baker Gets Backing as Iraqi Debt Emissary", *Portland Press Herald*, 12 de dezembro de 2003.
2. Thomas L. Friedman, "Hearts and Minds", *New York Times*, 14 de dezembro de 2003.
3. Joshua Micah Marshall, Talking Points Memo, 9 de dezembro de 2003.
4. Jim Lobe, "Baker's Return_ Cheney's Heartburn", Antiwar.com, 13 de dezembro de 2003.
5. Marshall, Talking Points Memo.
6. Julian Coman, "CIA Plans New Secret Police to Fight Iraq Terrorism", *Telegraph*, 14 de janeiro de 2004.
7. Rajiv Chandrasekaran, "Ending Occupation Gets Higher Priority", *Washington Post*, 28 de dezembro de 2003.
8. Naomi Klein, "It's Greed, Not Ideology, That Rules the White House", *Guardian*, 23 de dezembro de 2003.
9. "Iraq War Planned Pre-9/11?", CBS New, 11 de janeiro de 2004.
10. Robin Wright, "Bremer: A Will on Iraq, Not a Way", *Washington Post*, 23 de dezembro de 2003.
11. Keith B. Richburg, "France, Germany Agree to Lighten Iraq Debt Load", *Washington Post*, 1º de dezembro de 2003.
12. Jim Krane, "Squabble Over Aid", *Portland Press Herald*, 22 de dezembro de 2003.
13. Ibidem.
14. Klein, "It's Greed, Not Ideology".

EPÍLOGO

1. Nicholas Pelham, Joshua Chaffin e James Drummond, "In the Line of Fire...", *Financial Times*, 6 de maio de 2004.
2. Juan Cole, "US Failure Helps Revive the Old Pan-Islamic Project", *Le Monde Diplomatique*, maio de 2004.
3. Orit Shohat, "Remember Falluja", *Haaretz*, 28 de abril de 2004.
4. Mike Davis, "The Pentagon as Global Slumlord", em www.TomDispatch.com, 19 de abril de 2004.
5. Rory McDonald e Julian Borger, "US Says 95% of Fallujah Dead Were Military Age Males... Hospital Director Says Vast Majority Were Women, Children and Elderly", *Guardian*, 12 de abril de 2004.
6. Rajiv Chandrebaran, "Old Iraqi Army Reborn in Fallujah", *Washington Post*, 7 de maio de 2004.
7. Nicholas Pelham e Roula Khalaf, "Creation of ex-Ba'athist Force 'Strictly One-off' Plan, Says Officials", *Financial Times*, 4 de maio de 2004.
8. Thom Shanker, "Hussein's Agents Are Behind Attacks in Iraq, Pentagon Finds", *New York Times*, 19 de abril de 2004.
9. Conroy citado por Chandrebaran, "Oil Iraqi Army Reborn".
10. Eric Margolis, "Déjà Vu All Over Again", *Toronto Sun*, 2 de maio de 2004.
11. Citado por Arnaud de Borchegrave, em *Washington Times*, 1º de maio de 2004.
12. Niall Ferguson, "Viet Nam Generation of Americans Has Not Learned Lessons of History", *Telegraph*, 4 de abril de 2004.
13. Cole, "US Failure Helps Revive the Old Pan-Islamic Project".
14. Associated Press, "Karbala Wracked by Battles With al-Sadr Supporters", *Portland Press Herald*, 13 de maio de 2004.
15. Ibidem.
16. William Pfaff, "The American Misson", um artigo de Zbigniew Brezinski, *The Choice* (Basic Books), *New York Review of Books*, 8 de abril de 2004.
17. Christopher Caldwell, "America's War to Sway Opinion", *Financial Times*, 14 de maio de 2004.
18. Englehardt citado por Danny Schecter em News Dissector Weblog, 18 de maio de 2004.

ÍNDICE

aborto 35
Abraham, Spencer 27, 91, 236, 241
Abrams, Eliot 75
Abu Ghraib 289, 292
Adams, Brooks 240
ADB (Banco de Desenvolvimento Asiático) 90
Adleman, Kenneth 75
AEI (Instituto Americano de Estratégia) 75
Afeganistão 80, 122, 185, 199, 213, 253, 293
    jornalistas e 126
    Operação Anaconda 86-91, 93-94
    reconstrução 90
    Romênia e 73
Alasca 50, 267
Albright, Madeleine 150
Alemanha 277
    reconstrução do Iraque e 261
Alexander, Anthony 241
al-Hakim, Abdul Aziz 144, 278
al-Hakim, Muhammed Bakr 193
al-Hashemi, Akila 251
Ali, Tariq 116, 190
al-Keylini, Kamel 257, 261
Allbaugh, Joe 263

Allen, Bob 159
al-Qaeda 27, 33, 147, 196, 204, 23, 266, 281
    Operação Anaconda e 86-87
al-Sadr, Moqtada 286, 288-290
al-Sager, Mohammed 137
al-Sistani, Ali 277, 286
al-Zargawi, Abu Musal 293
American Hospital Group 259
ANC (Congresso Nacional Africano) 69
Andrews, Tom 130
Annan, Kofi 142, 248
anticomunismo 185
antiglobalização 47
Aon 282
Arábia Saudita 27, 53, 84, 238, 266, 281
Arendt, Hannah 31, 35, 43, 158, 181
Argélia 25
Argentina 214-215
armas de destruição em massa 49, 250-251, 274
armas nucleares 36, 75, 121, 185
Armênia 92
Armitage, Richard 75, 232
ArmourGroup 283
Ashcroft, John 249

assassinatos no estado de Kent 37
ataque ao World Trade Center *veja* 11 de Setembro
ataques preventivos 30, 31, 79, 99-102, 109, 122, 215, 217, 239, 247
    como erro 118
    escapar de 276-277
atentado em Madri 23, 50, 292
Atta, Mohammed 245
Austrália 26
Azerbaijão 92
Aznar, José Maria 50

ba'athistas 284-285, 286
Bacevih, Andrew 141, 221
Bach, Pham Van 173
Bahrein 84
Baker Hughes 95, 271
Baker Potts 277
Baker, Cissy 128
Baker, James 92, 96, 195, 237, 238, 266-267, 277, 278, 280
    compromisso com a Casa Branca 271-273
Banco Mundial 208, 214, 258
Bangladesh 216, 243
Barone, Michael 77
Bartley, Robert 77
Barzani, Masoud 144, 193
Basra 283
Baum, Dan 229, 234, 263
Bechtel 201, 211, 228, 245, 257, 262, 282
Beers, Rand 52, 204, 212
Beirute 199
Belten, Catherine 143
Bennet, Richard 145
Bennet, Robert 34
Berkeley 41
Bernard, Dick 111

bin Laden, Osama 89, 93, 94, 97, 196, 198, 213
bin Laden, Shafiq 266
Blades, Joan 111
Blair, Tony 81, 259, 294
Bleucher, Heinrich 158
Blitzer, Wolf 130-131
Bodine, Barbara K. 194
Bolton, John 75
Boot, Max 202, 227
Booz Allen Hamilton 230
Boucher, Richard 278
Boyd, Wes 111
BP (Petróleo britânico) 92
Brahimi, Lakdar 29
Brasil 219
Brecht, Bertold 21
Bremer, Paul 26, 144, 194, 196, 198, 202, 204, 218, 245, 255, 259, 263, 275, 286
    Ordem 39 e 29
    Privatização e 215-216
Brightman, Gordon 66-68
Briody, Dan 267
Briscard, Jean-Charles 89
Bristol Myers 21
Brown, Jock 159
Brzezinski, Zbigniew 22
Budismo 178
Bulgária 294
Bunnia, Mahmoud 261
Bush Jr., George W. 48, 184, 203
    Carlyle Group e 267
    Hume na 154-155
    nega ligação 11 de Setembro-Iraque 246
    Otan e 71-72
    planos para Iraque 229
    política de energia 237-241
    realizações 281

discurso a bordo do Abraham Lincoln 151
Bush Sr., George 50, 184, 236, 266
    Saddam e 279
Bush, Jeb 238
Byrd, Robert 51, 103, 120

Caldwell, Christopher 293
Camboja 39, 80, 171, 175, 232
Cannistro, Vince 203
Card, Andrew 104
Card, Bill 107, 113
Carlucci, Frank 152
Carlyle Group 266-270, 271-272
Carrol, Philipp J. 253
Carter, Jimmy 32
Casteel, Steve 276
Caterair International 267
Cazaquistão 92, 185, 294
censura 126-129
Chalabi, Ahmed 141, 144, 257, 286, 288
Chalabi, Salem 264
Chambers, Whittaker 181
Chase, J.P. Morgan 214
Chávez, Hugo 82
Cheney, Dick 48, 95, 120, 125, 184, 198, 211, 229, 232, 238, 239, 245, 273
    Relatório Cheney 93
Cheney, Lynne 233
Chevron Texaco 92
China 174-175, 186, 218, 267, 294
    dólar e 81
    Vietnã e 186
Chirac, Jacques 248
Chomsky, Noam 23
Chou En-lay 170
Churchill, Winston 168
CIA (Agência Central de Inteligência) 75, 203
Citigroup 214

Clark, Vern 225
Clark, Wesley 128
Clarke, Richard 24, 30
Clarke, Victoria 127, 136
Cleland, Max 109
Clinton, Bill 30, 32, 76, 269
Cockburn, Alexander 116
Coffin, William Sloane 68
Collins, Susan 107, 112
comércio livre 50, 53, 268-269
Computer Science Corp. 231, 236
comunismo 72, 181-183
Conant, Charles 182
Conkey, Elizabeth 61
Conroy, James T. 285
Conselho de Reconstrução e Desenvolvimento do Iraque 261
Contract International 282
controle de importações 217
Convenção Democrata de Chicago (1968) 40
Convenção Nacional Democrata (Chicago, 1966) 58-61
Cookes, Stoney 159
Cordesman, Anthony 49
Coréia 57
Coréia do Norte 121-122, 141, 187, 226, 267, 277
Coréia do Sul 121, 187, 294
corporações 46
Corte Criminal Internacional 52, 79
cortes em benefícios 32, 208-209, 222
Cowley, Malcom 182
CPA (Autoridade Provisória da Coalizão) 28, 200, 251-252, 258, 260, 262, 264, 276
    sede atacada 227
CPC (Caspian Pipeline Consortium) 92
Creative Associates International 282
CSP (Centro para Política Estratégica) 75

Cuba 38, 39, 81, 174, 204
Cubic 230
curdos 28, 43, 192, 193, 195, 252, 278, 288

Dasquie, Guillaume 89
Davis, Rennie 159
Dean, Howard 36, 119
Decter, Midge 181
déficit comercial 281
Delay, Tom 207
Dellinger, Dave 159
Delta Airlines 259
depressão 11, 208-209, 266
desemprego (EUA) 50
desregulamentação 214, 241
    Carter e 32
DIA (Agência de Inteligência de Defesa) 75
Diem, Ngo Dinh 176
Direitos civis 33, 45
Djerejian Edward P. 96
Djibuti 80
dólar
    minado por fraude corporativa 22
    versus euro 26, 120, 142-146, 244-245
Dong, Pham Van 164, 165, 168-172
Doutrina Bush 99-102, 117, 119
    antecipada por Kennedy 167-168
Dowd, Maureen 126, 255
DPB (Junta de Política de Defesa do Pentágono) 210
duBay, Mark 111
DynCorp 231

Eagleburger, Lawrence 95
Eastland, James 38
Edwards, Richard 147
Egleson, Nick 159
Eisenhower, Dwight 166, 167
Eisner, Pete 233

Eliade, Mircea 173
Emirados Árabes Unidos 84
England, Gordon 233
Englehardt, Tom 116, 134, 294
Enron 21, 46
Erinys 231
Eritréia 26
Escritório de Planos Especiais 75
Espanha 23, 294
Estônia 73
Estratégia de Segurança Nacional (setembro de 2002) *veja* Doutrina Bush
Europa 73
Exxon 94
ExxonMobil 92, 259

Fallujah 28, 243, 282-290, 294
Famin, Qasim 90
fechamento 45
Feith, Douglas 22, 29-30, 35, 75, 140, 183, 230, 264
Ferguson, Niall 219, 226, 287
Ferguson, Tim 145
Filipinas 213
Fisk, Robert 26
Fitzgerald, Frances 185
Fleischer, Ari 152-153
Fluor 282
FMI (Fundo Monetário Internacional) 208, 214, 258
Força-Tarefa 121 274
Forsling, Elizabeth 58, 61, 62
França 216, 244-245, 259, 277
    reconstrução do Iraque e 261
Franks, Tommy 87, 125, 140, 152, 194, 201
Friedman, Tom 192, 247, 272
Fruchter, Norm 159, 186

Gandhi, Mahatma 70
gastos com defesa 31, 213, 262
General Electric 282
Geórgia 80, 185
Ghorbanifar, Manchur 230
Gitlin, Todd 117
Global Crossing 21
Grateful Dead 43
Greenspan, Alan 32, 209
Greuning, Ernest 177
Gribben, David 232
Grumman, Northrop 233
Guantánamo 33, 293
Guatemala 204
Guerra do Golfo I (1991) 77, 95, 125, 128
Guia do Departamento de Defesa 273

Halberstam, David 129
Halliburton 21, 46, 80, 95, 104, 193, 201, 229, 232, 245, 253, 257, 263, 271, 282
Hamas 25, 283
Hartung, William 233
Hayden, Tom 159, 161
Heckmatyar, Gulbuddin 90, 93
Henderson, Hazel 81
Hersh, Seymour 25, 126, 130-132
Hildebrand, Mark 134
Hollinger International 131
Honduras 294
Hook, Sidney 181
Howland, John 264
Hughes, Baker 238
Hume, Anthony 154-155
Hungria 230
Hussein, Saddam 43, 75, 77, 197, 198-200
    captura de 274
    euro e 82, 120, 143, 237
IILG (Iraq International Law Group) 264
Ijaz, Mansoor 210

imperialismo 30-31
Índia 247
inserção 34, 124-129, 144
International American Products 282
Irã 27, 53, 174, 204, 239, 266, 277, 281
    dólar e 80
Iraque
    assessores israelenses e 283
    ataque ao (1998) 76
    campanha militar 133-151
    comparado ao Vietnã 221-222, 289, 291, 294
    condenado por diplomatas 293-294
    efeitos econômicos 266
    euro e 30-32, 120, 219-220
    guerra civil 28
    invasão de (março de 2003) 73-74, 80, 82, 102, 103-113, 121-122, 198-202, 205
    petróleo e 30-32, 120, 218, 258, 278
    pré-planejado 230, 237-241
    privatização 281-282, 287, 291
    reconstrução 51, 192-197, 199-200, 217, 232, 244, 247-248, 254-265, 276, 278-279, 282-283, 291
    resistência 27-29, 194-202, 225-226, 252-256
    retirada dos EUA 274-276
Isaacson, Walter 34, 127
Islamismo 25, 281-282
Israel 25, 29-30, 47, 52, 75, 104, 204, 216, 232, 239, 281
    Iraque e 283
    petróleo e 172
Itália 23
Itera 90
Jackson, Bruce 212, 232
Jackson, Henry "Scoop" 35
Japão 187, 247, 294
Jenkins, Jerry 48

Jinsa (Instituto Judaico para Assuntos de Segurança Nacional) 173
Jinsa (Instituto Judaico para Assuntos Estratégicos) 75
Johnson, Lyndon B. 95, 170
Jordânia 25, 80, 261 263

Kagan, Donald e Frederick 168
Kagan, Robert 71, 77, 79-80, 87, 100, 123
Karzai, Hamid 90, 213, 231
Kay, David 250, 254
KBR (Kellog, Brown & Root) 95, 131, 150, 193, 229-231, 232, 235, 263, 271
Keane, John 206
Kelley, Stephen F. 111
Kennedy, Edward 269-270
Kennedy, J.F. 55-56, 65, 166
  antecipa a Doutrina Bush 167-168
  sobre política de defesa 60-61
Kerry, John 49, 50, 53, 119
Keynes, John Maynard 220
Khalilzad, Zalmay 75, 89
Kharzai, Hamid 231
Khashoggi, Adnan 131
Khodorkovsky, Mikhail 267
Khruschev, Nikita 61, 174
Kimmit, Mark 175
King, Carol 160
King, Martin Luther 40
Kirkpatrick, Jeanne 181
Kissinger, Henry 39, 170, 171, 256
Klare, Michael 93
Klein, Naomi 25, 28, 29, 269, 276, 279
Kopkind, Andy 38, 43, 159
Koppel, Ted 279
Kosovo 76
Kristol, Irving 78, 181
Kristol, William 78, 101, 120
Krugman, Paul 222, 225, 272

Kucinich, Dennis 227
Kuwait 25, 43, 80, 84

Lake, Anthony 56
Laos 39, 172, 175
Latif, Mohammed 284
Lau, Ha Van 165, 173-179, 186
Laudato, George A. 150
Lay, Kenneth 237
Leahy, Patrick 257
Lebedev, Platon 268
Ledeen, Michael 173-175, 183, 204
LeHaye, Tom 48
Lei do Ar Limpo 241
Lei Patriótica 30, 33
LeMay, Curtis E. 102
Letônia 73
Lewinsky, Monica 77
Líbano 173
Libby, I. Lewis 75, 99, 238
Libby, Scooter 183, 273
liberação das mulheres 40
Lieberman, Joseph 250
Lippmann, Walter 62
Lis, James 148
Lituânia 73, 85
Lobe, Jim 273
Lockheed-Grumman 228, 232-233
Lopy, Joe 232
Louis Berger Group 282
Luce, Henry 62
Lustick, Ian 205
Lynd, Staughton 161

Maas, Peter 193
MacArthur, Douglas 56, 57, 227
MacArthur, John R. 125
MAD (Destruição Mútua Assegurada) 166
Major, John 267
Makiya, Kanan 117

Mandelbaum, Michael 72
Maresca, Jack 89
Margolis, Eric 134-135, 285
Marquis, Christopher 227
Marrocos 25
Marshall, J. M. 273, 274
marxismo-leninismo 41
massacre de Sharperville 68
Mattheissen, Peter 118
MCA (Conta Desafio do Milênio) 214
McCaffrey, Barry R. 141
McCarthy, Joseph R. 61, 63
McCarthy, Mary 160, 168, 173
Mcdonald, Dwight 181
McDonald's 259
McEldowney, Carol 158-165, 173-175
McKee, Robert E. 253
McKiernan, David D. 195, 201
McNamara, Robert 167, 170
Meacher, Michael 237
Mefta (Área de Livre Comércio do Oriente Médio) 215
Mello, Sergio Vieira de 244
Merck 21
Meszaros, Istvan 31
militarismo 220-221
    censura e 125-129
    como economicamente desestabilizador 228
    gastos militares (USA) 31, 213, 262
Mineta, Norman 233
Minh, Ho Chi 101, 176, 178
Mondale, Walter 110
Moore, Isaac 148
Moore, W. Bruce 202
Moravcsik, Andrew 202
Morgenthau, Hans 62
Morse, Wayne 177
Moussa, Amr 137

MoveOn 36, 49, 107-111, 114-115, 120
Mubarak, Hosni 25
Muhammad, Raid Abdul Ridhar 146
Muller, Robert 119, 249
Mungo, Ray 159
Musharraf, Pervez 88, 94, 213
My Lai 130
Myers, Richard 94, 125, 140, 196, 203, 284
    tortura e 293

Nash, David J. 279
Nasser, Gamal Abdel 286
Naylor, Sean 86
Negroponte, John 26
neoliberalismo 32
Netanyahu, Benjamin 78
New Bridge Strategies 263
Newstadt, Richard 62
Nicarágua 294
Nigéria 68
Nixon, Richard 39, 55, 62
Niyasov, Saparmurat 90
Nova Zelândia 294
Novak, Robert 249, 278
Noyes, Richard 180
Nye, Joseph 85-86

O'Neil, Paul 276
O'Reilly, David 91
Ofensiva Tet 169
Offley, Ed 136
Oglesby, Carl 40
Oldham, Jim 64, 67
Omã 84, 92
ONU (Nações Unidas) 29, 53, 243-244, 247, 258
11 de Setembro (ataque ao World Trade Center, 11 de setembro de 2001) 22, 37, 39, 45, 49, 72, 84, 89, 185, 240, 291

ameaça de ação judicial de sobreviventes 276
Comissão 30
ignorada 87
Iraque e 246, 276
reação de Bush 208-209
Onze de Setembro 2002 - *veja* 11 de Setembro
Opep (produção de petróleo/países exportadores) 24, 27, 52, 104, 238
Operação Anaconda 86-87
ópio 94
Otan (Organização do Tratado do Atlântico Norte) 72, 76, 231
Othnan, Mahmoud 262

Paquistão 122, 213, 247
Parenti, Christian 251, 260
Paribas 143
Pariser, Eli 107, 110-113, 118-120
Pariser, Emanuel 107, 113
Parks, Rosa 39
Parsons Brinckerhoff 279
Pelosi, Nancy 251
Perini Corporation 282
Perle, Richard 25, 29, 35, 77, 100, 130-132, 173, 183, 212
petróleo 44, 51-52, 192, 216, 258
    Arábia Saudita e 84
    como causa da guerra 91
    euro e 24
    Iraque e 83, 119, 218, 278
    Israel e 172
    preço de importação 281
    Venezuela e 81
Pfaff, William 291
Pietropaoli, Steve 128
Pike, John 274
Plame, Valerie 249

PNAC (Projeto para o Novo Século Americano) 75, 180, 238-239
Podhoretz, Norman 35, 181
política de identidade 42
Pollack, Kenneth M. 76, 83, 202
Powell, Colin 91, 101, 125, 140, 142, 195, 245, 259
privatização 214, 216, 228
    como fascista 235
    no Iraque 281-282, 286, 291
    de forças armadas 228-237
protesto antiguerra 23, 107-119
Protocolo de Kyoto 52, 79
Putin, Vladimir 71-72, 143

Qatar 84
Quênia 67
Quirguistão 93, 185

radicalismo nos anos 60 37-43
Randal, Jonathan 179
Rather, Dan 126
Ray, Violet - *veja* Seminon, Paul
Reagan, Ronald 32, 62, 75
Recknagel, Charles 82
Reichard, Lawrence 116
Renner, Charlotte 113
República Dominicana 294
República Tcheca 230
Research Triangle Institute 282
Rice, Condoleezza 206, 245, 255
Ridge, Tom 32-33, 233
Ridgeway, James 211, 236
Riper, Paul Van 158
Rite Aid 21
Roach, Stephen 219
Roche, James G. 232-233
Romênia 71-73, 85, 231
Rosneft 90
Rothstein, Vivian 159

Rove, Karl 248-250, 277
Roy, Arundhati 23
Rubenstein, Richard 267
Ruckeyser, Muriel 243
Rumsfeld, Donald 48, 73, 74, 92, 114, 118, 120, 122, 124, 134, 139, 140, 141, 158, 181, 187, 194, 196, 198, 200, 202, 226, 238, 245, 246, 255
    privatização e 234
    tortura e 292
Rusk, Dean 65, 100, 166, 170, 227
Rússia 92, 258

Safire, William 77, 100
SAIC (Science Applications International, Co.) 261
Said, Edward 48
Saleem, Izzadine 294
Saleh, Jassim Mohammed 284
Salisbury, Harrison 162, 168-173
Sanchez, Ricardo S. 260
SAS (Serviços Aéreos Especiais) 234
saúde e segurança 46
Schroeder, Gerhard 51, 143
Schulsky, Adam 35
Schultz, George 211
Scowcroft, Brent 22, 101, 274
SDS (Estudantes por uma Sociedade Democrática) 40, 159
Segurança Interna 30, 32-33, 220
Seminon, Paul 26
Sérvia 76
Seward, William 45
Shakespeare, William 45
Sharon, Ariel 24, 48, 78
Sheehan, Jack 210
Sheehan, Neil 178
Shehadeh, Salah 169
Shinseki, Eric K. 140
Shohat, Orit 283

Siemens 282
Simmons, Matthew 84
Singer, P. W. 231
Síria 53, 174, 281
Sloyan, Patrick J. 125
Smith, Albert E. 233
SNCC (Comissão Coordenadora Sem Violência dos Estudantes) 40
Snow, Edgar 166
Snow, Olympia 112, 113
Socialismo Nacional 23, 35, 72
Somália 199
Sontag, Susan 119, 161
Soros, George 23
Squibb 21
Steinberg, James 246
Stephanopoulos, George 114
Stephens, Philip 22
Stern, Sol 159
Stevenson, Adlai 58, 62
Stratfor (Strategy Forecaster) 251, 256, 265
Strauss, Leo 35
Subiros, Pep 207, 226, 228, 259, 267
sunitas 282, 284, 287, 289-290

Tabb, William 269
Tadjiquistão 93
Tae-joon, Park 267
Talabini, Jalal 144, 278
Talibã 33, 88-89, 93-94, 95-98, 213
Tambo, Oliver 68
Taylor, William 198
Tenet, George J. 249, 253
terrorismo 30, 33, 52, 76, 185, 204, 209, 238, 245-248
    Bush sobre 72, 74
    Clinton sobre 76
    guerra contra 22
    mercado de ações e 25
Thach, Pham Ngoc 173

Thomas, Evan 171
Thompson, Loren 133
Total 278
Trireme 131
Trotsky, Leon 66
Trudeau, Garry 246
Truman, Harry S. 57, 66
Tsé-Tung, Mao, 39, 166, 170
Tunísia 25
Turcomenistão 91, 92
Turquia 25, 74, 174-175, 232, 247
    Perle e 78
Tutmiler, Margaret 195
Twain, Mark 70

União Européia 81
    dólar e 26, 51-52, 80-85, 120, 142-146, 237-238
    euro 24, 44
    petróleo e 24
União Soviética 182-183
Unocol 89, 94, 97
Uzbequistão 80, 93, 96, 185

Vann, John Paul 129
Venezuela 81
Vidal, Gore 35
Vietnã 36, 29, 56, 62, 65, 101, 119, 157-191, 204
    atrocidades dos EUA em 162-165
    China e 180-181
    comparado com Iraque 221-222, 289, 291, 294
    jornalismo e 179-180
    Kennedy e 166-167
Villepin, Dominique de 244
violência 31

Viviano, Frank 91

Walker, David M. 237
Wallace, Williams S. 138
Walters, Roger "Buck" 202
Warden, John 139
Washington Group International 282
Waxman, Henry 229, 253
Weatherman 37
Weinberger, Caspar 183, 211
Welch, Joseph 61
Wheeler, John 179-180
Whitman, Bryan 124, 126, 140
Will, George 77
Wilson, Brian 259-260
Wilson, John 159
Wilson, Joseph 248-250, 254
Wilson, Woodrow 290-291
Win Without War 130
Wohlsatter, Albert 35
Wolfowitz, Paul 22, 35, 75, 77, 99-102, 119, 138, 140, 183, 238-240, 273
Wolkow, Timothy 148-149
Woolsey, James 211
WorldCom 21
Wurmser, David 75

xiitas 27, 43, 200, 284, 286-290
Yassin, Ahmed 24, 25, 50, 283
Young, Marilyn 158
Young, Ron 159

Zakheim, Dov 51, 75
Zell, L. Marc 264
Zinni, Anthony 140
Zoellick, Robert 215

Este livro foi composto na tipologia Agaramond, em
corpo 12/16, e impresso em papel off-white 80g/m²,
no Sistema Cameron da Divisão Gráfica
da Distribuidora Record.

Seja um Leitor Preferencial Record
e receba informações sobre nossos lançamentos.
Escreva para
RP Record
Caixa Postal 23.052
Rio de Janeiro, RJ – CEP 20922-970
dando seu nome e endereço
e tenha acesso a nossas ofertas especiais.

Válido somente no Brasil.

Ou visite a nossa *home page*:
http://www.record.com.br